寻找教育家成长智慧书系——

U0871027

陈雨亭：教师研究中的自传研究方法

——对威廉·派纳“存在体验课程”的研究

CHENYUTING JIAOSHI YANJIU ZHONG DE ZIZHUAN YANJIU FANGFA

陈雨亭 著

中国当代著名教学流派

首都师范大学出版社
CAPITAL NORMAL UNIVERSITY PRESS

图书在版编目（CIP）数据

陈雨亭：教师研究中的自传研究方法 / 陈雨亭著.
—北京：首都师范大学出版社, 2012.9
ISBN 978-7-5656-0992-3

Ⅰ. ①陈… Ⅱ. ①陈… Ⅲ. ①中小学教育－研究
Ⅳ. ①G63

中国版本图书馆CIP数据核字(2012)第212796号

陈雨亭：教师研究中的自传研究方法
陈雨亭　著

责任编辑　欧家作
首都师范大学出版社出版发行
地　址　北京西三环北路105号
邮　编　100048
电　话　68418523（总编室）　68982468（发行部）
网　址　www.cnupn.com.cn
印　刷　北京天宇万达印刷有限公司
经　销　全国新华书店发行
版　次　2012年9月第1版
印　次　2012年9月第1次印刷
开　本　710mm × 1000mm　1/16
印　张　18
字　数　186千
定　价　36.00元

寻找教育家成长智慧书系

《中国当代著名教学流派》丛书编委会

卷中教改智慧
笔下育人情怀

「中国当代著名教学流派」出版

柳斌

与名师为友，走向优秀
（总序）

改革开放尤其是进入新世纪以来，我国教育事业取得了巨大的成绩。城乡免费义务教育全面实现，职业教育快速发展，高等教育进入大众化阶段，教育公平迈出了重大步伐，全民素质大大提高，从人口大国向人力资源大国的转变逐步实现。但我们必须清醒地认识到，我国教育还不能完全适应国家经济社会的发展，还不能完全满足人民群众接受良好教育的要求。2010年7月，党中央、国务院召开了新世纪以来第一次全国教育工作会议，颁发了《国家中长期教育改革和发展规划纲要（2010-2020）》（以下简称《规划纲要》），描绘了未来教育改革发展的宏伟蓝图，指明了今后教育事业科学发展的方向。《规划纲要》提出，到2020年，我国要基本实现教育现代化，基本形成学习型社会，进入人力资源强国行列。这是一项艰巨而光荣的任务。要完成这个任务，需要广大教育工作者辛勤劳动、开拓创新，尤其需要一线教师坚守教育理想，提高专业素养，创新教育教学模式。因此，当前教育改革发展的一项紧迫任务，就是要建设一支师德高尚、业务精湛、结构合理、充满活力的高素质、专业化教师队伍。

时代呼唤优秀教师。有一流的教师，才有一流的教育；有一流的教育，才有一流的国家。《规划纲要》明确指出，“有好的教师，才有好的教育”，“倡导教育家办学”，要“创造有利条件，鼓励教师和校长在实践中大胆探索，创新教育思想、教育模式和教育方法，形成教学特色和办学风格，造就一批教育家”。教育改革的一个重要任务，就是培养一大批拔尖创新人才，但正是在这个问题上，我们遇到了瓶颈。当然，杰出人才的培养受到诸多因素的制约，其中一个重要原因，可能就是教育家型的教师还比较少。名师出高徒。伟大的事业呼唤伟大的人才，英才的涌现呼唤一流的教师。出名师、育英才、成伟业，是时代赋予我们的神圣使命。

那么，怎样才能培养出优秀的教师？一个重要途径就是让广大教师们向杰出的前辈、同行学习。只有向最优秀的榜样学习，并在学习的基础上不断创新，一名教师才可能走向优秀。改革开放以来，随着教育改革的不断深入，教育战线涌现出了一批杰出教师。他们痴情教育事业，默默耕耘，刻苦钻研，勇于创新，不断进取，不断超越，形成了各具特色的教育思想和教学风格。正是他们的成功实践，创造了具有中国风格的教育经验，丰富了具有中国特色的教育理论宝库。他们的经验，对广大普通教师的成长具有良好的启示作用和重要的借鉴意义。总结、宣传和学习他们的经验，是打造一支优秀教师队伍的有效途径。中国教育学会、中国教育报刊社和中国教师发展基金会联合组织编写的这套“中国当代著名教学流派”丛书，总结了我国中小学界一批杰出教师的先进经验，尤其是提供了名师教育思想的精华、成功的教学案例以及他们走向优秀的心路历程，这必将对我国中小学教师队伍建设起到积极的推动作用。一个教师如果愿意潜下心来，钻进这套丛书，与名师为友，与高尚的心灵对话，进而反思自己的教育教学生活，那么他在教育教学上必将悟出些育人之道，并且走得比别人更远，超越前人。

古人云：“国将兴，必贵师重傅。”兴国必先强教，强教必先重师。教育大计，教师为本。加强教师队伍建设包括培养一大批优秀教师，是教育事业最重要的基础工作。组织编写“中国当代著名教学流派”丛书这样的工作，就是为了寻找教育家成长的智慧，为丰富中国教育理论，形成具有中国特色、中国气派和中国风格教育理论体系摇旗呐喊，是一件非常有意义的工作。希望这套丛书走进更多的学校，走近更多的教师，为新一代优秀教师的涌现播撒希望。

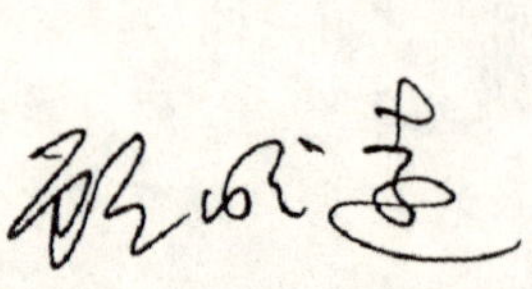

序

威廉·F.派纳
不列颠哥伦比亚大学
温哥华，加拿大

2003年10月底，我在上海华东师范大学的校园里遇到了陈雨亭。那时，她刚刚考入华东师范大学读博士。那一天，雨亭作为学生志愿者，迎接来自世界各地参加世界课程促进协会首届大会的学者。就是从那一刻开始，我们的谈话充满活力。大会结束后，雨亭陪我访问了曲阜。我在曲阜师范大学作了一场报告并参观了传奇教师孔子的故居。那一次访问巩固了我们之间基于专业兴趣的友谊。从此之后，我们一直保持联系。她现在正在参与我主持的国际课程研究项目“中国的课程研究”，该项目由加拿大社会和人文学科委员会（the Social Sciences and Humanities Research Council of Canada）提供资助，研究成果将会在2014年用英文出版。2007年，陈博士翻译了我于1994年出版的著作《自传、政治与性别》，对此我非常感激。更加让我感激的是，她把我的自传理论明智而又独到地应用到她自己对教师的研究工作之中。

从我开始研究自传至今，四十年已经过去了。四十年前，对教师们来说，用自己的话说出他们自己的思想是一件新奇有时候甚至是让人感到尴尬的事情。那时候，如果想让教师直率地说出自己的思想，需要对他们进行很多鼓励，并向他们保证保守秘密才行。但是我知道，如果没有直率的对话，那么每一天在每一间教室里实施的学校课程就不会有进步。对我来说，自传还是政治的，因为它承认教师们有表达他们自己思想的专业权利。实际上，教师的理智独立性需要加以鼓励。尽管这种理智独立性永远不能被绝对化，因为我们需要同时对学生、家长、学科以及教育部指南加以考虑，然而它是教师进行创造性的、充满活力的教学的先决条件。它居于专业自主的核心。

尽管课程是一个经常与教育部指南或者学校目标相联系的词语，然而在我看来，把它定义为“复杂的对话”更为准确，因为它既包含了那些官方的元素，又包含着具体存在的人在真实的教室里所发生的事情。由于学生和教师都是个体，因此这在相当大的程度上使教室里的对话更加复杂，因为每个人都给当前的学习（不管学的是什么）带来了他或她的先验知识、目前的情况、兴趣，当然也可能有厌恶。学生的讲话和写作使得教师能够判断教室里的对话之所在，下一步会发生什么以及哪一些东西需要回顾、强调或者回避。把当地的或者地方的、国家的（它的历史和当前的情况）、星球的状况加入到课程发生的地方来，就如气候（用于灾难性的天气变化威胁着我们所有的人）所展示的那样，于是人就开始领会表现为对话的学校课程是多么复杂。每一所学校的情况也是如此，尽管在北美，研究机构被过多地强调了在改善课程方面所付出的努力。正是课程的活生生的体验——存在体验课程（currere），围着跑道奔跑——才是课程得以经历、实施和重建的地方。

几乎没有任何研究者能比陈博士更加理解这些概念，就如你在阅读该著作时将会发现的。谢谢你，雨亭，为你如此重要的研究工作！

Preface

by

William F. Pinar
University British Columbia
Vancouver, CANADA

I met Chen Yuting in 2003 on the campus of East China Normal University in Shanghai, where she was studying for the PhD. On that day Yuting was acting as a student volunteer, welcoming visitors to the first triennial conference of the International Association for the Advancement of Curriculum Studies. From almost that first moment our conversation was lively. After the conference Yuting kindly offered to act as my guide on a visit to Qufu, where I lectured at the University and visited the landmarks associated with that legendary teacher Confucius. That time cemented our professional friendship and Yuting and I have stayed in touch since. She is now participating in my study of "Curriculum Studies in China", which I hope will be published in 2014 in English. Dr. Chen translated 1994 book *Autobiography, Politics, and Sexuality*, for which I remain grateful. I am even more grateful for Dr. Chen's intelligent and original adaptation of my autobiographical theory in her own important research and work with teachers in China.

It has been forty years since I started working with autobiography. Forty years ago it was a novel and sometimes awkward opportunity for teachers to speak their own thoughts in their own words about their own teaching. It took considerable encouragement – and my assurance of confidentiality – for teachers to speak candidly. But I knew that without candid conversation no real improvement could occur in the school curriculum as it was enacted each day in each classroom. For me, autobiography is also political, as it acknowledges that teachers have the professional right to express what they think. Indeed, teachers' intellectual independence is to be encouraged. While it can never be absolute – always taking into account the students, their parents, the subject being taught, and the Ministry guidelines – intellectual independence is the prerequisite for creative and vibrant teaching. It is at the core of professional autonomy.

While curriculum is a term often associated with Ministry guidelines or school objectives, in my conception it is more accurately defined as "complicated conversation" as it incorporates those official elements but it is also as enacted in actual classrooms by concretely existing persons. The fact that students and teachers are individuals complicates classroom conversation considerably, and often in welcomed ways, as each person brings to whatever is being studied his or her own prior knowledge, present circumstances, interest, and yes, disinterest. Students' speech and writing enable teachers to assess where the classroom conversation is, what might happen next, and what needs to be reviewed, emphasized, or sometimes sidestepped. Add to these the local or region where the curriculum is enacted, the nation (its history and present circumstances), the state of the planet, expressed as specifically and mundanely as the weather (with catastrophic climate change threatening us all), and one begins to appreciate just how complicated the conversation that the school curriculum can be. There is as well the fact of the individual school, although in North America that institution has often been overemphasized in efforts to improve the curriculum. It is the lived experience of curriculum—currere, the running of the course—where in the curriculum is experienced, enacted, and reconstructed.

Few researchers understand these concepts better than Dr. Chen, as you will discover when you read this important book. I thank you, Yuting, for your important work!

目　录

导 言

寻找一种方法

亲爱的，
外面没有别人，
只有你自己。[①]

一、逃离途中与自传相遇

我不喜欢长久地居住在同一个地方，因此就在乡村、城镇、城市之间来来回回，其中除了出生长大的小山村之外，最长久的在一个地方呆了八年。每到一个新的地方，我就发现自己在某些方面还是原来的那个我，但在有些方面又不是了。在一个地方呆上几年，就有了逃离的冲动。是逃离自己的心境呢，还是逃离已经稔熟了的人际圈子？抑或是逃离那些甚至已经成为静物的环境？但是无论我变换到哪里，我似乎总是感觉到很多东西如影相随，我可以在梦里感觉到它们，可以在别人的目光中读到它们，可以在自己的阅读主题和写作主题中隐约地看到它们，但是就是无法确切地说出它们到底是什么。这些年在路上，我徒劳地寻找着它们。就如一首歌名为《旅程》（Journey）的英文歌里所唱的："我花了漫长的时日／在空荡荡的海岸流浪／想知道我的目的是什么／想知道怎样使自己坚强。"

读硕士的时候，我得到一个到韩国为期半年的访学机会，心想终于可以到一个谁也不认识我、我也不认识谁的地方，尽情地扔掉那些让我逃离的东西。在看到机翼开始往空中上升的一瞬间，我突然泪流满

① 张德芬：《遇见未知的自己》，北京：华夏出版社2008年版，第235页。

面。那泪水似乎是因为分离的不舍，也似乎是因为对新生的期待。当我终于生活在那个让我梦寐以求很久的谁也不认识我的地方时，我却伤心地发现，我的大部分还是过去的自己。我的每一个决定、每一个眼神都还是过去的，即使当我的日常用语都在用英语的时候。我终于明白了，这些向外的旅途无法让我找到真实的自我，或者认识到一直想逃离的自我到底是什么。王红宇说，女性的旅途首先应该是一个向内的过程，在这个过程中寻找失去了的声音和无形的东西的踪迹。在某种程度上，这是一个回家的旅途，是为了归还被压制、被排斥、被异化的东西。①

就在我发现向外的寻找不起作用的时候，我读到了派纳（William F. Pinar）的“存在体验课程”。存在体验课程（Currere）是课程（Curriculum）的拉丁词根，指的是沿着跑道奔跑。它首先是一种自传研究方法，“通过它，研究者、教师和学生以能够引起自我转变的方式来研究学校知识、生活史和主观意义之间的关系。”②它不是文学意义上的自传，不是精神分析意义上的自我反思，也不是宗教意义上的忏悔，虽然它从这些学科中都得到了启发。它的目的是理解个体在学校中的生活本质和学校在一个人生活中的作用。因此，它同时其实也是一种生活态度，即一种不断关注自我形成的本质的心向。它不同于当代主流的社会科学研究方法，用这种方法产生的不是可以重复、可以验证、可以推广的客观知识，而是一种个体的知识，是一种植根于具体而不是植根于抽象中的知识。

20世纪70年代，派纳和格鲁米特(Madeleine R.Grumet)发展的存在体验课程的具体研究步骤包括回溯—前进—分析—综合。这几个研究步骤吸收了文学、精神分析、现象学、存在主义等诸多领域注视内部世界的方法。格鲁米特认为自传的方法可以包括更多具体的形式：“对教育经验自传叙述的分析可以通过一个人对文学、数学或科学的反应来揭示本

① Wang, Hongyu. *The Call from the Stranger on a Journey Home: Curriculum in a Third Space*. New York: Peter Lang Publishing, Inc. 2004, P. 5.

② Pinar, William F.. Curriculum Theory Since 1950: Crisis, Reconceptualization, Internationalization. In F. Michael Connelly, Ming Fang He, and JoAnn Phillion(eds). *The Sage Handbook of Curriculum and Instruction*, Los Angeles: Sage.2008, PP. 491–513.

质的连续性形式。”[1]派纳后来又发展了一种“文学阅读”的自传研究方法，但派纳本人一直致力于澄清各种与自传研究方法有关的理论问题以及研究者本人如何使用自传方法研究自己与自己的工作、与自己所从事的领域、与周围人的关系。玛丽莲·多尔（Marilyn N. Doerr）把存在体验课程发展成为一种教授科学的课堂教学方法。二十多年来，格鲁米特和米勒等学者一直致力于教师的集体自传研究。20世纪90年代以后，越来越多的研究者使用自传的方法从不同侧面深入研究教师和学生的生活。

我与自传研究方法的相遇，与其说是偶然阅读的收获，不如说是命中注定的结果。当我还是个四五岁的小女孩时，就开始质问为什么父母更喜欢男孩，那个时候我其实就已经在寻找自我。那些抗争、归顺、屈从、迂回既是与父母、老师、领导对抗与妥协的结果，也是原因。我既想得到他们的关爱和赞许，又想做一个流浪者，逃离他们。杜海玲在一篇写远藤周作的短文中，提到了他的多重自我：

> 日本著名小说家远藤周作在写一些“求道”的纯文学时，署名“远藤周作”；写轻松随笔时，他号“狐狸庵”。甚至他在写作不同风格的文章时用的铅笔都不同。写前者用普通HB铅笔，后者用不费劲的笔尖爽滑色浓的3B铅笔，以铅笔之浓淡分思虑的深浅，分求道和调侃之姿势。对于之所以用两个名字写作，他在随笔里这样写：“比如我什么时候死了，友人们来守夜，总要议论我，一个说我不错，另一个说我不好，第三位友人纠正道：不错，虽然看上去不好……一百个人说下去，我在棺材里也得想，我不单是那样啊。除了外表，任何人都有不为人知的一面，那一面太复杂、太混沌，自己都无法把握。外表的自己不仅是一张给别人和社会看的脸，甚至也是自己意识里定型的脸：小说家远藤周作、丈夫和父亲远藤周作、与友人谈笑的远藤周作。然而，还有一个外面的我所未察觉的‘我’，那是悄悄遥控外表的我的另一面。‘狐狸

① Grumet, Madeleine R. Existential and Phenomenological Foundations of Autobiographical Methods. In William F. Pinar, and William M. Reynolds(eds). *Understanding Curriculum as Phenomenological and Deconstructed Text.* New York: Teachers College Press, 1992, P. 38.

庵'，这个随心所欲胡说八道的，便是那另一个自己。"[①]

读到这段文字，我明白了自己为什么虽然是众人眼里的好女儿、好学生、好老师，可依然内心里激荡着叛逆的情绪。叛逆与驯服在我内心相斗争的结果是我一而再、再而三地逃离。但其实，我内心里的那些自我们，都是我的一部分，我无法逃离它们，也不应该逃离它们。我所应该做的，是找一个安静的地方，"一间自己的屋子"，仔细地辨认它们，试着理解它们，然后我才有可能超越当前的自己。自传研究方法，正是能够帮助我认识它们的方法。

二、无能为力的教师与"从内部入手"

吸引我走向自传方法的另一个原因来自我的从教和学习经历。我做过八年的中学教师。现在我意识到虽然当时我是领导、学生和家长眼中的好老师，但是这个"好"字肯定不是没有问题的，因为我居然能够容忍班上的至少一半学生成为沉默的一群。他们学习基础差，早就对考大学丧失了信心，而在我工作的煤矿职工子弟学校里，只要不考大学，学了英语也没有用。我知道不应该让他们在我的课堂里过灰色的生活，但是我却无能为力。我自己的生活，又何尝不是灰色的呢？我需要按课时计划的进度上课，需要时刻注意班级的考试名次，需要按规定格式写好备课本以随时等候检查。在我教书的八年里，换过几次教材，但是我教学的方式却大同小异。我学会了以不变应万变。亚斯贝斯这样说过："个人即使在有利的情况下也只有有限的干预力量，而且还不能不承认他的活动的结果远非取决于他所致力的目标，而是取决于总的环境条件。因此，他不得不痛心地认识到，他的影响之所及，比起他所抽象地意识到的广阔的可能性，是多么的狭小……所有这一切，都使一种无能为力的感觉蔓延开来。"[②]伴随我八年中学教师生涯的，就是这样一种无能为力的感觉。

---

① 杜海玲：《狐狸庵的良性恶作剧》，《文汇报》，2005年6月8日。

② ［德］卡尔·亚斯贝斯著，王德峰译：《时代的精神状况》，上海：上海译文出版社1997年版，第2页。

这种感觉的根源可能与教师工作的保守性与技术进步引起的社会飞速发展之间的不协调有关。随着互联网的迅速发展，本来需要翻遍多少典籍才能找到的材料，只要在搜索引擎上输入一个关键词，数不清的相关信息几秒钟之内就会出现在计算机屏幕上。过去需要用掉几麻袋纸张或者拨无数次算盘才能计算出的复杂运算，用计算机上的相关软件，输入相关公式和数据，几秒钟结果就会出来。打印机、复印机、数码相机使知识和信息的复制易如反掌。一个教授演讲的内容花费很少时间和金钱就可以为每位听讲者复制一份。他的演讲通过录像机还可以让更多的人分享。只要愿意，我们可以把所有的课本内容复制到光盘上，或者请名师讲课然后制作成光盘。就是说，如果单从传授知识的角度来说，我们完全可以不必有课堂教学，甚至可以不必有学校，就如佐藤学（Sato Manabu）所质问的：在大众传媒如此普及、多样的学习机会充塞的社会里，学校，怎样才能凸显它的存在价值？在可见的未来社会里，基于电脑网络为中心的技术科学将使文化得以均等地提供，适应个性的消费。那么，在这样的社会里，学校仍然还有其存在的意义么？[①]这样看来学校可以不必存在，当然更不必有教师，因此教师作为知识传授者的角色就显得十分可疑。

从另一面来说，我们已经名副其实地进入了一个玛格丽特·米德（Margaret Mead）所谓的“前喻社会”。我们的后辈（在学校情境中是我们的学生）完全有可能掌握着比我们更多的知识，至少教师已经不可能在所教学科的所有方面都胜于学生，更不用说在所教学科之外的领域了。就是说，我们教师已往作为知识的代表，或者作为社会的代表者的身份已经产生了合法性危机。这样我们在教室里的存在就不再具有不可质疑的合理性。

派纳在第一篇思考自传问题的短文中曾经引用美国艺术家波洛克（Jackson Pollock）的访谈。记者问波洛克为什么现代艺术家不像经典艺术家一样通过表现世界上的事物的方式来表达世界。他回答说，现代艺术家生活在一个机械的时代，因此他们用机械的方法来表现自然中的事物，例如可以用照相机和照片来表现。他认为现代艺术家不同于经典

① ［日］佐藤学著，钟启泉译：《学习的快乐——走向对话》，北京：教育科学出版社2004年版，第77页。

艺术家的重要所在是，他们在表现一个内部的世界，就是说，在表达精神、情感和其他内部的力量。所以波洛克认为现代画家不必借助于自身之外的主题。他们从内部入手工作。[①]波洛克回答了在一个科技发展日新月异的时代，在一个可以轻而易举地复制很多东西，可以从各个角度观察事物，可以像欣赏门前的花草一样欣赏即使在大洋深处或者其他星球上的景观的时候，艺术家存在的方式和理由是什么。类似的，我们教师大概也会自问或者被问及同样的问题。在计算机和互联网技术支持下的远程教育可以非常发达的情况下，在我们的学生极有可能在某个领域的知识比我们教师丰富的背景下，我们教室里的教师存在的合理性是什么？或者可以这样问："在这样的时代，什么是我们教学中最重要的东西？"

这个问题没有确切的或者最好的答案。但是对这个问题的回答必然涉及教师的自我结构和主题。对教学的投入和激情以及愿意放弃从前的教学信念而接受新思想的程度都与教师的自我结构和主题有关。也就是说，如果教育改革要想起到预想的作用，那么归根到底，教师必须首先在教师自身引起转变。改革决不仅仅是教学方法、教学设计之类能够外化的技术性因素的变革，它首先一定是已经建构起来的、稳定的主观结构的转变。自传研究方法"强迫我们考虑含义的纠缠，在我们实施以及恐惧和反感那些超越了'常规'的认同和实践的渴望中，我们如何被缠绕其中。"这样的主观重建能够产生巴特勒（Butler）所呼吁的行动："在一个无视并且敌对差异性的社会图景上，给予每天都在实施的各种行动和'自我们'更多的空间和认可。"[②]只有主观世界转变了，教师们才可能投入到抵制那些反教育的实践中去。

教师在成长的过程中，有很多经历和感受无法用既定的理论体系或研究范式来研究和归纳。它们既不能纳入教师职业最低要求所规定的专业知识，也不能量化为实际的教学行为。在传统的经验主义研究范式的

---

① Pinar, William F. . *Autobiography, politics and sexuality*: *Essays in curriculum theory 1972-1992*. New York: Peter Lang, 1994, PP.9—10.该书的中译本：[美] 威廉·派纳著，陈雨亭，王红宇译.自传、政治与性别. 北京：教育科学出版社, 2007.

② Pinar, William (2005). Preface: What Should Be and What Might Be. In Janet Miller. *Sounds of Silence Breaking*: *Women, Autobiography, Curriculum*. New York: Peter Lang, 2005. XIII-XIV.

视野中，这些经历和感受是属于不连续性的东西，是在研究时应该被删除或者被控制的因素，因此它们很难进入教师知识和教师经验的累积和再造，但是它们对于教师成长或者教师进行自我理解却是至关重要的。

福柯早在1969年出版的《知识考古学》中就指出了历史学研究的新趋向："过去一向作为研究对象的线性连续已被一种在深层上脱离连续的说法所取代。"①"这种不连续的位移无疑是新历史的最基本特征之一……它在这一话语中不再充当应该抑制的外界必然性的角色，而是起着人们使用的行动概念的作用；并且借助于由此产生的符号的倒置，它不再是阅读历史作品中的消极面（历史的反面、它的失败、它的能力的局限），而是成为积极因素。"②在某种程度上，美国课程研究领域中在20世纪70年代兴起的概念重建运动，其中的很多课程理论研究者都或多或少地受到福柯这种新历史观的影响，特别是那些把课程看做是性别文本和自传文本的理论家。他们致力于在主流的经验主义研究范式下突围，研究那些不连续、不可以被量化的经验。

教师成长过程中的一个很重要的不连续的方面是积极处理自我与周围环境的冲突。这里所说的周围环境，不仅仅指物质环境，而且更重要的指自我与周围其他人的关系。弗洛伊德说："痛苦来自三个方面：来自我们自己的身体，它注定要衰老和死亡，甚至无法免除作为危险信号的焦虑和痛苦；来自外部世界，它能用最强大的和最无情的破坏力量对我们大发雷霆；最后，来自我们和其他人的关系。"③最复杂、最不容易理解的是第三个方面的痛苦，即自我与其他人的关系。无论对于新手教师，还是对于有经验的教师来说，痛苦都是个体化的，是有高度个人色彩的体验。它们无法被归纳成为新手教师的痛苦或者是有经验的教师的痛苦。每个人在不同阶段的痛苦也是不同的。甚至在不同的情境中反思自己曾经经历的痛苦时，这些痛苦也会呈现出不同的意义。在经验主义的研究范式下，它们很可能被忽略不计，或者

---

① ［法］米歇尔·福柯著，谢强，马月译：《知识考古学》，北京：生活·读书·新知三联书店1998年版，第1页。

② ［法］米歇尔·福柯著，谢强，马月译：《知识考古学》，北京：生活·读书·新知三联书店1998年版，第9页。

③ ［奥］弗洛伊德著，杨韶刚译：《一个幻觉的未来》，北京：华夏出版社1999年版，第13页。

被归纳成为抹煞个人体验的所谓成长阶段的共性。这样，这些痛苦的体验就会被置于“共性”的箩筐里，被视为成长中不可避免、无法逾越、理所当然的东西，因此它们就失去了转变或升华的契机。痛苦的转变或升华依赖于自我疗救。疗救的一个重要方面就是发现和重新认识外部世界以各种形式加之于自我之上的独特的痛苦，以及成长过程中与别人的关系对自我发展的影响。这些都是自传研究方法的重要内容。

对教师的不连续、独特经验的关注并非是源于研究者自恋式的探究，而是为了解放的兴趣。在经验主义传统下，人们日益关注技术的和实践的兴趣，因为他们认为技术的和实践的兴趣就在那里，那么直接，我们为什么还要迂回，还要舍近求远呢？在哈贝马斯看来，解放的兴趣是三个兴趣中最基本的一个，因为只有在自由、公开交流成为现实的条件下，技术的和实践的兴趣才能够被获取。这样的条件要求有一个开放的、自我批判的探究者共同体①。而这样的共同体存在的前提是组成它的个人与自己在政治、文化和经济的影响下形成的现状保持距离，从他的经验中发现意义并与自己的经验对话。

基于以上原因，我在遇到自传研究方法之后，产生了把它应用到教师研究中去的强烈愿望。教师既可以自己使用这种方法来探究自己的个人内部经验，也可以在研究者的帮助下进行合作探究。我们之所以关注教师的个人经验，是因为“教学是我们教师作为人的表达，受教师生命历程中信念、价值、观点和经历的影响。教师必须理解他们的专业生活和工作以便继续形成他们的视角和实践的经验。”②然后，这种个体的经验汇集和交流就会产生集体转变的意义。迈克·厄本（Michael Erben）说，人从来都不是个人，或许称他是一个单数的普遍性更为合适。③从这个意义上来说，研究个体也意味着研究某一个集体。只是用这种方法来洞察集体，不同于宏大叙事意义上对没有性别、没有阶级、

① Pinar, William F. *.Autobiography, politics and sexuality*: *Essays in curriculum theory 1972-1992.* New York: Peter Lang, 1994, PP. 86—87.

② Cole, Ardra L., and Knowles J. Gary. *Researching Teaching–Exploring Teacher Development through Reflexive Inquiry*. Needham Heights: Allyn and Bacon，2000，P2.

③ Erben, Michael.Biography and Research Method. In Michael Erben(ed) *Biography and Education*.Bristol: Falmer Press, 1998, P. 8.

没有个性的集体的研究。在很大程度上，对于使用自传研究方法的研究者来说，他们是把个体作为一种研究方法，就如皮特（Alice J. Pitt）所言：“个体是一种方法，我们用之观察我们怎样在世界上体验我们自己。”①

在人格心理学研究中，有一个研究流派的着重点是“认同和生活故事”，他们试图研究个体如何从其自身的生活中创造意义，他们如何把自我既作为一个独一无二的个体来理解，也作为由地位、性别、种族、阶级和文化定义的社会存在物。他们努力进行自我了解的核心是叙事记忆和生活故事的建构作用。理解身份形成的过程就是理解个体怎样从经验中进行叙事，如何对自己内心讲述这些故事以及如何把这些故事讲给别人听，然后最终把这些故事应用到自我、他人和普遍世界的知识中去。②教育中的自传研究方法从这个心理学流派中得到了很多启发。

从教育领域内对教师的研究主题的变化来看，自传研究方法也是顺应历史潮流，当然它也参与了对潮流走向的规划。20世纪60年代中期以前，对教师的研究集中在教师行为和教学技巧上。20世纪60年代中期，转移到教师制定决策的认知结构和过程上。从20世纪70到80年代中期开始，研究的目标从如何使教学更有效转向对复杂教学的描述和理解，因此质的描述开始增多。20世纪80年代中期又有一个转移，研究者开始关注教学的个人特点。渐渐地，研究者们开始从多个维度研究教学实践，例如个人的、情境的、历史的、政治的、社会的和经验的维度。③这些多维度的研究，是对个体教师关注的必然结果。它们的兴起促进了教师的自传和传记研究。

① Pitt, Alice J. .*The Play of the Personal: Psychoanalytic Narratives of Feminist Education*. New York: Peter Lang, 2003. Ⅷ.

② Singer, Jefferson A. Narrative Identity and Meaning Making Across the Adult Lifespan: An Introduction. *Journal of Personality* 72:3, June. 2004 .

③ Cole, Ardra L., and Knowles J. Gary. *Researching Teaching–Exploring Teacher Development through Reflexive Inquiry*. Needham Heights: Allyn and Bacon, 2000, PP. 6–7.

三、自我解放与自传研究方法

在我的身份由中学教师变为学习教育的学生以后，有一段时间我曾经非常困惑。我不知道该把自己的兴趣或者主要精力放在哪个方向上，似乎哪一种理论都值得学习和研究。因此我把自己定位成了一个空空的水桶，饥渴地往这个水桶里倾倒着各种理论。我的大脑变成了叔本华所谓的别人思想的“跑马场”。我没有自己的土壤，没有能供养树干和枝叶的发达根系。我过去的教学经验似乎也与后来的理论学习毫无关系。与此同时，为了能发表文章，我不断地浏览各类教育理论杂志，尝试写作那些很多人都在讨论的热门话题。这种所谓的研究与追求真理没有关系，它只是功利性的。这种状况一直持续到读硕士研究生的二年级，在一个偶然的机会里，我读到了女性主义教育理论，过了一段时间又读到了质的研究方法。它们让我开始把自己对理论的兴趣与过去的经验结合起来，也开始思考如何研究中小学教师的日常教育经验。学习这两种理论的一个结果就是我尝试用访谈法探究了六位初中教师的性别观念与他们的日常教育实践之间的关系。[①]这个访谈研究是我第一次开始尝试探究教师的内部经验与他们的外在表现之间的关系，但是那时我却没有触及教师的生活史和他们的观念之间的关系，我自己进入研究现场时所带的“前见”也未经深刻反省。对一名教育研究者来说，其工作中一个暗含的意义是为这个领域生产解放性的知识，一个领域的推进与革新靠的就是解放性知识的生产。但是，解放性知识的生产必须在一个充分的条件下才是可能的，那就是研究者必须首先解放自己。

研究者的自我和普通人一样是在一定的社会情境中产生的，就如乔治·米德在《心灵、自我与社会》中的研究所显示的，个体是在“泛化的他人”的影响下形成统一的自我的。这个“泛化的他人”是个体参与其中的有组织的共同体或社会群体。正是以泛化他人的形式，社会

① 陈雨亭：《性别差异与日常教育实践——对六位初中教师的性别观念及实践的探究》，《当代教育科学》，2005年第8期。

过程影响了卷入该过程、受该过程塑造的个体的行为，因此米德说："自我……本质上是一种社会结构，并且产生于社会经验。"[①]这样一个产生于社会经验中的自我，必须发展自己的批判性反思能力。批判性反思是"能够理解、分析、提出问题和产生影响以及达到改变我们生活的社会政治和经济实体的目的。"[②]如果不经过深刻地批判性反思，这个自我就极有可能成为一个心理上和社会上发育迟缓的人，成为维持现状的那些力量的共谋。就如卡夫卡(Franz Kafka)的小说《审判》中的约瑟夫·K. (Joseph K.)一样。他是西方城市化、工业化的典型存在。他受技术、工具理性的支配，没有自我认同，他的生活取决于他的工作场所的社会结构，不管他在哪里，遭遇了什么，他都要把这种社会结构转移过去。可以说，他就是他的职业。他就是现代人自己困境的表达。这种困境是经济、政治、文化力量共同作用的结果。在小说中，他没有逃脱他的被捕状态，因为他根本没有理解自己的案件。同理，我们理论研究者如果不理解自我的形成，不理解自己到底被抑制了什么，也就是说不理解克尔凯郭尔所谓的"认知者和认知对象的关系"的话，那么我们就不可能承担解放的任务。就如派纳所认为的，"知识产品的质量和内容与理论家的生活有密切的关系。"[③]除非理论家认识到了自己所从事的研究工作的性质，这项研究工作对自己生活和文化的符号功能，否则很可能正是这项工作起到了维持停滞状态的作用。

自传研究方法对教育研究者的意义就在这里。通过这种方法，研究者首先检查自己的传记情境与研究工作之间的关系，了解在自己的内在生活中，有哪些东西由于遭受压制而没有机会浮现到意识中，又有哪些正在做的事情是自我与外部力量合谋的结果。我们一旦接受了社会上占主导地位的行为模式，这些行为模式所体现的价值理想

① ［美］乔治·H.米德著，赵月瑟译：《心灵、自我与社会》，上海：上海译文出版社1992年版，第125页。

② ［美］Joanne M. Arhar，Mary Louise Holly，Wendy C. Kasten著，黄宇，陈晓霞，阎宝华等译：《教师行动研究——教师发现之旅》，北京：中国轻工业出版社2002年版，第43页。

③ Pinar, William F. . *Autobiography, politics and sexuality*: *Essays in curriculum theory 1972-1992*. New York: Peter Lang, 1994, P. 41.

就会产生出一个内在的评判者，它按照群体习惯进行称赞或谴责。①因此，我们常常就变成了现状的维护者。作为研究者的我们的理智兴趣是由我们传记问题的特点形成的，这些传记问题反过来又是由我们理智兴趣的内容塑造的。②因此，如果研究者有意识地提升对自己的理智兴趣和传记情境的意识，那么这种意识就会引起兴趣和情境的转变，也许从此就能够改变自己的外部导向习惯。徐复观曾经这样说过："只今培养大家的人格……使每一人只对自己的良心负责，对自己的知识负责，对客观问题的是非得失负责，使人人两脚站稳地下，从下向上伸长，而不要两脚倒悬，从空吊下，则人心自转，局势自变。"③

对研究者来说，自传研究方法是一种培养自己理智发展的手段。然后，如果研究者愿意，他可以在课堂上与学习教育的学生或者与参加培训的教师一起使用自传方法。很多研究和实践表明，这种自传式教学能帮助融化理智的受阻区域。它能帮助我们在本来大家都认为理所当然的东西中发现问题的所在。对使用自传研究方法的人来说，每一次研究都是一种心灵向内的过程，这种内向意味着意识的改变。正如派纳所说："行为之源的转变意味着行为本身的改变。于是实践就被改变了。"④通过自传，一个人的生活史，特别是受教育史能成为有价值的教育经验，对这些经验的反思体会也是通向真理的途径之一。派纳引用罗伯特·麦克林托克（Robert McClintock）关于真理的一段话说："真理并不存在于单词中或拉长了的理论中；真理存在于我们每个人的经验中，单词和理论的价值并不在于它们传达了真理，而在于它们可能会帮助我们抓住和理解我们的经验的真理……这就是精神科学的

---

① ［美］默里·斯坦因著，喻阳译：《日性良知与月性良知：论道德、合法性和正义感的心理基础》，北京：东方出版社1998年版，第30页。

② Pinar, William F. . *Autobiography, politics and sexuality*: *Essays in curriculum theory 1972-1992*. New York: Peter Lang, 1994, P. 148.

③ 李维武编：《徐复观文集》之《第一卷：文化与人生》. 武汉：湖北人民出版社, 2002年版第149页。

④ Pinar, William F. . Currere: Toward Reconceptualization. In William Pinar(ed). *Curriculum Studies*: *The Reconceptualization*. New York: Educator's International Press, 2000, P. 412.

实践。”[①]

四、有关本书的一些说明

在本书前半部分，我重点论述了威廉·派纳的存在体验课程。存在体验课程是自传研究方法中的一种，它是派纳和他的学生在20世纪70年代在美国的课程情境中、在借鉴其他学科的基础上构建和发展起来的。就如我在上文已经论述过的，通过存在体验课程，研究者、教师和学生能够以引起自我转变的方式来研究学校知识、生活史和主观意义之间的关系。比起存在体验课程，自传研究方法的外延更大，它还包括其他一些具体的研究方法。我之所以选择存在体验课程，是因为在美国的课程情境中，它是自传研究方法的开端。它有充分的理论铺垫，有明确的研究步骤，有发表过的案例研究，可以明确地辨认出它的理论渊源。它深刻地影响了美国的课程研究领域，并且直到现在派纳本人以及其他一些学者还在继续研究它。[②]存在体验课程不但是理解美国课程领域中自传研究方法的必经之地，而且它也是理解20世纪70年代后美国课程领域理论发展的一个不可回避的部分。

本书题目中的“教师研究”有三方面的含义：第一指的是通常意义上研究者对教师进行的研究；第二指的是教师进行的研究；第三指的是研究者或教师对自己进行的自我解放式研究。但是这三个方面的划分并不是绝对的或者可以泾渭分明地归类。从教师对研究的参与程度上来看：对教师的研究可以分为两类，一是教师几乎不参与的研究，我称之为教师零参与研究；二是在研究中教师与研究者之间有一些配合，可以称之为教师配合研究。教师进行研究也可以分为两类，一是研究者和教师一起进行研究，可以称之为教师参与研究；二是由教师与学生或者其

---

① Pinar, William F. . Currere: Toward Reconceptualization. In William Pinar(ed). *Curriculum Studies*: *The Reconceptualization*. New York: Educator's International Press, 2000 , PP. 412—413 .

② 例如，Doerr, Marilyn N.. Currere and the Environmental Autobiography: A Phenomenological Approach to the Teaching of Ecology. New York: Peter Lang, 2004; Pinar, William F. . What is Curriculum Theory. Mahwah: Lawrence Erlbaum Associates, 2004.

他教师一起进行研究，可以称之为教师独立进行研究，这里的“独立”仅仅是指传统上在教育研究中，教师对于研究者的依赖程度而言的。这种教师独立进行的研究也就是柳夕浪论述过的“教师研究”，他认为“教师研究”是指由教师（主要是中小学教师）在学校工作中展开的教改探究活动，是教师关于教学生活意义的持续不断的体验感悟与发现过程。它的必要性根植于教师自身的专业生活场景，它的价值取向乃是由教师自身教学活动的内在需要所决定的，而不是某种外部力量强加的东西。[①]本书中的自传研究方法可以应用在教师配合研究、教师参与研究和教师独立进行研究中。应用的方式既可以是个案式研究，也可以是合作自传研究。

本书中“教师研究”的第三方面的含义指的是研究者或教师对自己进行的自我解放式研究。其实这个方面可以与教师独立进行的研究有部分重叠，因为如果教师独立进行研究，那么他既可以研究自我，也可以研究他人。在本书中，我之所以把第三方面的含义独立列出来，是因为在教师研究中，一个暗含的意义应该是研究者首先应该解放自己，因为教师研究，也许比教育研究中的其他方面更甚，是价值负载的研究。任何研究者或教师，都应该首先尽可能充分、深入地了解自己。从另一个方面来说，任何研究者或者教师都曾经是受教育者，他的个人生活史，尤其是受教育经历本身就是很好的研究资料，自传地研究这些受教育经历本身可以引起自身的转变。在研究者对教师的生活史进行研究的情境中，研究者要对被研究者的生活史进行研究。要深刻地理解被研究者，就必须把他置于他的地方情境之中。研究者不管从哪个角度进行诠释，都不可能是客观的，因为任何研究者都是带着自身的“前见”进入研究情境的。就如海德格尔(Martin Heidegger)所指出的，“每一种解释——哪怕是科学的解释——都受到解释者具体情境的控制。根本不存在无前提、‘无偏见的’解释，因为即使解释者能够使自己从这种或那种情境中摆脱出来，他也不能使自己从自身的事实性中摆脱出来，不能从早已具有一种作为视域的有限的、暂时的情境的本体论条件中摆脱出来，正是有了这种视域，他所理解的在者对他才有最初的意义……对意

① 柳夕浪：《建构积极的“教学自我”——教师研究的价值取向》，《教育研究与实验》，2003年第3期。

义的每一种理解都是从人的历史情境中的前理论的给定性出发的有限理解”。[①]所以说，即使研究者是在研究别人的传记文本，也仍然可以看做是一种自传研究。存在体验课程非常适合这三个方面的研究，它不但提供了具体的、可以操作的研究步骤，而且派纳本人以及其他一些学者用这些步骤进行过很多研究。因此，研究存在体验课程有助于教师研究视野的扩大。

① ［美］戴维·E.林格，编者导言. 见［德］汉斯—格奥尔格·加德默尔著，夏镇平译：《哲学解释学》，上海：上海译文出版社 1994年版，第40–41页。

任何领域的创新者都威胁到了已建立的秩序……
因而，一个领域的创新者，
就唤起了那些固守传统不放的人
对不熟悉和未知的东西的恐惧
——罗纳德·E.帕德格姆①

第一章

存在体验课程的历史发展

在美国，在课程领域中系统地尝试使用自传研究方法始于20世纪70年代概念重建时期，以派纳的《存在体验课程：走向概念重建》一文的发表和派纳与格鲁米特合著的《贫困的课程探论》一书的出版为标志。②他们构建的自传研究方法就是存在体验课程。本部分的内容主要是概括地论述存在体验课程产生的动因以及它的沉寂和复兴过程。

---

① ［美］威廉·F.派纳等：《理解课程》，北京：教育科学出版社2003年版，第224页。

② ［美］威廉·F.派纳等：《理解课程》，北京：教育科学出版社2003年版，第537页。

一、存在体验课程产生前美国课程领域的状况

存在体验课程产生的直接背景是美国课程领域的发展和演化状况。在20世纪上半叶，尽管有各种风格各异的主张和实验，但是进行课程研究的主流是受到行为主义心理学深刻影响的学者。在桑代克(EdwardLee Thorndike)和华生(John B. Watson)的影响下，产生了与实验心理学联姻的社会效率运动，50—70年代的学校和学校课程就是这一联姻的结果。课程领域的主旋律是课程开发，而课程开发的辉煌顶点是1949年泰勒《课程与教学的基本原理》的出版。这本薄薄的小册子是泰勒(Ralph Tyler)在芝加哥大学教授一门课时所使用的大纲，其意图就如他在引言中所申明的："帮助教育系的学生更全面地理解开发课程时所涉及的问题，熟悉一些解决这些基本原理的技术。"①菲利普·杰克逊（Philip Jackson）把这本书比作是课程的圣经，②因为它是对程序、社会管理，即对课程作为制度文本感兴趣的传统课程领域的完美例子。在随后的50—60年代，课程领域的发展又经受了一系列事件的影响。派纳是如此评论这20年的：

到20世纪中叶时，纲领性文本的重要性已经良好地确立起来了。这些反映了课程主流知识的教科书把教师看做课程规划和开发过程的中心。不过，50年代初的课程论争、50年代后半段由于苏联卫星上天而加剧了对学校的攻击，以及接下来的国防教育法，都削弱了教师和课程专家具体而言在课程开发中、一般而言在课程事件中的作用。60年代学科领导课程改革运动更强调了这种显著的发展。十年后，这个变弱的领域将经历一场被称为"范式转换"的大变革③。

① ［美］威廉·F.派纳等:《理解课程》，北京：教育科学出版社2003年版，第114页。

② ［美］威廉·F.派纳等:《理解课程》，北京：教育科学出版社2003年版，第20页。

③ ［美］威廉·F.派纳等:《理解课程》，北京：教育科学出版社2003年版，第153页。

在这里，派纳所说的“60年代学科领导课程改革运动更强调了这种显著的发展”指的是在60年代席卷全国的课程改革是学科结构取向的，领导权掌握在学科专家手里，课程专家只是起到顾问的作用。在学科之间，大量的资金和精力都投入到了科学和数学课程的设计上，对人文学科和社会科学的投入很少。这种状况恶化了传统的课程学者的地位，因为用于新的课程提案的资金减少了，在职培训项目也减少了，因此他们在中小学中表现课程领导的机会也减少了。他们在教育学院的存在已经不再依赖自身在实践者中的受欢迎程度，而是越来越依靠自己的写作所获得的理智评价。这些状况聚集到一起使得课程领域在外部面临着前所未有的危机。另一方面，泰勒原理在课程领域中确定无疑的地位受到了广泛的质疑，人们意识到当初被认为是课程开发的一个理性方案的泰勒原理，已经演变成了一个狭隘的行为主义概念原理，它把课程简化为只是它的目标和结果①。由于对泰勒范式的本质怀疑开始滋长，因此课程领域从内部瓦解了。

在一篇评论泰勒领导的八年研究的论文中，威廉·派纳认为泰勒的课程与教学改革过于强调聚焦于目标的评价，因而造成了教育的封闭，因为目标会很快变得具体化，甚至行为化，同时，正由于它将“学习”还原为行为变化和标准测验的成绩，教与学变得琐碎不堪。②派纳也反对泰勒的论断——“教育是改变人们行为模式的过程”，因为这种观点与行为主义有着必然的联系，如果我们对行为作出广义的理解，使之包括思维、感觉和外显行为，将人类一切经验都还原为“行为”，情况只会变得更糟。他批评教育界存在着的潜在自负情绪，即教师有权利也有专业上的义务，去改变人们“思考”和“感觉”的方式。③

当时课程领域的学者可以分为三个类型④：一类是传统主义者（泰

① [美]威廉·F.派纳等：《理解课程》，北京：教育科学出版社2003年版，第170页。

② [加] 威廉·F.派纳著，高振宇译：《将课程曲解为制度性文本：学校实验与八年研究》，《全球教育展望》，2012年第1期。

③ [加] 威廉·F.派纳著，高振宇译：《将课程曲解为制度性文本：学校实验与八年研究》，《全球教育展望》，2012年第1期。

④ 此三类划分源自派纳，参见Pinar， William. Notes on the Curriculum Field(1978). In W. Pinar, *Autobiography, Politics and Sexuality*. New York: Peter Lang Publishing, Inc, 1994, PP. 78－82.

勒是其中的佼佼者），其典型的标志是传统主义者是为学校实践者服务的，他们与实践者和孩子们结盟，他们认为服务比研究或理论发展更重要。许多传统主义者往往出身于学校人员。第二类是概念经验主义者，他们随着20世纪60年代的课程改革运动而出现，其典型特征是与社会科学结盟，他们更多地关注社会科学领域的同事们。他们认为通过创造一门课程科学，就可以服务于学校的实践者。他们的研究看起来要把课程领域变为他们的母学科的殖民地。第三类是概念重建主义者，麦克唐纳曾在1971年这样描述他们："他们把理论化的任务看做是创造性的理智任务，他们认为这个任务既不应该被作为开处方的根据，也不应该被看做是经验上可测的一套原理和关系。这些人的目的是发展和批判概念计划，希望新的谈论课程的方式将会出现，这些方式在将来可能比现在的取向更加富有成效。"①

正是第三类学者引领了70年代美国课程领域的概念重建运动。他们虽然研究兴趣迥异，研究方法不同，观点甚至也不同，但是他们的共同特点是以"新的方式"谈论课程。派纳的导师保罗·克洛尔（Paul Klohr）曾经鉴别出不断在概念重建主义中回响的九个主题：

> 第一，对人类以及他或她与自然的关系，采取一种整体的、有机的观点；第二，个体成为建构知识的主要代表，他或她是文化的创造者，也是文化的传播者；第三，课程理论家在很大程度上靠自身的经验基础作为其研究方法；第四，课程理论将前意识的经验领域视做主要来源；第五，他们理论的基础在于存在哲学、现象学和激进的精神分析学，同时还汲取源于互有关联的领域如社会学、人类学和政治科学的人本主义的概念重建；第六，个人解放与更高层意识水平的获得，成为课程开发过程中的中心价值所在；第七，多样化和多元性在社会目的以及计划达到这些目的的建议中得到褒扬；第八，支持政治、社会运作的概念重建是基本的；第九，开发新的语言形式以解释新的意义——例如隐喻。②

① Pinar, William F. . *Autobiography, politics and sexuality: Essays in curriculum theory 1972—1992*. New York: Peter Lang,1994, P. 82.

② ［美］威廉·F. 派纳等：《理解课程》，北京：教育科学出版社2003年版，第217-218页。

派纳本人积极参与了20世纪70年代的概念重建运动，并且是这场运动的领导者之一，不时为运动提供方向性的指导。他们这一代拒绝把“接受的遗产”继续传递下去。他们认为课程是政治、历史和自传的交叉点。在这十年中，他自己的研究除了构建自传研究方法——存在体验课程之外，还有70年代末阐述的男性性别理论。在派纳构建存在体验课程的论文中，我们几乎可以发现克洛尔所辨别的所有这九个主题。因此，理解存在体验课程不仅有助于了解一种研究方法，而且也有助于理解美国课程领域中的概念重建运动。存在体验课程的理论渊源、研究步骤以及研究意义等我会在本书以下各章进行详细的论述。

二、派纳、格鲁米特、米勒对自传研究方法形成和发展的贡献

在美国的课程领域，自传研究方法的开创性构建主要是由派纳以及他的学生格鲁米特和米勒来进行的。他们三个人的自传研究有不同的侧重点。派纳和格鲁米特主要把精力放在与存在体验课程有关的理论构建以及与反对者进行论争的方面，米勒则主要进行自传研究方法的合作性方面的研究。在这一部分，我没有把存在体验课程和自传研究方法作严格的区分，因为存在体验课程只是自传研究方法中的一种，我们无法完全把它剥离出来。

（一）派纳对自传研究方法的开创性研究

派纳把自传作为课程研究的一种模式开始于1972年。那一年他获得了俄亥俄州立大学的哲学博士学位，并开始在罗切斯特大学教育和人类发展研究所担任助理教授。这时候的他还没有形成具体的研究方法，他发表在《教育领导》杂志上的论文《从内部入手》表明他只是感觉有必要“从内部入手”。这种感觉始于他获得学士学位后在纽约长岛的一所高中担任两年英语教师的经历。他感觉到传统的学校教育不仅是不充分，而且是疯狂的。因此他开始试图追问教育能否以另外的面貌出现，他基于自己的课堂教学经验，认为教师在课堂上所做的最重要的事情，就是努力创造一种学生感到可以自由表达自己的“内部世界”的气氛：“我和学生开始感到我们很少需要求助于自身之外的主题。我们致力于

不同的原始资料。我们从内部入手。”①

1973年，他写了《班尼特先生和布朗太太》一文并于第二年发表在《人文学科杂志（The Humanities Journal）》上。关于这篇论文我在后面“存在体验课程的文学渊源”一节中将会有较为详细的论述。在论文中，派纳指出了自己正在寻找一种方法，这种方法能帮助我们发现在盛行的教育实践下所丧失了的自我。在当时以泰勒原理为代表的科学设计的教育模式下，教师和学生的注意力被从他们的内部现实引开，固定在外部世界。因此，“我们需要的是不断地求助于话语背后的事实，求助于把注意力永久地置于人的身体内部，以试图揭示人真正的情感、认知的状况。”②派纳批评当时的教育研究不可能完成这种任务，因为它们仅仅关注外在的世界。在论文的结尾，派纳暗示了自己正在寻找的方法。这种方法就像存在主义、精神分析、意识流小说等领域一样，关注人的内部经验。但是派纳指出，自己的方法不是这些领域中的任何一种，而是这些方法的一种综合，它能够“允许我们给内部观察以诚实的、公共的和可用的形式。”③

1975年，也就是在开始思考如何“从内部入手”的三年后，他终于构建出一种研究和教授课程的方法——存在体验课程。他在这一年发表的四篇论文都与自传方法有关。其中《教育经验的分析》、《存在体验课程：迈向概念重建》、《寻找一种方法》都被收集到他主编的《课程理论化：概念重建主义者》一书中。这三篇文章从不同的侧面论述了与自传方法有关的一些问题，表明他对自传方法的思考已经逐渐深入。在《存在体验课程：迈向概念重建》一文中，他提出了获得过去和未来的材料的两种最重要的方法：“悬置”和“自由联想”。他指出：“存在体验课程，历史性地植根于课程领域、存在主义、现象学和精神分析，

① Pinar, William F. . *Autobiography, politics and sexuality*: *Essays in curriculum theory 1972—1992*. New York: Peter Lang, 1994, P. 10.

② Pinar, William F. . *Autobiography, politics and sexuality*: *Essays in curriculum theory 1972—1992*. New York: Peter Lang, 1994, P. 16.

③ Pinar, William F. . *Autobiography, politics and sexuality*: *Essays in curriculum theory 1972—1992*. New York: Peter Lang, 1994, P. 17.

是对教育经验的研究。”①存在体验课程所产生的知识，根在别的什么地方，但花和果实是自己的。在《寻找一种方法》中，他则集中论述了如何使用“文学的教育经验”作为一种探究自我的方法。通过把自己对某部文学作品的兴趣和评述与当时自己的传记情境结合起来分析，来对自我进行心理的、文化的和历史的观察和研究。同一年他写的《存在体验课程方法》后来被收录入《自传、政治与性别》一书中。在这篇文章中，派纳正式提出了回溯—前进—分析—综合四个步骤的存在体验课程方法。

1976年，在《审判》一文中，他利用对卡夫卡的小说《审判》中的人物约瑟夫·K. 的分析继续论证与存在体验课程方法有关的诸多问题。他指出我们现代人与约瑟夫·K. 一样，处于被捕状态，被困在某个地方。这种被捕是政治的、心理的和形而上学的，因此，对课程理论家而言，重要的是要理解自己的工作存在于历史的和传记的情境中，因为“知识产品的质量和内容与理论家的生活有密切的联系”。②自传研究方法的重要性在于它是一种意识形式，它首先不是为了知识的缘故而生产自我的知识。它更多的是一种方法，通过它，我们可以促进自己的理智的和传记的发展。这项工作意味着人在运动中，并逐渐意识到运动，“意识到这项工作与其他工作的关系，与历史时刻的关系”。③存在体验课程是一种自传策略，个体借之以理解他在学校中的生活本质和学校在一个人的生活中的作用。“它是一种研究策略，这种策略能产生具有学校的活生生经验特征的知识，因此，有助于我们的学校知识和教育过程。这种知识是个体的知识，是一种坚持这类知识具有优先性、坚持概括和社会分类处于派生地位的观点。存在体验课程是一种与当代社会科学的研究方法不同的方法，不仅仅是在程序中而且在由此产生的知识秩序（order）中。这种知识明确了其产品的发展的和认识论的基础。它是

---

① Pinar, William F. .Currere: Toward Reconceptualization. In William Pinar(ed). *Curriculum Studies*: *The Reconceptualization*. New York: Educator's International Press, 2000, P. 400.

② Pinar, William F. . *Autobiography, politics and sexuality*: *Essays in curriculum theory 1972—1992*. New York: Peter Lang, 1994, P. 40.

③ Pinar, William F. . *Autobiography, politics and sexuality*: *Essays in curriculum theory 1972—1992*. New York: Peter Lang, 1994, P. 57.

植根于具体而不是植根于抽象中的知识。”[①]从《审判》一文中我们可以看出，派纳对存在体验课程的研究已经达到了非常深入的层次。

（二）格鲁米特和米勒对自传研究方法的贡献

格鲁米特是派纳在罗切斯特大学的博士生。米勒(Janet Miller)与格鲁米特一样是派纳的硕士生，但是她的博士导师是派纳的博士导师中的一位：保罗·克洛尔。她们两个是20世纪70年代自传性研究的两个非常重要的理论家，在探讨了自传方法的若干问题之后，她们在70年代末都转向了女性主义理论研究。通过她们的努力，女性主义理论迅速崛起，其著述和重要性仅次于阿普尔领导的政治性研究领域。派纳在1994年出版的代表作《自传、政治与性别》一书的序言中指出：

20年前在罗切斯特大学，马德琳·格鲁米特和我致力于详细阐述一种研究和教授课程的方法，这种方法尊重具体存在的学生和教师的直觉性、特殊性和复杂性。它结合了现象学、心理分析和剧本理论的方面，但是却通过自传而形成。我们最先的自传研究方法成果是出版于1976年的《迈向贫困的课程》，这本书没有引起反响并很快绝版了，马德琳·格鲁米特［和1972—1974年在罗切斯特大学工作的珍妮特·米勒］转移到了女性主义理论，我则在继续为概念重建这个领域提供方向的同时探究男性性别理论。[②]

在70年代早期格鲁米特刚刚开始进入自传领域的时候，她写作的重点首先是分析说明自传的合理性，论述了存在体验课程方法的心理分析的、现象学的和存在主义的基础，解决了存在体验课程提出之初的一些问题，回应了对存在体验课程的批评。她提出存在体验课程“是个体对课程的作用，通过课程的社会、智力、体力结构积极地重构他与课程之间的通道。”[③]除了进行存在体验课程的理论研究，她还把存在体验课

① Pinar, William F. . *Autobiography, politics and sexuality*: *Essays in curriculum theory 1972—1992*. New York: Peter Lang, 1994, P. 61.

② Pinar, William F. . *Autobiography, politics and sexuality*: *Essays in curriculum theory 1972—1992*. New York: Peter Lang, 1994, P. 1.

③ ［美］威廉·F. 派纳等：《理解课程》，北京：教育科学出版社2003年版，第543页。

程运用于教师研讨会、管理和戏剧创作室。与派纳相比，格鲁米特对存在体验课程的应用更强调其社会性特点和政治性潜力，这也是她对马克思主义者关于自传是资产阶级个人主义的批评的回应。

在70年代末期自传研究方法处于低潮期后，她转向了女性主义理论，其中影响最大的成果是1979年在艾尔兰恩（Airline）召开的课程理论会议上提交的论文《概念、矛盾和课程》，这篇文章对概念重建运动的贡献无法估量，它真正引发了对课程进行女性主义分析和性别分析的热潮。后来，这篇论文成为她重要的著作《苦涩的牛奶》中的第一章。派纳是这样评价这本书的："《苦涩的牛奶》是过去30年里该领域内最主要的作品。这是一部精彩的、综合性的书，把自传、现象学、精神分析、政治和女性主义理论都结合到成熟的、精深的、发人深思的课程理论著作中……这说明不仅要对教育者的个人角色进行重建，而且要重建他们随后与学生、同事、社区、家庭和朋友的关系，还要重建表达这些关系的文本和话语。"[①]这本书将自传与女性主义结合起来，充分体现了她的课程理论的高度复杂性。

80年代她又回到了自传研究方法上。在1988年的一项研究中，格鲁米特把公共与私人之间的通道看做是一个重要的主题。她主张用自传描述来收集数据信息，用心理分析、现象学和女性理论来对数据进行分析。她说："在我们研究自己经验的形式时，我们不仅寻找限制我们的外部力量的证明，而且要恢复我们自己的可能性。我们努力回忆、想象与实现各种认知与存在的方式，从而跨越我们公共与私人经验之间的裂痕。"[②]在《苦涩的牛奶》中她还探讨了教学对女性的意义问题。她把教学与课程看做是公共与私人之间的中间方式。"她们在家庭经验与教学经验之间、自己的孩子与他人的孩子之间、自己母亲的孩子与他人母亲孩子的老师之间、感觉与形式之间、家庭与同事之间走来走去。"[③]女教师们每日都来往于这些私人和公共世界之间的通道上。在这本书以

① ［美］威廉·F. 派纳等：《理解课程》，北京：教育科学出版社2003年版，第399页。

② Grumet, Madeleine . *Bitter Milk: Women and Teaching*. Amherst: The University of Massachusetts Press, 1988.XV.

③ Grumet, Madeleine. *Bitter Milk: Women and Teaching*. Amherst: The University of Massachusetts Press, 1988.XV.

及她以后的许多著作中，她都通过自传详细描写了这些活动，以及妇女作为女性、母亲和教师的生活经验。自传成为展示课程话语所排斥的女性的经验的方法。她对通道的研究不仅扩展了自传研究方法的视野，而且她主张使用多学科理论来分析自传材料的做法为自传研究方法，特别是合作自传研究方法的理论化作出了重大贡献。

她对故事和空间的论述也同样丰富了自传理论。在1991年《个人知识的政治》一文中，她论述了故事在自传中的作用。在故事的情境中，讲述是重要的，而倾听也是必要的。为了促进在讲述故事时进行自我反省，她鼓励学生（通常是在岗的实践教师）写出一个教育经验的多重描述，以破坏单一叙述的教条。[①]在《苦涩的牛奶》一书中，她也论述了女教师的故事叙事问题。“母性的利他主义和自我否认的风气以及重复劳动否定了教师叙事的规则和权力，因为讲故事就是加形式于经验上，放弃了我们自己的开头、中间和结尾，我们的教学故事模仿了肥皂剧。其叙事也是经常被打断，是重复的和没有尽头的。”[②]因此，她呼吁教师们为自己创造一个空间，在那里，他们会发现允许他们表达经验和理解的沉默。特别是女教师，如果要完成美学实践的清晰、交流和洞见的话，就必须为自己建构一个特殊的地方。[③]但是，格鲁米特引用阿普尔（Michael Apple）的警告说，妇女们不能退回到传统上被认为是妇女的领域：情感的支持，因为如果用安慰的形式来辨别情感的感知，而不是用行动和交流的形式，那么我们就复制了在历史上和社会上由父权制关系及其公共和私人经验的分支所构成的模式。[④]在这里，她所呼吁创造的空间不必是孤独的，而可以是一个集体过程。它是一个共同体空间：“我们需要重新创造安全的地方，甚至在学校中也是如此，其中教师可以集中注意，可以关注他们对儿童和世界的经历。我们需要创造表达与

① ［美］威廉·F. 派纳等：《理解课程》，北京：教育科学出版社2003年版，第570页。

② Grumet, Madeleine. *Bitter Milk: Women and Teaching*. Amherst: The University of Massachusetts Press, 1988, P. 87.

③ Grumet, Madeleine . *Bitter Milk: Women and Teaching*. Amherst: The University of Massachusetts Press, 1988, P. 88.

④ Grumet, Madeleine . *Bitter Milk: Women and Teaching*. Amherst: The University of Massachusetts Press, 1988, PP. 90—91.

共享这一经验的共同体空间。创造这些空间的过程与空间自身一样重要。”[①]这个共同体空间的形成，表明了自传研究方法的合作特点。就是说，自传研究方法可以是独自进行的活动，但决不意味着它是唯我的和非社会性的。它可以成为某些群体用来探讨自我和认同、创造共同体空间的方法。

格鲁米特在其他一些方面，如认知交互性、接触、移情、声音、认同感等方面也有精彩的研究。她的很多研究是关于存在体验课程的，也有一些漫过了存在体验课程的河沿，开拓了自传研究的新领地。由于她的出色研究，派纳这样评价她：“格鲁米特的理论使她在80年代末期成为女性主义和自传学术研究的一个主要的——或许是最主要的——人物。”[②]

与格鲁米特一样，米勒也对自传理论的创建和发展作出了很大贡献。她认为教育自传所能起到的作用是当个体面对行动、知识、“自我”和生活的“不完整”和“未完成的整体”的时候，如何在不公正的和非人的环境中，个体仍然能够采取行动。在教育中进行自传探究的唯一原因是它能够质疑一个“真实的”、稳定的和连贯的自我以及这个自我的文化印迹。[③]

针对有些学者对存在体验课程是唯我的和非社会性的指责，米勒通过运用自传日志和合作理解生活经验等方法建立合作性共同体来予以反驳。她对合作性自传作出了非凡的贡献。在1990年的一本著作中，她描述了合作性研究小组，从而论述了创造发现、表达与揭示生活经验的解释性共同体的过程是创造空间的过程。这种空间对于教育者和研究者挑战现状具有非凡的意义：“于是，我们对共同体的描述包括对我们个体与集体在教育背景中成为挑战者的过程的多重描绘。这些多重片断是我们对我们的故事通常反映非历史性和本质化的自我这一倾向进行挑战

① Grumet, Madeleine . *Bitter Milk*: *Women and Teaching*. Amherst: The University of Massachusetts Press, 1988, P. 90.

② ［美］威廉·F. 派纳等：《理解课程》，北京：教育科学出版社2003年版，第569页。

③ Pinar, William F. . Preface: What Should Be and What Might Be. In Janet Miller. *Sounds of Silence Breaking*: *Women, Autobiography, Curriculum*. New York: Peter Lang, 2005. XI.

的一种方式；这是一种减少我们通常注入故事的一贯性和逻辑发展的方式。”①对合作性共同体的论述最为著名的是她于1990年出版的《创造空间与寻求声音》（Creating Spaces and Finding Voices）一书。在这本著作中，她除了表明自传反思和洞察对促成女性在学校中的反抗与解放都有贡献之外，还指出了内在于合作研究中的不平等的权力关系。米勒著作的重要意义在于：为女性主义理论中的自传方法奠定了基础，使合作研究更加合理规范，而且还把她独特的视角扩展到其他领域，如英语教学、儿童早期理论、教师教育与发展。这些都对当代女性主义理论的特点产生了相当大的影响。米勒的合作研究激起一股对合作感兴趣的浪潮，这也彻底摧毁了旧马克思主义者对自传之孤立、非政治化、非理论化的指责。②

米勒的另一个持久关注的问题是对个人和公共之间的关系。这在她于1982年出版的《打破沉默的声音：女性主义教学观与课程理论》（The Sound of Silence Breaking: Feminist Pedagogy and Curriculum Theory）和1983年的《女学者的反抗：一个自传的描述》（The Resistance of Women Academics: An Autobiographical Account）两书中都有精辟的论述。她从教学中师生对认同感的表达以及对内在于公共和私人表达之中的问题，到学术界中女性所遇到的困境都给予了关注。她指出，教育经验的自我反思性研究有助于女性主义研究穿过大学的心理政治性迷宫，在鼓励自主、独立和批判性态度的同时保持女学者和女教师的养育能力：“在教学情境中我仍然奉献我自己，但我的奉献基于自己对教师功能的认识，而不是视其为他人试图说服我接受的职责。”③在她2005年的新著《打破沉默的声音：妇女、自传与课程》④中，米勒通

---

① ［美］威廉·F. 派纳等：《理解课程》，北京：教育科学出版社2003年版，第570页。

② ［美］威廉·F. 派纳等：《理解课程》，北京：教育科学出版社2003年版，第402页。

③ ［美］威廉·F. 派纳等：《理解课程》，北京：教育科学出版社2003年版，第574页。

④ Janet Miller. *Sounds of Silence Breaking*: *Women, Autobiography, Curriculum*. New York: Peter Lang, 2005.本著作的中译版已经出版。[美] 米勒著，王红宇、吴梅译：《打破沉默之声——女性、自传与课程》，北京：教育科学出版社2008年版。

过回忆自己在20世纪70年代所参与的概念重建运动使自己的主观空间超越了公共空间，并与之分离。“由于不再与那个遭质询的自我认同，人就能够通过推论性的方式重建公共空间。在米勒的例子中，是通过大声地阅读和书写私人现实，通过致力于自传和社会之间的张力，她重建了二者。”[①]在米勒的自传声音里，我们可以听到“打破沉默的声音”。正是那个勇敢的声音命名了性别（gender）、性特征（sexuality）和课程之间的未言明的联系。[②]

格鲁米特和米勒是美国课程研究中自传研究方法的形成和发展中除派纳之外最为著名的两位。除了她俩之外，还有另外很多课程理论家参与了包括存在体验课程在内的自传研究方法的构建和发展，并以研究兴趣点的不同而形成了很多流派。在此就不一一论述了。

三、自传研究方法的沉寂和复兴

在派纳和格鲁米特于20世纪70年代初期和中期最初构建了自传研究方法，并于1976年出版了他们最初的自传研究方法的成果《迈向贫困的课程》之后，自传研究方法进入了一个非常黯淡的时期。《迈向贫困的课程》没有引起什么反响并很快绝版了。这一方面是因为阿普尔的马克思主义政治性研究取得了主导性的地位并对自传研究方法提出了强烈的批评，另一方面是因为格鲁米特和米勒的主要精力转向了女性主义研究。

（一）自传研究方法的沉寂

20世纪70年代存在体验课程的早期理论构建主要是与传统的课程理论以及与持政治导向的学者和量化研究者的辩论同时发生的。到70年代末期，有关自传研究方法的成果不多，重视的人也很少。但这并不是说

① Pinar, William F. . Preface: What Should Be and What Might Be. In Janet Miller. *Sounds of Silence Breaking*: *Women, Autobiography, Curriculum*. New York: Peter Lang, 2005.XIII.

② Pinar, William F. . Preface: What Should Be and What Might Be. In Janet Miller. *Sounds of Silence Breaking*: *Women, Autobiography, Curriculum*. New York: Peter Lang, 2005.XI.

它处于完全休眠的状态。派纳本人在几篇有关课程理论的论文中，回应了来自马克思主义政治取向的研究者和量化研究者对自传研究方法的批评，为80年代末期，特别是90年代以后自传研究方法的蓬勃发展解决了理论上的困惑。

他在1978年写的《课程领域的笔记》一文中分析了美国课程领域20世纪60—70年代的历史，辨认出了课程研究者的三个类型，即传统主义者、概念经验主义者和概念重建主义者。然后他把这三种类型的课程理论者置于一个超理论的情境中，把自己与课程领域的现状拉开了距离，用哈贝马斯的批判理论论述了自己对三个问题的理解，第一个是技术和实践的问题，第二个是知识和人类兴趣的问题，第三个是理论和实践的关系问题。哈贝马斯在对认知的三种兴趣（技术的、实践的和解放的）的论述中，认为解放的兴趣是其中最为基本的一个，因为“只有到自由、公开交流的条件成为现实的程度上，技术的和实践的兴趣才能够被获取。这样的条件要求一个开放的、自我批判的探究者共同体。”[①]派纳认为自己和格鲁米特正在发展着的自传理论就是渴望生产解放性的知识。课程要想真正为别人提供一种解放的可能性，就必须首先解放研究者。通过自传研究方法，研究者可以检视自己在美国学校教育的种种弊端中的共谋。他们渴望自传方法越来越多地接近受制约的东西，允许它浮现、释放或保持。他说：

> 格鲁米特和我已经发现，与感兴趣的学生一起有区别地、敏感地使用这种方法能够帮助融化理智的受阻碍的或僵化的区域，并允许理智的运动。个体的理智运动发生在与别人——那些身体上以教师和其他学生出现的人——的关系中，并且通过书本和其他人造物品中印出来的文字而发生。这个运动发生在个体生活史的情境中，当它发生的时候它就是教育经验。在这个意义上，我们研究课程在教育经验中的作用。[②]

① Pinar, William F. . *Autobiography, politics and sexuality*: *Essays in curriculum theory 1972—1992.* New York: Peter Lang, 1994,P.86.

② Pinar, William F. . *Autobiography, politics and sexuality*: *Essays in curriculum theory 1972—1992.* New York: Peter Lang, 1994, PP. 90—91.

从以上论述中我们可以看出，他把自传研究方法的构建与对课程领域的概念重建紧密结合在一起了。这为20世纪80年代末期以后自传的繁荣发展奠定了基础。对于一种方法来说，它与所属领域的发展是密不可分的。

在1979年写的《课程理论化中的抽象和具体》一文中，派纳论述了课程理论中抽象和具体的关系，以回应有些学者对自传是心理自恋和缺乏政治性的批评。派纳认为左翼和右翼思想家虽然政治主张大相径庭并互相攻击，但是他们有一个共同的特点就是都是以抽象的形式，即反辩证的形式来辩论的。他们把具体的、活生生的存在简化成了观念。他们的理论没有个人生活的基础，没有个体经验的独特性。这样的理论很容易以政治上和理智上反动的方式起作用。通过回溯地、前进地、分析地和综合地工作，课程研究者开始启动自己与学术工作、与自己、与世界的辩证关系，从而也许能够从理智的和文化的制约中恢复自己。正是在这个意义上，派纳说"存在体验课程是一种致力于把人从政治的、文化的和经济的影响下解放出来的方法。"①

派纳在1979年写的另一篇论文《远航：课程作为认知者和认知对象之间的关系》中，着重论述了为何以及如何培养个体的内在辩证能力，他还用"文学阅读"的方法研究了自己对伍尔夫的小说《远航》的阅读，从而为用"文学阅读"的方法研究理解自己的传记情境提供了一个例证。用类似这种方法的自传研究方法，课程理论家可以致力于培养自己的理智发展。

派纳在1978和1979年写的这三篇文章为自传研究方法清除了一些理论上的障碍。然后，由于他本人生活情况的变化，他开始把主要精力用于性别认同的研究。从20世纪70年代末到80年代初，美国课程领域的状况非常黯淡，进入了一个派纳称之为"死亡"的时刻，派纳本人甚至到一所神学院注册，打算攻读神学课程。1984年，派纳写了一篇短文《在终身教席的位置上死亡》，描述了课程领域的艰难状况及其原因。虽然课程领域已经被概念重建为一个复杂的领域，已经包含了由社会的、经济的和性别分析的因素构成的复杂范式，但是新的生命还过

① Pinar, William F. . *Autobiography, politics and sexuality*: *Essays in curriculum theory 1972—1992*. New York: Peter Lang, 1994, P. 108.

于软弱。那些代表新生力量的个体在困难中工作：低薪、暂时的职位、过量的工作负担和年长一代的压力。派纳以小说《在终身教席的位置上死亡》类比了致力于概念重建的人所面临的困难。他指出当前最危险的敌人首先是心灵的、精神的危机。因此，最激烈的斗争是"不屈服于生活的常规化以及随之而来的个体生活流动性的冻结，是不屈服于角色、不屈服于机器人，是证明并且通过这样做来增强我们萎缩了的、能够寓居于'思想'和'行动'的科层主流之外的能力"。[①]对于这种能力的获得，当时派纳几乎不抱什么希望。他只盼望能在黑暗中保持一些闪亮的灯光。保持的方法之一就是自我探究，它能帮助人们找到"自我疏离之墙上的裂缝，找到我们丧失到社会界定和科层角色中的自我。就如一个鹤嘴锄，自传允许我们蠕行在累积的内化了的狭窄空间中，进入个体前历史的熔岩流中。"在短文的最后，派纳表示了自己的悲观情绪，即"我只感到我周围、我自己身上的黑暗时代，我为另一个时代祈祷。"[②]

（二）自传研究方法的复兴

1985年，派纳回到了自传，写出了非常重要的自传理论《自传与自我的建构》一文，但这篇论文一直到1988年才在《课程理论化杂志》（JCT）上发表。派纳从后结构主义的边缘方面讨论了自传中的一个核心问题，即到底有没有一个真正的自我。他考察了现象学和心理分析以及福柯的考古学，认为自我的建构既表达同时也隐藏一个人的某些成分。他的自传方法不是致力于探究个体与社会之间的对立，而是探究在自我形成过程中起决定作用的家庭、社会决定因素（特别是阶级）、性别、政治内涵等复杂问题对试图理解课程与教学的人所具有的喻意。在美国，两个重大的历史事件促成了文化的标准化。一是面对移民潮所进行的文化同一化努力，二是社会化大生产的兴起以及劳动力的同一化。在这种背景下，社会科学的学术研究走向方法的标准化与琐碎化，得到

① Pinar, William F. . *Autobiography, politics and sexuality*: *Essays in curriculum theory 1972—1992*. New York: Peter Lang, 1994, P. 197.

② Pinar, William F. . *Autobiography, politics and sexuality*: *Essays in curriculum theory 1972—1992*. New York: Peter Lang, 1994, P. 198.

重视的是知识，而不是认识。总之，“存在成为非个人性的经验，个性、自我消失了……只有通过瓦解错误的自我才能揭示被掩藏的真实的自我。”[1]他在考察了福柯和德里达对个性的体制性形成之后指出，自传写作可以“从高处观察新的风景、新的构造，尤其是那些被政府、州与学校宣言所排除的景观……自传作为一种扩大、占据与建造中介空间的方法，通过拓展记忆的边缘，更多地挖掘那些被‘忘记的’、受压抑与被否定的部分，自传扩展中介空间”。[2]但是，派纳同时指出，自传的意义并不在于为我们提供丰富的数据，它只有在扩展讲述的与倾听的主体并将其复杂化时才是有意义的。“我们不是我们所讲述的故事，而更多的是我们的故事所隐含的我们与他人相关的方式，我们在故事中所删除的部分与我们所包括的部分同样多地暗示这些关系方式。”[3]在这篇论文的最后，派纳再次申明自传在课程中的意义，并充满激情地呼唤一个不断扩展的自我：

课程不是由学科（subject）组成的，而是由主体（Subject）、主体性组成的。课程的开展就是建构自我、建构主体性生活经验的过程。自传是自我的建构，建构一个随我们阅读、写作、说话与倾听而进行创造与体现的自我。自我在世界之中得到实现。即便是真实的，它也使我们无法确信我们所知道的自我，因为它总是在运动之中，在时间之中，部分地由它所不在的地点、所不出现的时刻、所不是的特点所界定。迎接破晓的自我是不断扩展的自我，不仅容纳所向往的也容纳所惧怕的和所抗拒的。划着金桨的自我是不断收缩、失去重心以便升起向天空扩展的自我。充满了泪水，充满了笑声，让我们来教，让我们来学；让我们成为自己生活的上帝，他人的仆人。让我们来吧。

在派纳回到自传研究方法的前后，格鲁米特、米勒等学者也开始对

① Pinar, William F. . *Autobiography, politics and sexuality*: *Essays in curriculum theory 1972—1992*. New York: Peter Lang, 1994, P. 212.

② Pinar, William F. . *Autobiography, politics and sexuality*: *Essays in curriculum theory 1972—1992*. New York: Peter Lang, 1994, P. 217.

③ Pinar, William F. . *Autobiography, politics and sexuality*: *Essays in curriculum theory 1972—1992*. New York: Peter Lang, 1994, P. 218.

自传进行了更多的研究。随着越来越多的学者开始对自传感兴趣，自传研究方法的主题也得到了扩展，既有对自传理论的元研究，也有使用自传方法对各类问题的研究。到20世纪90年代，自传在课程领域已经变得非常重要，以至于剑桥教育杂志专门以这个主题出了一期。派纳在《自传、政治与性别》一书的前言中指出：

在北美大陆，至少有四个主要的领域在以某种形式使用自传进行研究：F. 迈克·康纳利（F. Michael Connelly）和D. 简·克莱丁宁（D. Jean Clandinin）的著作研究"个人实践知识"，威廉·舒伯特（William Schubert）和威廉·艾尔斯（William Ayers）的课题是"教师学问（lore）"和"学生学问"，理查德·巴特（Richard Butt）和丹妮尔·雷蒙德（Danielle Raymond）研究合作自传，马戈·费金斯（Margo Figgins）在弗吉尼亚大学所作的让人激动的剧场研究（theatrical work）。罗伯特·格雷厄姆（Robert Graham）（1991）最近评论了课程研究中的处于萌芽状态的文学。然而，对自传的兴趣决不仅仅局限于课程研究。最近在教师发展、教师思维、教师教育方面的研究显示了自传理论的影响。[①]

20世纪90年代末以及21世纪开始之后，自传研究方法的主题继续深化，新的领地不断被开辟出来。从大的主题上来看，当今美国课程领域的自传研究方法主要有以下三个方向：一是对存在体验课程理论问题的深化研究以及对存在体验课程的实践应用的研究，主要的成果是派纳在2004年出版的《什么是课程理论》和玛丽莲·多尔于2004年出版的《存在体验课程和环境自传：生态学教学的现象学取向》[②]，另外，还有对对话日志、地方、神话和想象等的研究；二是女性主义自传研究方法，主要成果是格鲁米特1988年的《苦涩的牛奶》以及米勒2005年的《打

① Pinar, William F. *.Autobiography, politics and sexuality*: *Essays in curriculum theory 1972—1992*. New York: Peter Lang, 1994, P.1—2.

② Doerr, Marilyn N.. *Currere and the Environmental Autobiography: A Phenomenological Approach to the Teaching of Ecology*. New York: Peter Lang, 2004.

破沉默的声音：妇女、自传与课程》；三是自传或传记地理解教师的经验，其中包括对集体自传的研究、教师的个人实践知识，等等。进入21世纪以来，自传研究方法在向很多方向扩展，其中比较显著的成果有跨文化理论，如王红宇2004年的《来自陌生人的呼唤》；精神分析理论，如皮特（Pitt）2003年的《个人的应用：女性主义教育的精神分析叙事》[①]。另外，还有诸如妇女研究、生态学理论，等等。

四、自传研究方法在国际课程理解研究中的应用

2005年7月，威廉·派纳辞去了在路易斯安那州立大学课程与教学系教授、课程理论项目主任的职位，转往位于加拿大温哥华的哥伦比亚大学（UBC）的课程与教学系工作，是加拿大首席教授（Canada Research Chair）[②]，并担任课程研究国际化中心的主任。他去该校不久，申请到的第一个加拿大社会与人文学科研究委员会资助项目是“南非、巴西和墨西哥课程研究”[③]，得出的主要研究结论是，这些国家的课程学者在进行学术研究的时候，自觉地致力于社会正义，但是却没有同样重视课程领域的理智推进。2009年，派纳第二次成功申请到加拿大社会与人文学科研究委员会基金资助的“中国和印度的课程研究”项目。

这些都是跨学科研究，主要奠基于派纳早期对课程研究国际化的研究[④]；他多年来对全球化课程研究的持续参与，包括所召集过的重

① Pitt, Alice J. *The Play of the Personal*: *Psychoanalytic Narratives of Feminist Education*. New York: Peter Lang, 2003.

② 加拿大首席教授，分一级（Tier1）和二级（Tier2），一级任期七年，每年可以从联邦政府拿到20万加币的研究基金，二级每年能拿到10万加币研究基金。

③ 已经出版的成果：Pinar, William F. (ed.)（2010）. *Curriculum studies in South Africa*: *Intellectual Histories,Present Circumstances*. New York: Palgrave Macmillan; Pinar, William F.（ed）.（2011）. *Curriculum Studies in Brazil*: *Intellectual Histories,Present Circumstances*. New York: Palgrave Macmillan; Pinar, William F.（ed）（2011）. *Curriculum Studies in Mexico*: *Intellectual Histories, Present Circumstances*. New York: Palgrave Macmillan.

④ Pinar, William F. (Ed.). *International handbook of curriculum research*. Mahwah, N.J.: Lawrence Erlbaum, 2003.

要国际学术会议[①]；他20世纪70年代开始对美国课程研究领域概念重建的深度参与[②]；他开始于20世纪70年代聚焦于个人理智历史的自传研究方法[③]；他通过学科性进行理智推进的理论化研究[④]；他对世界主义（cosmopolitanism）的研究[⑤]，等等。目的是为课程领域增加关于这些国家的课程研究的知识，评述这些国家在理智历史和当今状况中本土和全球知识的重叠，记录并评价中国和印度两个国家的学者与来自其他国家的学者关于课程领域的理智历史和现状的“复杂对话”。[⑥]

派纳认为，国际化（internationlization）是这样一种研究，由在具有鲜明的国家特色的课程研究领域中成长起来的研究者，与在其他国家工作着的学者进行深入的交流，由此对该国家的课程研究进行判断，从而通过对研究者理智历史的研究和对当前环境的分析进行学科的理智推进。之所以进行课程的国际化研究，是因为派纳认为，以往的课程研究主要聚焦于学者们对他们工作的领域所进行的理智推进，而对全球化和

① 例如，2000年，威廉·派纳召集了路易斯安那州立大学课程研究国际研讨会。就是在这次会议上，成立了课程研究国际促进协会（International Association for the Advancement of Curriculum Studies）(www.iaacs.org)，派纳于2001—2007年间担任协会首任主席，我国课程学者华东师范大学张华教授担任第二任主席。

② Pinar, William F., Reynolds, William M., Slattery, Patrick, Taubman, Peter M.. *Understanding curriculum*: *An introduction to historical and contemporary curriculum discourses*. New York: Peter Lang, 1995.; Pinar, William F. Curriculum theory since 1950: Crisis, reconceptualization, internationalization. In F. Michael Connelly, Ming Fang He, and JoAnn Phillion (Eds.), *The Sage Handbook of Curriculum and Instruction*. Los Angeles: Sage, 2008,PP.491-513.

③ Pinar, William F. . *Autobiography, politics and sexuality*: *Essays in curriculum theory 1972—1992*. New York: Peter Lang,1994. ; Pinar, William F. *What is curriculum theory*? Mahwah, NJ: Lawrence Erlbaum, 2004.

④ Pinar, William F.. *Intellectual advancement through disciplinarity*: *Verticality and horizontality in curriculum studies*. Rotterdam and Tapei: Sense Publishers, 2007.

⑤ Pinar, William F.. *The worldliness of a cosmopolitan education*: *Passionate lives in public service*. New York: Routledge, 2009.

⑥ 引自派纳于2009年申请加拿大社会与人文学科研究委员会资助项目“中国和印度的课程研究”的申请书。

本土化的各种交叉力量在学科上的协商却缺乏足够的重视。[①]由此可以看出，派纳所进行的课程国际化研究最基本的方法是自传研究方法，是自传研究方法在课程领域的深化和拓展研究。对每一个参与者来说，该研究既是研究个人在课程领域的理智历史，同时也在提出或回答来自另外国家的研究者的问题的过程中，思考与探究以前未曾引起自己注意或认为理所当然的问题。在《通过学科性进行理智推进：课程研究的纵向和横向维度》一书中，派纳指出，他之所以对有鲜明国家特色的课程领域进行理智历史的研究，主要有两方面的原因：一是因为他认为课程研究领域中，学者和政府主持的学校改革之间的关系过于亲密；二是因为课程研究中存在着全球性的非历史、现世主义倾向。课程的国际化研究能够更好地描绘出课程与学校、政府以及社会和文化之间的关系。这些研究有助于理解国家或者地区课程领域的现在环境，并且也许能瞥见它们可能的未来。这个未来必然同时是个人的和集体的、地方的和全球的。这样的学术研究能够产生必要的批判性理智距离，使得学者们能够理解他们当前的环境。[②]

拿“中国的课程研究”项目来说，研究的主要路径是，邀请6—7位有一定学术影响力和发展潜力的中国学者参加研究，首先，回答项目首席主持威廉·派纳提出的关于参与者个人思想生活史的五个问题。然后，就中国课程研究的思想历史与当前现状写一篇文章（5000—7500字）。其次，课题组邀请来自其他国家的三位资深学者组成一个“研讨组”，研讨组成员认真研究中国学者对课题主持人所问问题的回答以及撰写的论文，然后进一步提出第二轮甚至第三轮问题。所有课题研究步骤都通过电子信箱进行。第一轮问题如下：

（1）请您描述一下您当前在课程研究领域所关注的焦点与正在研究的课题，它们是如何产生的？您认为这些研究在多大程度上受您个人特定研究历程的影响？在多大程度上受到国内和国际历史与政治因素的影响？对于个人因素来说，是哪一位或者哪几位教授激发或者影响了您

① 引自派纳于2009年申请加拿大社会与人文学科研究委员会资助项目“中国和印度的课程研究”的申请书。

② Pinar, William F.. *Intellectual advancement through disciplinarity: Verticality and horizontality in curriculum studies.* Rotterdam and Tapei: Sense Publishers, 2007.

选择某一领域的研究题目？还是某一领域的研究内容吸引了您从事该领域的研究？或者二者兼而有之？对于社会因素来说，政治或者社会因素影响了您在课程研究领域内内容的选择或者研究的结构设计了吗？

（2）当您反思自己的课程思想发展历程，特别是在为本项目准备撰写论文的时候，您认为过去和现在您所选择的研究在多大程度上受到该学科或者领域研究发展史的影响？毫无疑问，课程研究会受到研究者所在的机构以及更为广阔的政治环境的影响，您的研究在多大程度上具有“独立性”？

（3）请您对中国课程研究作一个轮廓性的描述，包括在这个框架中您如何定位自己的研究。您个人的研究定位是如何受到他人的影响的？您认为您个人的研究已经为该研究领域作出了什么样的贡献？

（4）国际动态以及影响（包括重大国际事件、全球冲突以及文化输入等）、国际焦点问题（全球公民问题，例如生态可持续发展、妇女权利等）以及区域性政治现实（由于历史原因产生的地域性和殖民性关系）等因素如何影响了您所做的和计划要做的研究？

（5）根据您的判断，中国课程研究领域的现状如何？这一现状如何影响您自己的研究与学术发展？为了中国课程研究领域的健康发展，您认为应该如何迈好“下一步”？您设想自己的“下一步”应该是什么呢？

第二章

存在体验课程的理论渊源

存在体验课程，
历史性地植根于课程领域、
存在主义、现象学和精神分析，
是对教育经验的研究。[①]

存在体验课程是派纳立足于美国课程研究领域，广泛借鉴其他领域的思想成果而形成的研究方法，因此，如果要深入理解和研究存在体验课程，就应该首先探究其理论渊源。除了教育领域内的思想外，派纳还从存在主义、现象学、精神分析、文学等领域得到了很多启发。他对其他领域思想的广泛借鉴源于他对专家和通才的不同认识。他把自己定位为一个课程研究的通才，他认为除非有相当多的理论研究者起到通才的作用，承担“转型知识分子”的责任，否则研究者就是在从事技工的工作。他欣赏并接受了赫伯特·克利巴德（Herbert Kliebard）关于专家和通才的论述：

专家可以被比做是一个这样的人，他/她研究，例如其膝盖，或者山坡上的一个区域。随着时间的变化，他或她详细地检视一个比方说五平方码的地方。他或她发现这个区域的各个方面，只有如此的深入研究才能允许有这样的发现。通才，从另一个方面来说，可以被比做一个在

① Pinar, William F. . Currere: Toward Reconceptualization. In William Pinar(ed). *Curriculum Studies*: *The Reconceptualization*. New York: Educator's International Press, 2000, P. 400.

高处，比方说和悬挂式滑翔机在一起的人。他离地面二百英尺，从他的视角上，他可以看到专家在左边的那个方向，还可以看到整个乡村全面的形状，一个专家无法辨别的形状。虽然专家能获得对通才来说不可能的信息，但他却看不到这个信息发生于其中的更宽广的情境。正是通才看到了这个，并理解专家视角的局限。类似的，通过离开我们研究领域的角落——课程——把我们自己置于一个更宽广的观点中，我们能够更完整地领会我们的领域和其他领域的关系，照亮我们先前无法看到的领域。①

正因为派纳把自己定位为通才，所以他才把自己置于哲学、精神分析、文学等领域的宽广领域，创造了自己独立的空间，看到了那些局限于教育内部的研究者所无法看到的问题。

① Pinar, William F. . *Autobiography, politics and sexuality: Essays in curriculum theory 1972—1992*. New York: Peter Lang, 1994, P. 88.

一、存在体验课程的教育思想渊源

派纳的学术思想受到教育领域内很多理论家的影响，其中对存在体验课程的构建影响最大的几位除了他在俄亥俄州立大学的博士导师保罗·克洛尔、唐纳德·贝特曼(Donald Bateman)和亚历山大·弗雷泽(Alexander Frazier)之外，主要有休伯纳（Dwayne Huebner）、詹姆斯·B. 麦克唐纳（James B. Macdonald）和玛克辛·格林（Maxine Greene）。这些学者当时属于课程领域内的修正主义者或可以称为概念重建主义者，是美国20世纪70年代参与课程领域的概念重建的重要理论家。[①]他用这些理论家的思想作为武器来反对泰勒原理，同时逐渐形成了自己的课程思想。在《自传、政治与性别》一书的“前言”中，派纳指出了这种影响：“在公立学校努力从工厂模式向公司模式转变的时候，北美的课程研究领域已经从一个科层制支持下的体系概念重建为一个在理智上进行探究的理论科目。比起任何其他领域，这些进展在20世纪70年代早期我们的工作中更加清晰，那时候我们在重构这个我们在其中发现了自我的领域。进入了由詹姆斯·B. 迈克唐纳、德韦恩·休伯纳、保罗·克洛尔和玛克辛·格林的研究所创造的空旷地带（openings），我们坚持以非常不同的方式来进行这项工作。”[②]同时，巴西著名教育家保罗·弗莱雷的思想也深深地影响了派纳。

在本书中，我将仅关注对其自传思想的形成影响最大的两位：休伯纳和麦克唐纳。他们两个被称为概念重建主义运动之父，[③]他们的共同导师是威斯康星大学的课程专家弗吉尔·赫里克（Virgil Herrick）。

---

① 玛克辛·格林本人不承认自己是概念重建主义者，但是她的著作对概念重建产生了显著的影响。

② Pinar, William F. . *Autobiography, politics and sexuality*: *Essays in curriculum theory 1972—1992.* New York: Peter Lang, 1994, P. 1.

③ ［美］威廉·F. 派纳等：《理解课程》，北京：教育科学出版社2003年版，第165页。

派纳这样评价休伯纳和麦克唐纳的贡献：他们的开创性研究，不仅向60和70年代的传统领域提出了挑战，而且为70年代的概念重建提出了主题方向。它的主题要点是政治的、自传式的，以及包括了欧洲的一些传统，比如现象学和神学。[①]

（一）德韦恩·休伯纳

休伯纳是美国课程领域的著名学者。他的写作迥异于当时占主导地位的“科学”取向，利用了语言分析、存在主义、现象学、神学和政治科学的思想和方法。在20世纪60年代的时候他就呼吁在解释教育现象时需要超越所谓科学的和经验的语言。他还提出了反思性实践的理念，就是说，他认为课程包括思想和行动。他抵制课程开发者的传统角色，主张课程学者应该以行动者的角色出现，积极参与寻求一个更公正的世界。当代用政治学、现象学和神学来理解课程的努力，几乎都可以追溯到他于60年代和70年代开创的新领地。[②]早在1967年在俄亥俄州立大学召开的课程理论会议上，他第一次把现象学引入了课程研究领域。我们可以不时从派纳的自传思想中发现休伯纳影响的痕迹。

在1974年的一篇题为《迈向课程语言的重造》的文章中，休伯纳警告，如果一个人不想沉浸到当今多数学校教育的再生产本质中去的话，他就必须特别警惕，因为存在着被社会化入现存机构中的危险。对于人的时间性，他提出了三个方面：一是记忆和传统的现象，因为这些储存了过去，并使过去得以接近；二是诠释的活动，即解释学的艺术，架起过去、现在和未来之间的联系；三是共同体作为一个关心着的集体，个体在其中分享记忆和目的。如果学校未能承认和鼓励这些方面，那么它就对学生造成了伤害。学校处于学生的个体需要和社会的需要之间的不断矛盾中，但是学校却隐藏了这种冲突，假装它不存在。这种冲突是派纳呼吁对课程进行概念重建的原因之一。在休伯纳关于人的时间性的三个方面——记忆、诠释和个体与社会之间的联系——的启发下，他呼吁

① ［美］威廉·F. 派纳等：《理解课程》，北京：教育科学出版社2003年版，第211页。

② ［美］威廉·F. 派纳等：《理解课程》，北京：教育科学出版社2003年版，第207页。

使用一种不同的课程语言。[①]派纳用创建自传研究方法的方式回应休伯纳的呼吁，他在1975年写了《存在体验课程的方法》和《存在体验课程：迈向概念重建》两篇文章，系统阐述了自传研究方法。1976年他和格鲁米特合著的《迈向贫困的课程》出版，这是他们的第一部自传著作。从这些文章和著作中，我们都可以发现休伯纳的部分思想痕迹。

在1975年的一篇题为《课程语言和教室的意义》的论文中，休伯纳指出了概念重建后的十年里将要发展的三点任务：第一，课程专家在真实的人类环境中用其他学科来处理人类历史，在学生和教育者的个人自传中可以看到这种复杂性；第二，课程理论家将负责通过语言和环境设计，产生出新的语言和环境形式；第三，通过在世界中参与和工作，教育发生在反思性实践中。

在语言的问题上，休伯纳指出，当一个人要表达超越现有思想和实践的意义时，他必须首先超越现存语言的局限，但课程研究的语言却缺乏敏锐的形象和重要的隐喻。这些语言往往是从社会科学家或者心理学家的符号体系中挑选出来的，所以无法用来处理神秘的事物或者有疑问的或未知的事物。因此，他们只好把神秘的事物简化为问题，疑问简化为错误，未知的事物简化为有待发现的事物。同样的道理，他假定所有的人类行为都是有起因的或者是有目的的，因此他的教育活动必须是目标导向的。所有这些都可能导致忽视永恒的现在的丰富性。更加危险的是，有些教育者为了增加所谓的科学性而企图扔掉主观形式。休伯纳认为教育者必须不断地质疑、挑战现有课程语言的有效性，指出其非连续性，揭露其裂痕，否定其假设的美感。也许明天教育者会有更好的语言工具，如果他不断地回应科学家的跳跃或者诗人的愿景的话。[②]

休伯纳指出，在传统的课程思想框架内，特别是在泰勒原理提出之后，“几乎所有的教育活动都围绕着经验的组织：首先是形成一个教育目标；然后是选择学习经验；再之后是那些学习经验的组织；最后是评价。

① Doerr, Marilyn N. *Currere and the Environmental Autobiography: A Phenomenological Approach to the Teaching of Ecology.* New York: Peter Lang, 2004, P. 10.

② Huebner, Dwayne. Curricular Language and Classroom Meanings. In William Pinar(ed). *Curriculum Studies: the Reconceptualization..* New York: Educator's International Press, 2000, PP. 218—220.

通过把课程任务置于这样的框架中，课程工作者立刻就被锁进决定他的问题和回答的语言体系之中了。要从这个语言框架中挣脱，就必须把学习和目的的语言置于一边，并开始询问新的问题。要做到这个，课程研究者必须直接面对他的现实，而不是通过特定语言体系的认知透镜。”[①]

从派纳的自传思想中我们可以看出他在努力挣脱传统课程语言的羁绊，响应休伯纳所倡导的“在真实的人类环境中用其他学科来处理人类历史”的建议，借鉴现象学、精神分析、存在主义、文学等学科中研究和描述人类内部经验的方法，来寻找一种个体能够借之以研究自己的教育经历的方法。他在形成这种方法的过程中像休伯纳一样对概念重建运动产生了巨大影响。

另一篇较为体现休伯纳对派纳的直接影响的文章是派纳发表于1975年的《存在体验课程：迈向概念重建》，这篇文章被收录于《课程理论化：概念重建主义者》一书中。在文章中，他引用休伯纳的观点，认为课程领域不是历史或者心理学意义上的生产知识的学科，而是一个营造环境的领域，因此休伯纳广泛引用其他学科的观点来解决课程领域中的问题。但是休伯纳指出，尽管转换和应用其他学科的知识是重要的，却最终会给课程领域带来功能上的缺陷。派纳引用了休伯纳曾经用过的一个比喻来论述其原因。休伯纳把作为设计者的课程理论家比喻为一个计划教育旅行的导游：

他确定目标，目的地包括如伦敦、巴黎。也许他同时也是个实践者，因此会在旅程中陪伴我，提醒我注意名胜，指导我伦敦和伦敦人的历史、社会、心理，等等。这样的一个情境是理想的：作为旅行者的学生知道他希望去哪里，他希望学习什么。而那个向导—理论家—实践者已经设计好了旅程，中途一些诸如住宿之类的事情由他来关照，旅行的每个方面都被审美地、伦理地和有效地处理过了。向导博学有趣甚至是让人激动，旅行大体上根据计划来进行，但也并不十分严格地执行计划。有时候会预留一些时间来获得即时的乐趣；向导与学生—旅行者之

① Huebner, Dwayne. Curricular Language and Classroom Meanings. In William Pinar(ed). *Curriculum Studies*: *the Reconceptualization*. New York: Educator's International Press, 2000, P. 221.

间发展了一种友好、对话，也许是探究式的关系。然后，参与双方都宣称旅行是成功的。①

以上的教育旅行就是传统课程设计的理想情境。但是休伯纳和派纳所关注的东西超越了表面的成功。他们比导游带领学生所经历的教育旅程走得更远。在这里，让我引用派纳针对设计好的旅程的一系列提问来论述他的思想。他问道：尽管旅行者看到了伦敦，学习了很多关于参观过的地方的历史、心理等知识，但是当这些旅行都是与旅行者本人日常生活的地理的、社会的和心理的环境不相关的时候，旅行者的感觉如何呢？如果旅行者生来是盎格鲁—萨克逊人，当他发现自己置身于祖先之中的时候，感觉是什么呢？他与他们有什么心理的文化的联系呢？他是如何体验他们的自信、匆忙和礼貌的呢？而当旅行者仅仅是一个游客、一个陌生人走在异乡的土地上又是什么感觉呢？……在问了若干这类问题之后，派纳指出："这些问题与人的内部经验本质有关，它们指向了生活世界的存在层次。让我们研究这个生活世界，即教育旅程的经验；它是对重新构想的课程的研究，这个重新构想的课程就是存在体验课程。"②

从以上论述中我们可以看出，休伯纳对派纳的影响是根本性的。在派纳还是个二十多岁的课程领域的年轻学者时，休伯纳的"另类"思想就激励了他，指引他用多学科的思想研究人的内部经验的本质。

（二）詹姆斯·B.麦克唐纳

在20世纪60和70年代，麦克唐纳在课程研究领域的开创性贡献对派纳自传思想的形成也有很大的影响。1964年，在一篇题为《一幅人的肖像：学习者本人》的文章中，麦克唐纳讨论了社会与个人之间的关系，尤其是社会对个人进行界定的方式。他呼吁要有一种新的形象，来从总体上塑造学校，尤其是课程。这篇论文成为他对概念重建运动进行重大

① Pinar, William F. . Currere: Toward Reconceptualization. In William Pinar(ed). *Curriculum Studies*: *The* Reconceptualization. New York: Educator's International Press, 2000, P. 398.

② Pinar, William.Currere: Toward Reconceptualization. In William Pinar(ed). *Curriculum Studies*: *The* Reconceptualization. New York: Educator's International Press, 2000, P. 399.

影响的开始。在这篇文章中，他写道：

我们的意思仅仅是说，学校的存在主要不是为了灌输文化遗产，培养社会角色扮演者或者满足学习者的兴趣和需要。学校存在是为了使学习者接触现实，而我们的社会、我们自己、我们的文化遗产都是现实的一部分。①

这种强调学校应该为学习者提供接触现实的环境的思想在当时课程设计占主导地位的氛围中，是一种新颖的前沿理论。在某种意义上，派纳的存在体验课程就是一种促使学习者接触现实的方法。现实世界使人成为了单面的人，教育实践也成为非人性化的实践。个体在成长过程中，极易被压抑个性，与自己的生活世界失去联系。因此，课程研究者必须寻找一种与世界相联系的方式。派纳的自传方法成为麦克唐纳倡导建立以人为导向的课程的有力响应。1966年，麦克唐纳在一篇题目叫做《课程领域的惯例和允诺》的文章中，详细论述了非人性化的主题，倡导一种以人为导向的课程。他写道：

我们将通过构建我们自己的世界、与我们自己的世界相联系的方式，来创造我们自己的形象。这种形象极易带上现代社会片面有序的严格控制的行为特征。我们必须努力奋斗，使人们成为应该成为的人——完整的人。②

1967年，在俄亥俄州立大学召开的课程大会上，麦克唐纳论述了从马尔库塞(Herbert Marcuse）那里借用来的概念“审美理性”，论述了当时占主流地位的系统取向的危险，即我们对自己控制得越多，就越可能与现实失去联系。他认为个人必须回归到经验世界来获得洞见，这个世界使他能够超越目前的思想体系，走向新的范式或获得新的观点。③后

① ［美］威廉·F. 派纳等：《理解课程》，北京：教育科学出版社2003年版，第171页。

② ［美］威廉·F. 派纳等：《理解课程》，北京：教育科学出版社2003年版，第172页。

③ Pinar, William F. . *Autobiography, politics and sexuality: Essays in curriculum theory 1972—1992.* New York: Peter Lang, 1994, PP. 179-180.

来的课程历史发展表明，像存在体验课程之类的方法通过回归到研究者本人的经验世界而获得了新的洞见，超越了当时的思想体系。在1974年的一篇论文《教育的一种超越的、发展的意识形态》中，麦克唐纳就预见了自传的和政治性的话语的潜力，认为二者都将影响概念重建运动。这对于尚处于酝酿状态中的自传研究方法来说，无疑是一种难得的鼓励。

在1975年收录于《课程理论化：概念重建主义者》一书中的《存在体验课程：迈向概念重建》一文中，派纳清晰地表示了麦克唐纳对他自传思想的影响。他指出，麦克唐纳不断呼吁应该在过程中、在一个“行动的课程（actions curriculum）”中把课程聚焦到个体身上。麦克唐纳还呼吁“美学的和道德的标准，关注在遭遇课程的过程中所产生的活生生的经验的性质。”派纳认为这种活生生的经验和遭遇暗示了存在体验课程。[①]

二、存在体验课程的现象学渊源

在对传统教育和研究的实践进行批判的过程中，派纳从现象学的“生活世界”“悬置”“本质还原”等理论中得到了很多启发。“生活世界”给个体以原初的意义；“悬置”和“本质还原”提供了发现作为知识之基础的前概念体验的方法。现象学的方法能帮助个体发现自己的真实声音，发现个体经验的本质意义。

（一）现象学对经验主义研究传统的批评

派纳存在体验课程的发展是与对传统的经验主义（科学主义）研究传统进行批判的同时进行的。科学方法的核心，是将知觉到的现象还原成一些基本的、可检验的原理。物理学家、逻辑实证主义的先驱恩斯特·马赫（Ernst Mach）认为：“科学可以被看成是一个最小化的问题，即用最经济的思维对若干事实进行最全面的陈述。”[②]这种科学的方法应用在科学领域之内没有什么问题，它是科学得以前进的必要条

① Pinar, William F. . Currere: Toward Reconceptualization. In William Pinar(ed). *Curriculum Studies*: *The* Reconceptualization. New York: Educator's International Press, 2000, P. 402.

② ［美］爱德华·O.威尔逊著，方展画，周丹译：《论人性》，杭州：浙江教育出版社2001年版，第10页。

件。但是当科学被发展成一种类似于宗教的东西，当人们企图在非科学领域也以科学方法为尊的时候，科学就成为了科学主义。科学主义所推崇的是经验主义的研究传统，与此相对应的主要是定量的研究方法。定量研究的最大特征就是对控制的工具主义非常感兴趣。在经验主义者的眼里，所有的生活几乎都是能够被解释的，所有的事件几乎都是可以预测的。客观性和普遍性是他们追求的目标，因此取样的代表性和广泛性以及研究过程的所谓客观性和研究结果的可推广性就成了衡量研究成果的可信度和有用性的标准。充斥量的研究方法的是匿名化和标准化，它回避了那些与个人的生活情境密切相关、不可以被量化成几个变量的问题，因此它难以描述人们对世界的体验。格鲁米特认为，量的研究通过一系列控制创造出一个不真实的世界，并把它作为另一个不真实定量的背景，因而成功地掩盖了那些无法量化的问题。[①]这种研究取向反映的是工具理性占突出地位的启蒙心态。杜维明在谈到启蒙心态的危害时说："单单强调个人在探索、控制、利用以及征服自然和社会方面的创造力，就会将我们周遭的世界化约成为客体化了的和无生命的事实……缺乏同情与移情的理性，尤其是工具理性，是不大足以让人类进行自我反省的。"[②]

这种经验主义传统也反映在教师的思想中，例如很多教师对待教育理论的态度是想知道什么方法能起作用，什么方法拿来就能应用到课堂教学中。经验主义思想支配下的研究者和教师忽视了教育情境的复杂性：教育赖以发生的地理文化空间、社会经济条件等的差异。

其实经验主义的意义标准只能适用于经验科学，在人类的知识体系中，除了有经验科学外，还有很多非经验的学问，不适合用经验标准来对之加以检验。事实上，人类的相当一部分知识无法用量的方法来获得或验证真伪。

这就如人类学家特伦斯·特纳（Terence Turner）批评皮亚杰的发展范式，认为它以线性轨道的形式通向了平衡状态，对艺术、宗教和社

---

① ［美］威廉·F. 派纳等：《理解课程》，北京：教育科学出版社2003年版，第435页。

② ［美］杜维明：《文化多样性时代的全球伦理》，见哈佛燕京学社编：《儒家传统与启蒙心态》，南京：江苏教育出版社2005年版，第16页。

会经验的矛盾和非理性特点轻描淡写。它在强调抽象和理性思维的过程中，提供了去中心的认知目标，低估了欲望的骚动，意识形态的力量，人类认知中所有的冲突和紧张。①

经验主义传统也对现代人内部意识的荒芜负有责任。派纳曾经引用荣格的观察，认为现代人用很多东西，比如报纸、电视等，填充了大脑，把注意力转向了外部，因此内部世界的意识被遮蔽了，并有可能最终消失，但是被遮蔽不等于消失了，相反，情况可能会变得更糟："我们不是正面迎向敌人，而是有被敌人从背后袭击的危险，在那里我们毫无防备，无还击之力。"②经验主义的传统重视可测量的外部的东西，在一定程度上加重了对内部意识的遮蔽。经验主义传统反映在教育上就是目标模式的盛行。"课程专注于公共世界、可见的世界、设计、序列化、实施、评价以及课程材料，课程领域忽视了个体对这些材料的体验。"③教育上的目标模式使得现代人更加外求，对内部世界的忽略也更加严重。

派纳认为，这个"内部世界"的观念相当于胡塞尔和海德格尔的"生活世界（lebenswelt）"，也就是指活生生的经验世界、前概念的经验领域。在目前的文化氛围中，人从很小的时候就开始忽略来自个人内部的信息，只专注于外部世界，因此慢慢成为他自己的角色或什么别的东西。这种内部世界的荒芜带来的后果是意义感的缺失，也就是很多哲学家论述过的荒诞感。如：

所谓意义或者说意义感乃是来自于人与世界的一种价值勾连。人是一种先行地寄寓于世的存在，但肉身的寄居并不必然表明灵魂就有所栖居，只有当这寓于世的此身与世界发生一种神圣的相遇时，意义才会向人显明，

① Grumet, Madeleine R. Existential and Phenomenological Foundations of Autobiographical Methods. In William F. Pinar, and William M. Reynolds (eds). *Understanding Curriculum as Phenomenological and Deconstructed Text*. New York: Teachers College Press, 1992,PP.30—31.

② Pinar, William F.. The Analysis of Educational Experience. In William Pinar (ed). *Curriculum Studies: The Reconceptualization*. New York: Educator's International Press, 2000,P.338.

③ ［美］威廉·F.派纳等：《理解课程》，北京：教育科学出版社2003年版，第541页。

因此意义产生的过程其实是人与世界同时向对方开放的过程。当这种神圣的相遇中断了，意义就会隐匿不现。这时，荒诞感就会飘然而至。①

对于内部世界的恢复和对于荒诞感的克服，主要靠反思的方法。“反思是指一个人反省和评价自己的思想、信念、价值观和行为的一种能力。”②派纳考察了当时流行的很多沉思的训练方法，如先验沉思、坐禅、禅宗、瑜伽等，他发现这其中没有一种方法把注意力转向教育经验的情境中。派纳认为，“要想说明教育经验的本质，同时致力于整合并因此开始意识到自己，需要一种不同的方法。这种方法需要利用多数沉思方法的假设，以及精神分析和现象学的一些假设。”③他寻找到的方法就是自传的研究方法——存在体验课程，它根植在情境之中，试图回归个体的经验。“它寻求描述和反思性地理解社会环境和主体的过去对个体现时教育体验所产生的影响……寻找使他们不足以思考主流行为科学的那些特质：特殊的历史、前概念的和生活的基础、对环境的依赖性以及选择和行动中的自主能力与才智。”④

（二）“生活世界”对派纳的启示

自从胡塞尔在1913年开始研究现象学以来，现象学被从两个方向上应用。一个方向是哲学意义上的，强调以逻辑的思维方式来理解世界；另一个方向是方法论意义上的，强调使用现象学的态度来建构反映意义形成的研究范式。⑤派纳从现象学那里无论从理念上还是从方法论上

① 张志伟，欧阳谦主编：《西方哲学智慧》，北京：中国人民大学出版社2000年版，第145－146页。

② ［美］Lynda Fielstein,Patricia Phelps著，王建平等译：《教师新概念——教师教育理论与实践》，北京：中国轻工业出版社2002年版，第6页。

③ Pinar, William F. . The Analysis of Educational Experience. In William Pinar(ed). *Curriculum Studies*: *The* Reconceptualization. New York: Educator's International Press, 2000,P.388.

④ ［美］威廉·F.派纳等：《理解课程》，北京：教育科学出版社2003年版，第435页。

⑤ Brown, Robert KI. Max van Manen and Pedagogical Human Science Research. In William F. Pinar, and William M. Reynolds(eds).*Understanding Curriculum as Phenomenological and Deconstructed Text*. New York: Teachers College Press，1992, P. 46.

都得到了很多启发。特别是胡塞尔基于对“欧洲科学的危机”所进行的反思而提出的“生活世界”的概念，更是给派纳批判传统教育并构建新的教育理念以思想武器。“欧洲科学的危机”指的是在欧洲知识界中流行的客观主义使得科学对人的生活失去了意义。客观主义认为真实的存在，不论是物理的还是精神的，都是被客观建立的东西，与主观者无关。这种观点导致科学与人类生存的意义问题隔绝。为重新找到客观世界和主观世界之间的联系，胡塞尔找到了作为科学真理源头的主体性，并进一步把这个主体性体现在人的直观经验中。[①]对于胡塞尔来说，我们总是已经属于一个前科学的生活世界，它给予包括科学家在内的我们以原初的意义，但我们却很少能意识到它的“意义构成功能”，总是倾向于将世界中的失去或对象当做这世界境域本身。如果这个生活世界的维度蔽而不见，那么我们就只有一个“自然主义眼光中的人的正常生活世界”的观念，或者一个与“深层生活”观念相对立的“平面生活”的观念。[②]

为了改变这种自然主义的生活态度，从而暴露出纯粹的生活世界的深度，胡塞尔提出了“悬置”或“先验的还原”。他相信，通过悬置，自然主义的态度就会被中止，也就是说，进行悬置的人“禁止他自己去问那些依据手边的现成世界而提出的问题，［不管它是］存在的问题、价值的问题、［还是］实践的问题……”[③]在这里我们可以看出，实际上存在两个“生活世界”，一个是“自然主义眼光中的人的正常生活世界”，也就是现成的世界，是容易达到的日常“实际”的世界。它意味着朝向我们涌现、发生的直观对象的总体。作为这样的世界，它是“作为唯一实在的、通过知觉实际地被给予的、被经验到并且能够被经验到的世界”。[④]在本书中，笔者统一把其称之为日常生活世界。二是纯

① 张祥龙：《生活世界与更高的人性》，见《中国现象学与哲学评论（第四辑）：现象学与社会理论》，上海：上海译文出版社2001年版，第79页。

② 张祥龙：《生活世界与更高的人性》，见《中国现象学与哲学评论（第四辑）：现象学与社会理论》，上海：上海译文出版社2001年版，第80页。

③ 张祥龙：《生活世界与更高的人性》，见《中国现象学与哲学评论（第四辑）：现象学与社会理论》，上海：上海译文出版社2001年版，第80页。

④ 转引自傅永军，张志平：《“生活世界”学说：哈贝马斯的批判与改造》。http://www.culstudies.com/rendanews/displaynews.asp?id=4702. 发布时间：2005-2-24。

粹的生活世界，也就是经过悬置之后，剥去了一切自然兴趣的世界。现象学关心的是第二种意义上的生活世界。在本书中，笔者统一称之为纯粹生活世界。但是纯粹生活世界并非是纯粹客观现成的东西，也并非是客观意义上的永恒实体。它只是研究的出发点和基础，由此出发可以去追问先验的领域。从根本上说，它是"前科学的""前概念的"和"前理论的"，属于先验的原发境域，是"我们之中与我们的历史生活之中的一种精神结构"。[①]这个纯粹的生活世界也就是"生活体验"的内容。狄尔泰认为，生活体验的最基本形式包括我们生活中直接的、先于反思的意识：一种反射性的或自发的意识，作为意识，它并未意识到自己的存在。[②]

日常生活世界是文化和历史中各种差异性和偶然性的基础，是一切可能经验的一般视野。现象学研究企图透过日常生活世界，经过悬置等方法而发现纯粹的生活世界。派纳的存在体验课程所致力于研究的也正是第二种意义上的生活世界，只不过他把研究的范围框定在教育情境中。在回归生活世界的过程中，个体寻求对日常生活世界中的教育经验的更直接的体验和际遇，从而也许能经历和解释更深层次的经验。

（三）现象学视野中的知识基础

派纳对存在体验课程的构建也是伴随着对传统知识观的批判展开的。知识究竟是什么？这是一个被追问了若干个世纪的问题。由于哲学理念和时代背景的不同，对它的回答各异。在科学主义的感召下，许多学者、理论家和知识分子认为他们能够获得特权知识。在美国，两大潮流的涌现使得对人类生活的研究更加科学化，尤其是主流社会科学所运用的那些形式。这两大潮流就是上文提到过的面对移民潮而采取的文化同一化措施，以及由于社会化大生产的兴起而导致的劳动力的同一化。在这个背景下，主流的社会科学生产出来的知识具有共同的特征，那就是稳定性、可预见性、共同性。[③]这些如此生产出来的知识被存储于人

---

① 转引自傅永军，张志平：《"生活世界"学说：哈贝马斯的批判与改造》。http://www.culstudies.com/rendanews/displaynews.asp?id=4702. 发布时间：2005-2-24。

② [加] 马克斯·范梅南著，李树英译：《教学机智——教育智慧的意蕴》，北京：教育科学出版社2003年版，第44页。

③ Pinar, William F. . Autobiography, politics and sexuality: Essays in curriculum theory 1972—1992. New York: Peter Lang, 1994, P. 210.

类知识的总库中，学习，在多数情况下就成了学习这个总库中的知识。

派纳反对这种同一化的知识观，认为知识不是外在于人的独立存在，不是被存储于人类认知银行中的存款，不是理性的产品。学习知识的过程同时应该是自我认同的过程。否则，在个人的生活中就会缺乏运动，只会过一种个人生活于其中的社会结构所决定的生活。在20世纪，西方的程式化、工业化和教育模式造就了大量的仅仅强调职业、强调工具性生存的人。就如卡夫卡在小说《审判》中所刻画的典型人物约瑟夫·K一样。

任何一种研究方法都暗含着研究者的知识观。因此任何一种研究范式的转型都意味着研究者共同体内所信奉的知识基础的转变。派纳接受了现象学者们关于知识的基础是人的前概念经验的看法。他认为，如果把称之为概念、抽象、结论和概括的那些最终结果叫做知识，那么存在体验课程的目的就是寻求越过这些最终的结果和结构，走向作为其基础的"前概念"的体验。[①]派纳引用梅洛-庞蒂（Merleau-Ponty）的知觉现象学中的观点来论证他自己的真理观：

所有的编码知识，包括那些构成科学的知识，都来自于并取决于在本质上属于前概念或前观念的前一个层次或领域。这是知识的根本基础，并且通向并描写这个层次，是"纯科学"的适当目标。然而我们已经与这个层次断绝了关系以至于忘记了它的存在。于是我们的智力体系根除了它们的适当基础，开始采纳自治和抽象，从而使得理智生活成为卡夫卡式受压抑的。如果没有合适的理论基础，我们的思想就会机械地工作，提出错误的问题，被迫接受压迫我们的逻辑。除非我们认识到我们的困境是形而上学的，而不仅仅是技术的和逻辑的，否则我们几乎肯定会处于受压抑的状态。我们不是不断地提出诸如"多少""什么"和"怎样"之类的问题，而是必须强迫自己提出"为什么"，除非我们找到了根源，否则就不要满足。根源和生活世界是相联系的，它们可能是等价的单词。[②]

① ［美］威廉·F. 派纳等：《理解课程》，北京：教育科学出版社2003年版，第434页。

② Pinar, William F.. Search for a Method. In William Pinar（ed）. *Curriculum Studies: The Reconceptualization*. New York: Educator's International Press, 2000, PP. 417—418.

派纳认为前概念经验存在于人的内部，要找到它必须经由我们的直接经验。直接经验是我们与前概念经验的唯一联系。直接经验的获得需要强调人与环境的动态关系，主观性和客观性的互惠关系，认为“在对人与她或他的世界之关系的现象学检视中可以接近教育经验”。[①]派纳所说的前概念经验在某种程度上类似于荣格所说的欧洲人已经丧失了的“更原始的本性”，荣格认为“欧洲人已变得与他们自己的人性疏远了。因为他们的理性主义取胜是以牺牲其生命力为代价的，因此，欧洲人更原始的本性便被‘宣称为不适用而处于多少有点秘密的存在状态’”。[②]因此，找到更原始的本性，就是恢复生命力。

人与世界的关系是一种存在，胡塞尔、海德格尔、萨特和梅洛·庞蒂把存在描述为在世界中存在。对现象学家而言，“世界的知识需要有作为世界的认知者的自我（self－as－knower－of－the－world）的知识”[③]。关于自我的知识需要从情境中获得。“情境”是一个现象学的概念，它是指通过个体或群体的“意向性”组织起来的环境因素。后胡塞尔主义的现象学研究所产生的知识形式不是自然法则性的，而是情境化地理解和交流意义。[④]这个过程其实也是检视人与世界的关系的过程。因此，现象学者致力于研究生活于此时此地情境中的人。生活于不同的生活情境中的人有不同的描述生活情境的方式，因此所产生的意义也是不同的。在这个描述过程中，理解意义的原则就被建构起来。

---

① Grumet, Madeleine R. Existential and Phenomenological Foundations of Autobiographical Methods. In William F. Pinar, and William M. Reynolds(eds). *Understanding Curriculum as Phenomenological and Deconstructed Text*. New York: Teachers College Press, 1992, P. 30.

② ［美］安东尼·史蒂文斯著，杨韶刚译：《二百万岁的自性》，北京：中国社会科学出版社2003年版，第31页。

③ Grumet, Madeleine R. Existential and Phenomenological Foundations of Autobiographical Methods. In William F. Pinar, and William M. Reynolds(eds). *Understanding Curriculum as Phenomenological and Deconstructed Text*. New York: Teachers College Press, 1992, P. 30.

④ ［美］威廉·F. 派纳等：《理解课程》，北京：教育科学出版社2003年版，第431页。

（四）寻找自我的“真实声音”：作为方法论的现象学

对个体经验的揭示依赖于真实自我的发现与构建。派纳认为在走向真实自我目的地的路途上，学校不断地转移学生的注意力。学校中的学习模式与学生在家庭中形成的认同感往往会产生冲突。“社会与阶级的错位与心理的歪曲同时产生。资本主义经济倾向于将包括个性建构与认同在内的心理—社会过程商品化，成为导致自我隔离的因素之一。处于资本主义的这一阶段，位于这一地点，在教育机构中创造‘真实存在’与‘真实自我知识’的前景微乎其微。”①因此，就有必要寻找一种研究方法，能借之以发现师生“真实的声音”。从这个方面来说，现象学的“返回事物本身”以及“悬置”无疑便具有方法论的意义。派纳认为通过与现实保持一定的距离以及悬置自然主义的态度，能够发现“真实声音”，能够在心理上进行政治和文化批判，这一过程具有政治以及认识论与教育学的意义。

派纳所致力于寻找的“真实的自我”不是一个静止在那里的自我。它是在运动中，“随我们阅读、写作、说话与倾听而进行创造与体现的自我”。对于这个自我，派纳认为我们无法确切地知道，因为它总是处在运动中。它不仅是由我们所能观察到、所感知到的那个部分所组成，而且也由“它所不在的地点、所不出现的时刻、所不是的特点所界定”。②揭示这样一个完整的自我，是存在体验课程的目标。

这个自我不是被各种马克思主义者所谴责的中产阶级个人，而是被拉康、弗洛伊德和福柯理论化的心理社会和推论关系的中心。因此我们是谁总是与别人是谁，还有我们曾经是谁以及我们想成为谁相关。③从这个意义上来说，对真实自我的寻找和研究的过程同时是一个理解他人的自我的过程，然后若干个这样的过程就会丰富和促进对我们作为一

① Pinar, William F. . *Autobiography, politics and sexuality*: *Essays in curriculum theory 1972—1992*. New York: Peter Lang, 1994, P. 203.

② Pinar, William F. . *Autobiography, politics and sexuality*: *Essays in curriculum theory 1972—1992*. New York: Peter Lang, 1994, P. 220.

③ Pinar, William F. . *Autobiography, politics and sexuality*: *Essays in curriculum theory 1972—1992*. New York: Peter Lang, 1994, P. 243.

个群体的理解，并有可能发现深藏的集体无意识。这正如荣格所说的：“归根到底，每一个人的生活同时也是人类的永恒生活。”①

在美国的多元文化主义情境中，派纳同时思考美国人的自我意识中的一个重要方面，那就是被国家的历史和文化所否定了的东西。那些认为非裔美国人的经历与欧裔美国人无关，过去发生的事情与现在无关的看法是非常错误的。欧裔美国人不可能指望理解自己，除非他们对那些被他们建构为“不同”，建构为“他者”的人有透彻的了解和认知。②派纳建议通过研究和阅读他者的自传，抛开美国人讲给自己听的故事，注意那些背后所隐藏的内容，因为“我们作为一个国家试图忘记的东西，如种族灭绝、奴隶制度、私刑、监狱强奸，构成了我们集体认同的政治和想象中的归属结构”。③只有恢复被压制、被虚构了的自我，一个人才能找到既通向自身，又通向世界的通道。

（五）如何关注此时此刻情境中的经验

范梅南曾经勾勒出现象学的一个特征是研究考察生活体验（lived experience），但这种考察的范围不是概念化的世界，而是纯粹的生活世界，目的是在对世界的更直接的体验和际遇中寻求经历和解释更深层次的经验。这种经验不是那种普遍的、有推广意义的经验，而是在某时某刻情境中的经验。存在体验课程作为派纳用来探究个人经验的方法，意思是沿着跑道跑。它不仅按照跑道、跑步者的准备状态来描写，而且试图知道某个特定的跑步者在某个特定的跑道上在特定的某一天在某种特定的风向下的跑步经验。④

---

① ［美］安东尼·史蒂文斯著，杨韶刚译：《二百万岁的自性》，北京：中国社会科学出版社2003年版，第41页。

② Pinar, William F. . *Autobiography, politics and sexuality*: *Essays in curriculum theory 1972—1992*. New York: Peter Lang, 1994, P. 247.

③ Pinar, William F. . *What is Curriculum Theory*. Mahwah: Lawrence Erlbaum Associates, 2004, P. 38.

④ Grumet, Madeleine R. Existential and Phenomenological Foundations of Autobiographical Methods. In William F. Pinar, and William M. Reynolds(eds). *Understanding Curriculum as Phenomenological and Deconstructed Text*. New York: Teachers College Press, 1992, P. 32.

受现象学的启发，存在体验课程寻求研究的不是经验本身，而是经验的本质和意义，因此它不关心事件发生的频率或者与其他事件的联系。范梅南认为，现象学不问“怎样”的问题，而是问“什么”的问题，就如学习的经验本质是什么？现象学研究并不是为知识而生产知识，而是为了揭示人类的意义而生产知识，它致力于理解每一个人（男人、女人和儿童）在世界上生存的意义。①

经验的意义不是通过关注行为本身获得的，而主要是通过关注个体或群体对行为的理解和态度来获得的。格鲁米特引用舒茨的观点说明了这个问题：“意义并不存在于经验之中。相反，只有经过反思性理解的经验才是有意义的。这种意义存在于‘自我’看待其经验的方式。意义存在于‘自我’对那些已经涌现的意义流的态度之中。”②也就是说，只有通过反思，才可能发现寓于经验中的意义，而现象学方法注重的就是激发人的一种强烈的反思意识。

内在于上述说法中的一个题中应有之义是反思，是对某种经验的反思，因此必须把反思的意向性置于特定的生活史之中，反思是对具体情境之中的经验的反思。但是反思这个词有丰富的内涵，事实上存在不同层面的反思。就是说，反思的方法不同，得到的经验意义的深度是不同的。同时，生活意义非常复杂，富吉塔（Fujita, M.）说过：“生活的意义是无声的声音，不能听见的呼喊，无法用言语表达的话语，没有形状的表现，它在个人的经验之中成长……对话是生活意义的土壤。”③由此可见，必须发展一种反思的方法来探究蕴涵在教育经验中的意义。派纳借鉴现象学的悬置和精神分析中的自由联想勾勒出了存在体验课程中的“回溯”阶段，并与“前进”阶段一起成为“分析”和“综合”阶段的重要基础。从某种意义上说，存在体验课程是一种反思和想象相结合

① ［美］威廉·F. 派纳等：《理解课程》，北京：教育科学出版社2003年版，第420页。

② Grumet, Madeleine R. Existential and Phenomenological Foundations of Autobiographical Methods. In William F. Pinar, and William M. Reynolds(eds). *Understanding Curriculum as Phenomenological and Deconstructed Text*. New York: Teachers College Press, 1992, P. 32.

③ ［美］威廉·F. 派纳等：《理解课程》，北京：教育科学出版社2003年版，第452页。

的研究方法。它在过去和未来与现在的即时和集中的际遇中同时发现和建构教育经验的意义，它鼓励从个体的观点出发来理解个体的意义。它“寻求描述每一个主体如何理解他或她所产生的行为，而不是依据量化行为去描述他们表面的相互作用或去建立因果联系……胡塞尔的现象学给存在体验课程方法以重要的支持，尤其强调主体和客体在体验和意义的构建中的交互作用。存在体验课程与现象学一样对描述即时的、前概念的体验感兴趣，然后运用‘距离化’和‘悬置’的现象学过程去进行描述”。①

（六）派纳对“悬置”概念的借鉴

为了获得前概念经验，派纳从现象学那里借鉴了一个重要概念“悬置”。为什么需要悬置呢？因为在我们的成长过程中，我们已经与我们的公共自我，与我们的“角色”认同了，这样的我们已经成为了海德格尔所谓的自然自我。自然自我会用日常世界的态度来看待生活，也就是用自然主义的态度来看待生活。这种自然主义态度受伴随我们成长的各种理论、信念、偏见等文化因素的影响，往往产生思维抑制，这些思维抑制会导致工具性和他者导向思维，常常起到维持现状、压制潜意识内容的作用。如果不加以悬置，个体就会想当然地看待其经验，就不可能发现前概念的经验，更不可能起到把自己从经验世界中解放出来的作用。

悬置体现了现象学方法的无立场性和无倾向性。它的本来意思是“中止判断”，就是说，不假定任何东西。它是“回到事物本身”的必要手段和道路。胡塞尔认为，“现象学的对象，即事物本身，只有在直观中才显露，而这种直观必须是纯粹直接的，即摆脱一切理论和意欲的附加与假设。”②而直观的达成需要首先将“自然的态度”转变为“现象学的态度”。所谓现象学的态度，“需要主体明确地决断，使自己处于这样一种态度中；不仅如此，还需要一种特殊的‘理论实践’以掌握这种态度，以一系列步骤去开启对象领域，使研究得以进行。标明

① ［美］威廉·F. 派纳等：《理解课程》，北京：教育科学出版社2003年版，第433页。

② 张汝伦：《现象学方法的多重含义》，见《中国现象学与哲学评论（第二辑）现象学方法》，上海：上海译文出版社1998年版，第34页。

和规定步骤的方法则保证了对象领域的揭示。与经验科学不同，现象学并不对事物的存在感兴趣，而只对世界和世界中的东西在行为与对象的相互关系中作为现象显现的方式感兴趣。”[①]用现象学的态度来达到本质直观的先决条件是“悬置”。“悬置实际上是态度的改变。哲学家通过悬置一无所失，自然世界仍然存在，精神世界也仍然存在，但他却由此获得了一种新的经验方式、思维方式和理论方式，可以在世界之上来观察世界，获得了真正的自由。通过悬置，世界成了为我的世界，成为现象。”[②]

舒茨（Alfred Schutz）在论述悬置的必要性时认为，只有在对外界加以悬置而只注意经过现象学还原的各种意识经验时，才能意识到意向性运作构成意义的过程。具体到一个人的生活史中，自我通过意向性的自发运作而把各种体验状态整合成一个整体，“在此基础上，当主体的生命自我出于在这个世界上生存和发展的需要，以及理解其经验的需要，把反思性注意的目光投注到已经成为过去的经验整体的某一部分上时，后者便因此而具有了意义。所以，‘意义是一个人将其凝视对准他自己的一项经验的某种方式’。自我经过这种凝视或者反思性注意，便通过意向性运作把意义创造出来。因此，意义存在于自我对其意识流之某一部分所持的态度之中，各种特殊经验的意义都是由相应的注意活动构造的。”[③]

但是，由于意义是因主体自我对经验的注意活动而产生的，而主体的注意活动在不同的时刻会发生各种变化和修正，因此同一种经验也会显示出不同的意义，这些不同的意义构成了一个相对于原初的经验统一体而言的更高一级的意义统一体。然后自我把各种意义统一体集结成一种意义脉络，成为主体的各种经验图式。[④]

① 张汝伦：《现象学方法的多重含义》，见《中国现象学与哲学评论（第二辑）现象学方法》，上海：上海译文出版社1998年版，第35页。

② 张汝伦：《现象学方法的多重含义见》，《中国现象学与哲学评论（第二辑）现象学方法》，上海：上海译文出版社1998年版，第36页。

③ 霍桂桓：《舒茨社会学理论中的意义和主体间性》，见《中国现象学与哲学评论（第一辑）：现象学与社会理论》，上海：上海译文出版社1995年版，第369页。

④ 霍桂桓：《舒茨社会学理论中的意义和主体间性》，见《中国现象学与哲学评论（第一辑）：现象学与社会理论》，上海：上海译文出版社1995年版，第370页。

受这些思想的影响，派纳在构建存在体验课程的研究阶段的时候，特别强调悬置的原则，特别是在收集过去、未来和现在的“照片”的时候。正是这些经过“悬置”的“照片”，为个体分析和综合自己的经验，并进而发现过去、未来与现在之间的复杂、多维的关系提供了载体。一旦个体洞察了这些关系，就会给目前的生命注入新的生机。这个过程同时也是个体把注意力向内回转的过程，在某种意义上说这意味着自我疗救。或者说，这个过程可以具有革命性的意义，因为个体在理解了自己的行为之源以后，就有可能引起自己行为的转变。

精神分析是一种系统方法，
用以挖掘一个人所没有说出的、所不知道的，
以及所曾经是而现在（排除地或有意识地）不再是的方面。[①]

三、存在体验课程的精神分析渊源

派纳批判了当代在经验主义传统影响下的美国课程领域的研究，以及在商业思维控制下的学校教育实践的现状。他把自己的研究任务确定为“描述独特性、主体性和自我认知的过程”。但是他发现自己用来描述这种独特性的语言却是社会科学的，也就是一种寻求普遍性和主观性的语言。他发现自己和同时代的其他人一起被围困在约瑟夫·K. 的银行里，他无法描述所看到的东西。[②]为了从“银行”中突围，为了使自己摆脱这种抽象性的语言，为了能主观地写作，派纳借助了包括精神分析在内的其他学科。精神分析疗法是由弗洛伊德创立并发展和完善的，以后在阿德勒、荣格等诸多精神分析师的努力下，经典的精神分析或者得

① Pinar, William F. . *Autobiography, politics and sexuality*: *Essays in curriculum theory 1972—1992*. New York: Peter Lang, 1994, P. 205.

② Pinar, William F. . *Autobiography, politics and sexuality*: *Essays in curriculum theory 1972—1992*. New York: Peter Lang, 1994, P. 43.

到继承发扬，或者被新开辟的道路所拓宽。本部分主要论述他从精神分析中借鉴的看问题以及解决问题的主要方法。

（一）20世纪美国人心灵的状况

作为一门学科，精神分析吸引派纳的除了它的一些具体的方法之外，也许就在于这是一门进行系统的自我反思的学科。它要求对诸如梦等无意识派生物进行深度解释。就如哈贝马斯对释梦技术进行评价时所说的："梦的解释技术超越了解释学艺术的范围，因为它必须不仅仅领会一个可能被歪曲了的文本的意义，而且必须领会文本歪曲本身的意义。"精神分析师的兴趣是帮助病人从所遭受的痛苦中解脱出来，这个任务能不能实现，关键是分析师是否能帮助病人开始意识到他与众不同的成长道路。"它所导致的理解行动就是自我反思。"[①]也就是说，"精神分析是一种系统方法，用以挖掘一个人所没有说出的、所不知道的，以及一个人所曾经是而现在（排除地或有意识地）不再是的方面。"[②]挖掘这些方面的意义在于，一个人所曾经成为的与现在正是的总是"包含"所没有成为的与现在不是的。一个人曾被拒绝与压制的方面与一个人自觉接受与整合的方面对界定或可能界定自我发挥着同样完全的作用。[③]

马克·柯里认为，心理分析就是自我叙述，或以伯恩斯坦的话来说就是"以理论做中介的自传"。按弗洛伊德的心理传统，它的运作是在这样一种假定基础上进行的，即心智障碍是一种对自我的无知状态，只要将对自我的了解叙述出来就会被克服。[④]当个体的心理问题达到病理学的症状的时候，分析师借助于一些无意识派生物来引起病人的深度反思，最终消解病人的抵制。派纳之所以从精神分析那里获得了那么多启

① Pinar, William F. . *Autobiography, politics and sexuality*: *Essays in curriculum theory 1972—1992*. New York: Peter Lang, 1994, PP. 87—88.

② Pinar, William F. . *Autobiography, politics and sexuality*: *Essays in curriculum theory 1972—1992*. New York: Peter Lang, 1994, P. 205.

③ Pinar, William F. . Autobiography, politics and sexuality: Essays in curriculum theory 1972—1992. New York: Peter Lang, 1994, P. 212.

④ ［英］马克·柯里著，宁一中译：《后现代叙事理论》，北京：北京大学出版社2003年版，第129页。

发，是因为他认为精神分析的某些方面至少可以帮助人们了解自己的心灵状况。现代的美国人生活在一个右翼主宰、商业氛围笼罩的教育梦魇之中。在成长过程中，人们已经沉积、内化并且压抑了很多外在于自己的东西，导致了很多心理社会问题。派纳曾引用英国著名精神分析学家R. D. 莱恩（R. D. Laing）的观点："我们时代最突出的特点是控制外部世界……而几乎完全忘记了内部世界。如果从外部世界知识的角度来衡量人类的进化，那么在许多方面，我们确实进步了。但如果我们从内部世界和内部与外部的唯一性的观点来看的话，这个判断也许会非常不同。"①借助于精神分析和现象学，人们可以开始对自己的心灵状况进行复杂的理解。派纳认为这"可能会导致更加准确，以及最终更加全面的社会的或教育的观察，并且对研究者本人来说，可能会导致心灵上和教育上有益的结果②"。

派纳本人从20世纪70年代早期就开始致力于"对某人自己心灵状况的复杂理解"。要达到对自己心灵状况的复杂理解，必须首先理解自己目前心灵的状况。他从精神分析的角度用两个词概括了20世纪70年代美国人的心灵状况：非整合（disintegrated）和缺乏知觉（unaware）。非整合指的是与或多或少由社会建构的个性有关系的现象。而缺乏知觉指的是沉迷于个性的层面（并且仅仅是表层），以及疏远经验的特定层面，这些层面对教育的特定形式非常关键。这两种状况导致了两种后果。一是自我丧失在别人中，即一个人没有自由成为他希望成为的人。派纳用一个精神分析的重要术语移情关系（transference relationship）来说明这种后果。人常常陷入移情关系中，即人当前关系的本质根本上是由他早期与"重要他人"（特别是父母）的关系本质决定的。举例来说，如果一个人与父母的关系特点是羞愧和怀疑，那么他与那些在

① Pinar, William F. . Currere: Toward Reconceptualization. In William Pinar(ed). *Curriculum Studies: The Reconceptualization*. New York: Educator's International Press, 2000, P. 396.

② Pinar, William F. . The Analysis of Educational Experience. In William Pinar(ed). *Curriculum Studies: The Reconceptualization*. New York: Educator's International Press, 2000, P. 385.

某种程度上让他想起父母的人的关系中也会带有羞愧和怀疑的特点。[①] 二是自我丧失在角色中。派纳认为，由于许多原因的综合作用，一个人常常在本应该体会到存在的时间和地点体会到虚无（nothingness），这种虚无和随之而来的焦虑促使人们在他们自身之外去寻找稳定和存在。在众多的寻找方法中，其中的一种就是把自我与角色认同。当一个人与角色的认同强烈到他的行为由他的角色来规定的时候，就会产生非整合和缺乏知觉的另一种形式：自我丧失到角色中。派纳引用莱恩和库柏的观点说，我们把视线从我们自己身上转移开了。我们的需要常常是虚假的，我们的角色也常常是这样。逐渐成年是一个把自己丧失到角色中，丧失到一个人与人之间的、经济的和政治的影响的复杂结构中的过程。[②]一个典型的例子是卡夫卡在《审判》中塑造的约瑟夫·K.。他的私人生活仅仅只是他工作的一部分。他认同自己的银行职员的角色，凡事根据能够预测、总是有秩序的银行规则作出判断，他与自己的主观性没有联系。不管他居住在哪里，不管面对什么问题，他总是把银行的现实转移过去。他的理性仅仅是技术的，只能向外问一些狭隘的问题，比如"谁""什么""怎样"之类。他只会质问别人，从来也不质问自己。他就是他的银行职员的角色，他从来就不是他自己。用派纳的话说，就是"人获得了物性（thingness），但却不是真正的存在"。[③]

派纳所说的人把自己丧失到角色中可以在荣格的对于人格面具的论述中找到渊源。荣格的人格面具又叫做从众求同原型。它是个人在公众场合为求得社会悦纳而展现出的面貌，就像演员戴的面具一样，使得一个人去扮演并不是自己本人的角色。人格面具能够使我们与他人和睦相处，满足彼此的需要，从而成为社会和团体生活的基础。但当自我

① Pinar, William F. . The Analysis of Educational Experience. In William Pinar(ed). *Curriculum Studies*: *The Reconceptualization*. New York: Educator's International Press, 2000, P. 386.

② Pinar, William F. . Autobiography, politics and sexuality: Essays in curriculum theory 1972—1992. New York: Peter Lang, 1994, P. 131.

③ Pinar, William F. . The Analysis of Educational Experience. In William Pinar(ed). *Curriculum Studies*: *The Reconceptualization*. New York: Educator's International Press, 2000, P. 387.

被人格面具主宰，将自己与面具完全等同时，则会产生妄自尊大的夸张或自我贬抑的折磨，导致心理冲突，带来人际关系紧张。派纳认为20世纪美国人的这两种典型的后果（自我丧失到他人中和自我丧失到角色中）的深层原因就是缺乏心灵的整合以及我们对这种状况的漠视。一种非整合的症状是当我们与不同的人们在一起的时候，我们往往表现出不同的自我。派纳认为这种现象引出了一个问题：如果我在这种情境中是这个自我，而在另一个情境中是另一个自我，那么哪一个自我是合理的呢？当然，在某种程度上，他们可能都是合理的，但问题是哪一个自我将去为一些重要的问题如婚姻、工作作决定呢？哪一个自我将会永存，而另外的自我会消失呢？[①]如果这些自我在个体那里得不到整合，就会出现上文中提到过的把自我丧失到他人中和丧失到角色中的症状。

派纳引用米歇尔·诺瓦克（Michael Novak）的观察继续说道，在“我是谁（Who am I?）”这个问题之前应该是“我是谁的（Whose am I?）”，就是说，是谁在什么条件下以什么方式影响了我的行为、思想和情绪？如果个性的多数或所有部分实际上是被制约的，那么我怎样才能开始发现我实际上是谁呢？我怎样才可能把这个发现过程、这个逐渐的自我意识概念化，从而能够与别人交流呢？派纳发展的存在体验课程方法就是对这些问题在教育领域中的回答。[②]

（二）自传方法对精神分析的借鉴

从某种意义上说，自传研究方法是一种注视主观领域的方法，它借鉴了精神分析中的很多相关方法。主观领域是研究自我形成所不可逾越的领域，但是主流社会科学所用的研究方法、语言等无法适切地描写主观经验。正如查尔斯·泰勒所言：“我们是靠表达而发现生活

① Pinar, William F. . The Analysis of Educational Experience. In William Pinar(ed). *Curriculum Studies*: *The Reconceptualization*. New York: Educator's International Press, 2000, P. 387.

② Pinar, William F. . The Analysis of Educational Experience. In William Pinar(ed). *Curriculum Studies*: *The Reconceptualization*. New York: Educator's International Press, 2000, P. 387.

意义的。而现代人已敏锐地了解到我们的意义多么依赖于我们自己的表达力……发现生活意义依赖于构造适当的富有意义的表达。”[①]精神分析正是一门能启发人们构造适当的富有意义的表达的学科。罗伯特·格雷厄姆（Robert Graham）观察到：“自传不得不在所有方面向精神分析学习。”[②]精神分析理论为把私人语言译成公共语言提供了一个模式，于是，私人的和公共的意义得以重新符号化。[③]它能够帮助我们理论化主观性和社会性之间、我们内部的政治和公共领域的社会结构之间的关系。派纳的存在体验课程鼓励对教育经历进行精神分析，在对个体的过去进行回溯，对未来进行想象，然后在与现在的传记情境进行并置分析的过程中，重构个体与公共领域的通道。这既是一个文本分析过程，同时也是对个体的意识以及无意识派生物的检视过程。这个过程是个体积极地对教育经验施加影响的过程。具体来说，派纳主要借鉴了以下几个精神分析的核心概念，即自由联想、抗拒以及无意识、前意识和意识的问题。自由联想和抗拒的问题我将在本书的后面部分论述，这里仅就无意识、前意识和意识的问题进行探讨。

在弗洛伊德早期的理论描述中，我们人类的心理结构由三部分组成：无意识、前意识和意识。无意识是心灵的那部分不能被人意识到，也无法进入意识，但可以通过梦和无关行为显露自身的部分。前意识是在意识和无意识之间的部分，它包含的信息、思想和感情虽然暂时不出现在意识注意中，但是却可以被带入到意识中。意识则是我们觉察到的心理内容。我们可以用冰山来形容人的心理结构：浮现水面的“冰山一角”是我们的意识，潜伏水下的庞大的冰山根基是无意识，而前意识似乎就是介于水面上下的中间部分。这三个部分的划分源于弗洛伊德在长期的精神分析中的发现。他主张一个心理活动同时要经历两个阶段，在两个阶段之间插入一种监察作用。无意识与前意识和意识的区分

① ［加拿大］查尔斯·泰勒著，韩震等译：《自我的根源：现代人认同的形成》，南京：译林出版社2001年版，第25页。

② Pinar, William F. . *What is Curriculum Theory*. Mahwah: Lawrence Erlbaum Associates, 2004, P. 57.

③ Pinar, William F. . *What is Curriculum Theory*. Mahwah: Lawrence Erlbaum Associates, 2004, P. 57.

就在于这个监察作用。他认为在第一阶段，心理活动是无意识的，如果在监察作用的检查下，这种活动受到拒绝，它就不能进入到第二阶段。也就是说，这种活动受到了压抑。如果它通过了这种检查，则就进入了第二阶段。但仅仅通过检查，还不能表明它就是意识的，只是它可以毫无抵抗、不需要任何特定条件就能成为意识的对象。弗洛伊德把这种通过了监察作用，但还不是意识的部分叫做前意识。前意识系统具有意识系统的特点，严厉的监察作用行使着使无意识转变为前意识的职责。①

弗洛伊德对于心理结构的这三种区分具有重要意义。就精神分析疗法来说，它的一个重要任务就是如何根据无意识的派生物把无意识转化为意识，然后进行理解。无意识虽然无法直接成为意识，但这并不是说它是死的，永远不对意识产生影响。无意识会以派生物的形式、以隐蔽的手段对前意识起作用。在精神分析过程中，分析者要求求治者自由联想，目的就是让他自由地产生无意识派生物。在这里，无意识派生物起到了媒介物的作用。这个自由联想的过程是一个克服监察作用的过程。因为有些材料之所以成为无意识是因为压抑的作用。压抑是在无意识和前意识系统之间出现的一个过程，它使被压抑的材料无法进入意识。而产生和保持这种压抑的力量就被叫做抵制。

派纳对弗洛伊德这种心理结构的借鉴首先不是在严格的精神分析意义上，他借鉴弗洛伊德的理论来思考正常的普通人在现代社会的心灵状况，特别是人的教育经验的状况。他认为在现在社会的情境中，我们已经形成了条件反射来接受那些被制度称许的东西，而过滤掉那些没有社会回报的东西。人的这种条件反射从人很小的时候就开始培养，到学校教育的情境中，更通过纪律、考试等手段进行强化。这样，到一定的程度，人的有意识自我在本质上就几乎完全成为社会的了。这样一个自我的意识部分与其无意识基础是不一致的，因此"它严格地限制其能同化的信息，正像它限制它可以外化的东西。这样一个自我总是被围攻，在

① ［奥］弗洛伊德著，杨韶刚译：《一个幻觉的未来》，北京：华夏出版社 1999 年版，第136—137页。

某种意义上总是被‘谴责’；它被捕了”。[①]这个被捕的意识自我寻求与他人认同，与自己的角色认同，总是用理智来过滤自己的经验。这样一个自我很容易受到发生在公共和私人领域的事件的伤害。通过转向自觉的生活史，一个人也许就能够开始寻求意识自我与无意识基础的认同。

在无意识的问题上，分析心理学的创始人荣格的思想又把无意识向前推进了一步。荣格在弗洛伊德对人类无意识的发现的基础上，根据自己亲身体验、临床观察大量病历以及各民族的宗教神话之后，提出了一套人类心灵深层结构理论。在荣格那里，人格的总体称为“心灵”。他认为心灵或人格结构是由意识、个体无意识和集体无意识三个层面组成的。意识是心灵中能被个体感知的部分，意识随着个体的出现而产生，随着记忆、思维等心理机能的发展而增强。个体无意识是人格结构的第二层，包括一切被遗忘的记忆和被压抑的经验等。个体无意识相当于弗洛伊德的无意识，是可以进入意识层面的。个体无意识的一个重要特点就是以“情结”的形式表现。这个情结类似于弗洛伊德的无意识派生物。荣格和弗洛伊德一样，把情结归根于个体的童年经验。集体无意识的主要内容是“原型（archetype）”。[②]它是人类超越所有文化和意识的共同基底，由本能和原型共同构成的，是比个体经验更深的一种本能性的东西。这样，荣格就把无意识的疆域又大大向前推进了一步。派纳对美国人性格结构中种族维度的剖析其实就是试图寻找美国人的集体无意识。

（三）美国种族政治暴力中的社会心理分析

派纳使用精神分析来理解阐述美国种族政治和暴力的性别问题。这个维度的研究既可以看做是他的自我剖析，也可以看做是他对白人男性所作的集体剖析。我倾向于把他的这部分研究看做是他自传思想的进一步发展。以下两个名词是派纳集中论述过的。

---

① Pinar, William F. . Autobiography, politics and sexuality: Essays in curriculum theory 1972—1992. New York: Peter Lang, 1994, P. 38.

② 张明主编：《揭开无意识之谜——精神分析》，北京：科学出版社2005年版，第250页。

1. 白种男人

派纳用精神分析理论分析解构了“白种男人”这个词，赋予它历史的纵深感。这个词包含了美国历史的种族、阶级和性别的维度，而不仅仅是一个指涉某一类别人群的价值中立的名词。如：

> “白种男人”不是一个单一的确定的范畴，而是一系列历史中的、阶级化的和性别化的“主体位置（subject positions）”，从中施行了极恶劣的暴力行动，而且现在仍然在施行。从精神分析方面来考虑，白种男人主体所当做是其“自我”的东西，倾向于是“他者”的和虚构的，是从无意识、历史性的和社会的资源中获得的。①

与“白种男人”意象的建构相伴随的学校教育的对应措施是删除和否定一部分历史和文化，建立欧洲中心的课程。学习这样的课程成长起来的学生获得的是一个被歪曲、被虚构的身份。用精神分析的话语来说，这是一个被压制了的自我。这样一个遭到放逐的自我：向内，它看不到通向它本身的道路；向外，它也无法找到通向世界的路。一方面，这样的课程是对非裔和其他少数族裔美国人的否定，他们通往自己的历史和文化的通道被欧洲中心的课程阻塞了。另一方面，这也是对欧裔美国人的否定。他们眼中的美国是被错误叙述的。因为美国的历史不仅仅是欧裔美国人的历史，同时也是非裔美国人的历史。因此派纳坚持认为，要使欧裔美国学生理解他们是谁，就必须使他们理解他们的存在以无法逃离的方式取决于非裔美国人，与他们相互关联，并由他们所构。②

内在于美国这种欧洲中心的课程中的心理状态是，美国是一个“白人”的地方，一个“白种男人”的地方。那些不属于这个范畴的人，如非裔美国人、妇女、儿童、同性恋者，等等，就被边缘化了。这个边缘化的过程同时也是一个自我压制的过程。

表面上，这种边缘化过程对欧裔美国人有利。但其实不是这样的。

---

① Pinar, William F . . *What is Curriculum Theory*. Mahwah: Lawrence Erlbaum Associates，2004, P. 59.

② Pinar, William F. . Autobiography, politics and sexuality: Essays in curriculum theory 1972—1992. New York: Peter Lang, 1994, P. 245.

派纳认为欧裔美国人和非裔美国人是一个硬币的两面、美国故事中的两个相互联系的叙述、美国人身份的两个不可分割的元素。派纳引用法农的观点说，“白人”是由对“黑人”概念的建构而造就的结构。如果没有“白人”，就不会有“黑人”，反之亦然。如果不能理解一个如何与另一个“相互依赖”，就无法理解这一个的身份。因此，欧裔美国人不可能会真正理解自己，除非他们对那些被他们建构为“不同”，建构为“他者”的人有透彻的了解和认知。①美国人要获得解放，就必须把课程当做是一种社会心理分析形式，借之以理解和建构种族化的美国人的故事和文本。“把课程理解为社会精神分析意味着对过去的逐渐揭示能转变现在。知识不是静态的，不是在一个认知银行账户里的存款或者能在工作场所使用的技能；知识使得我们能看到我们是谁，这个世界是什么和可以变成什么。”②

2.“延后行动”

“延后行动（deferred action）”是弗洛伊德在《一个婴儿神经官能症的历史》一书中创造的术语。内德·卢卡彻（Ned Lukacher）是这样定义的：它“是时间间隔（temporal spacing）的方式（mode），通过这种方式，后来事件的随意性引发了对先前事件或印象的记忆，如果没有后来的事件发生，那么这些记忆就可能永远也不会浮到意识的表层”。③对于美国的课程领域来说，教师们现在所遭受的“延后事件”是政客们以“责任制”的名义所施加的压迫。派纳坚持认为学生的成绩不应该由教师来负责，或者至少是不应该主要由教师来负责，因为学习成绩实在是一个过于复杂的问题，不能简单地归因为某个原因。政客们把责任制强加在教师身上的深层原因是利用教师们政治上的弱势地位转嫁政治危机。例如20世纪50年代弥漫美国的冷战焦虑被苏联卫星上天事件激发，于是有了20世纪60年代的国家课程改革。派纳作这些分析的目的是想阐明，研究者和教师要进行自我理解就要首先了解自己所处的情

① Pinar, William F. . Autobiography, politics and sexuality: Essays in curriculum theory 1972—1992. New York: Peter Lang, 1994, P. 246.

② Pinar, William F. . Autobiography, politics and sexuality: Essays in curriculum theory 1972—1992. New York: Peter Lang, 1994, P. 246.

③ Pinar, William F. . *What is Curriculum Theory*. Mahwah: Lawrence Erlbaum Associates, 2004, P. 59.

境，必须看到现状背后所隐藏的性别化和种族化了的故事，否则就看不到症状的实质。

用精神分析理论，派纳分析了美国从20世纪50年代以后的主要社会运动如何相互交织、相互混合，共同表现为军事、性别和种族的焦虑，然后这些焦虑又被延迟和移置到公立教育中。要理解现在，必须首先理解过去。在最近的研究中，派纳通过回顾一些非裔美国人的自传实践，来鼓励课程研究者把课程与社会和历史联系在一起。他认为："尽管我们承受着受'底线'（考试分数）之困扰的'商业'思维引诱的政客们对我们进行的专业镇压，我们在精神上决不能屈服。我们必须记住教育不是商业，它不能用考试分数来衡量，它太重要了，所以既不能留给政客，也不能留给父母。"[①]派纳坚持认为，"学校文本也是通向对话的前文本，无法事先知道其性质和意图，其价值无法被还原为标准化考试中的成绩，它是与学识、有生命的创造力和培养起来的心灵独立性有关的自我反思的对话。"[②]

四、存在体验课程的存在主义渊源

派纳从存在主义那里同样得到了诸多启发，特别是存在主义者对既定文化规范的批判，对现代生活中那些毫无意义、荒谬可笑、残忍、恐怖等黑暗面的揭示，对工业社会中人的单面存在以及如卡夫卡式的孤独和荒谬的痛恨既构成了派纳的理智背景之一，也成为他在课程中寻找真实自我的推动力。

存在主义是20世纪上半叶西方最具代表性的哲学思潮。它是对如下几个方面的问题的回应：一是回应西方社会发展过程中所产生的痼疾以及其灾难性、破坏性的后果；二是回应在发展和使用科学技术的过程中所出现的对人的存在的忽视和践踏，社会上的基本关系成了人与技术的关系，人的基本价值被扼杀，道德意识衰退，精神维度萎缩；三是20世

① Pinar, William F. . *What is Curriculum Theory*. Mahwah: Lawrence Erlbaum Associates, 2004, P. 61.

② Pinar, William F. . *What is Curriculum Theory*. Mahwah: Lawrence Erlbaum Associates, 2004, P. 62.

纪上半叶爆发的两次世界大战所造成的危机感成为存在主义思潮流行的直接原因。世界大战使人感到集体归于瓦解，过去人们所依赖的某种社会、政治、经济、民族和精神的稳定的感觉消失了。战争使人意识到只有自己才是可以依靠的。因此也可以说存在主义是一种危机哲学。20世纪60年代以后当西方社会重新进入一个相对稳定的发展时期以后，存在主义作为一种哲学思潮开始失去了统治地位。但是一些存在主义者通过与现象学、精神分析等相结合继续发挥自己的影响。

（一）关于“存在”

存在主义的所谓“存在”，指的是人的主观感受中那些尚未意识到思维和存在的对立形式，就是那种同个人以及个人的感情、情感、情绪、体验紧密相连的东西。[①]存在主义者们致力于对“存在”的揭示和研究，但是不同的存在主义者有不同的回答。海德格尔认为只有当我们在世界之中生活，并在世界之中构建我们自身，我们才能逐渐理解我们本己的存在。只有当我们的“存在”在我们参与构成的世界之中向我们显示出来时，我们才能理解它。我们在选择世间道路时，常常无视乃至遮蔽了我们的存在之思。我们并非总是欲知我们是谁，而宁可陷在日复一日、得过且过的生活事务之中。我们无视存在之思是因为我们天生就生活在共同体之中，我们的理解、趣味和意见都是在共同体中形成的。正因为我们以这种方式生活，我们倾向于无视“我们是谁”这样的根本问题。他认为我们闲言弄舌，呆头张望，而又了无领会，仅仅是为了闲言碎语，嬉戏好奇。我们并不严肃地理解我们自身。“我们以一种漩涡方式存在于世界之中，总是丧失着我们自身。我们缠卷在世界之中，陷入‘他们’的普通化。在此过程中，我们遮蔽了我们所是的可能性。”[②]海德格尔选择了现象学作为在日常世界中显示“存在”、揭示我们是谁的方法，他认为现象学的真谛乃在于看出被现代科学技术倾向所遮蔽着的那个思想维度。他对自己提出的一些重要概念的现象学描述给人们思考教育中的问题以深刻的启发。在教育情境中，我们常常把教

① 徐崇温主编：《存在主义哲学》，北京：中国社会科学出版社1986年版，第8页。

② ［美］帕特里夏·奥坦伯德·约翰逊著，张祥龙，林丹，朱刚译：《海德格尔》，北京：中华书局2002年版，第30页。

育描述为一个文化适应的过程，教育往往被当做一条传送带，传送带的一端是私人领域，另一端是公共领域，儿童从踏上传送带的一端开始即被浸润在各种编码和仪式之中，我们研究者和教师所做的，通常就是关注传送带的速度、传送的内容、传送的方法，等等，我们往往忽略了这个过程对一个人的认知透镜的影响。而认知透镜的形成过程就是人的潜意识中某些部分被压抑、被遗忘的过程。这个过程也是生活在当代世界中的我们被迫根据技术的秩序来理解世界的过程，就如生活在中世纪的人们被迫按照所谓神的旨意来理解世界一样。派纳的存在体验课程方法所致力于的，就是挖掘人的教育经验中那些未被意识、处于压抑状态的部分。

揭示教育经验中未被意识、处于压抑状态的部分并不是把它们从人的意识中独立出来，而是要确认有哪些部分被压抑了，哪些没有被言说。当遭受压抑的部分逐渐显明，并且压抑的原因和方式明了的时候，人便能够清楚自己的位置。这个过程只能通过回溯个人受教育的历史以及展望未来来实现。我们可以从派纳存在体验课程的四个研究步骤中看出一些存在主义思想的影响，例如海德格尔对时间性的论述。

（二）关于私人公共知识分子

派纳认为要想重建公共领域，我们必须首先重构教育中的“私人领域”。在他三十多年的课程研究中，派纳都在论证“主观领域是教师和学生把学术知识与他们的自我形成相联系的地方，这样的联系是在历史时刻进行的，镶嵌在地区、国家和移民社群的文化中”。[①]就是说，学术知识是通过个人的主观领域起作用的，客观领域的诸种现实以各种形式反映在主观领域中。没有对主观领域艰苦地重构，就不可能有客观领域的重建，而主观领域的重构，需要个体非凡的勇气和非主流的立场。

派纳采用保罗·巴顿（Paul Patton）对知识分子的划分，即把知识分子分为两类：一类是不对政府进行批判的学院派知识分子，另一类是保持“私人思想家”身份的“真正的”知识分子。派纳认为要想保持

① Pinar, William F. . *What is Curriculum Theory*. Mahwah: Lawrence Erlbaum Associates, 2004, P. 21.

"私人思想家"的身份，在我们研究、思想、教学和写作的时候就要进行自我克服，也就是要超越那个受限制的、被要求成为的历史的和沉淀的"自我"。这个克服的过程需要"从内部入手"。[①]派纳认为萨特就是20世纪的一个这样的个体，他是私人—公共知识分子的典型代表。他的思想代表了他自己，而不是代表某个党派或阶级。这类私人公共知识分子在自我克服的意义上是私人的，同时又拒绝与国家和政治现状同谋。

派纳之所以倡导私人公共知识分子的形象，是因为他认为私人性是与自己进行"复杂的对话"的先决条件，否则我们就会消失在社会表层。他这样说道：

> 如果没有私人生活，没有不断进行着的自传理解工程，我们的理智"实践"往往就会倾向于模仿时髦的或有利可图的东西。一个不是私人知识分子的公共知识分子是在冒险把私人的感情错综地投射到社会的表层，因为不是经过自我反思抓住的内部性会消失在世界中和被误认为就是"世界"。知识分子与"大众"的"有机"关系必然的包括他们与自我的关系，他们对主体性的自我反思性的阐释。正是通过主体性，我们经历历史和社会，通过它，历史和社会在言说。[②]

正因为只是寓居在社会的表层，只对政治社会现实作出表面的回应，美国的教育才面临着重重的问题。早在1975年，派纳就以一个私人公共知识分子的身份，对美国学校教育的现状提出了猛烈的批评。他引用弗莱雷的观点批评美国的教育是"银行储蓄式"的，他辨认出美国学校教育的十二种影响：幻想生活的过度生长和萎缩；通过模仿把自我丧失于他者之中；自治发展的依赖与被捕；被别人批评并丧失自爱；附属性需要受阻；对自我的疏离及其对个体化过程的影响；自我导向变为他者导向；自我的丧失和外化自我的内化；压迫者的内化；虚假自我体系

① Pinar, William F. . *What is Curriculum Theory*. Mahwah: Lawrence Erlbaum Associates, 2004, P. 22.

② Pinar, William F. . *What is Curriculum Theory*. Mahwah: Lawrence Erlbaum Associates, 2004, P. 23.

的发展；由于学校教育集团的非人化而导致的与个体现实的异化；在美学上和感觉上直觉能力的萎缩。[①]

（三）关于存在主义与现象学的关系

存在主义与现象学之间存在着复杂的关系，一般来说，现象学为存在主义的产生提供了重要的思想资料和基本的理论方法。多数存在主义者都从现象学中借用了揭示内部意识的方法，几乎所有重要的存在主义者都研究或接触过现象学。当然，不同的存在主义者受现象学影响的程度并不相同。有些存在主义者把现象学作为自己论题的重要组成部分，例如梅洛·庞蒂；有些只是把现象学作为一种方法，没有把现象学作为自己哲学的主题，如海德格尔和萨特，现象学在他们那里，是达成本体论的重要途径；还有一些存在主义者只是具有现象学倾向，如雅斯贝斯和马赛尔。

在这里我想举一个现象学对萨特所产生的影响的例子，来间接地类比现象学和存在主义对派纳的影响。1933年，在萨特27岁时，他与波伏娃和他们共同的朋友雷蒙·阿隆度过了一个晚上，阿隆当时正在柏林的法国研究所学习现象学。喝酒的时候，"阿隆指着玻璃杯说：'亲爱的伙伴们，你们看，倘若你们是现象学家的话，你们就可以谈论这鸡尾酒，从中发掘出哲学来的。'萨特听了心潮澎湃，脸色苍白。这恰是他寻觅数年，孜孜以求的东西——要描述一个对象，就如他所碰见、所触摸到的那样去描述，从这一过程中提炼出哲学来……"[②]后来的事实表明，胡塞尔的现象学对那时的萨特而言，是一种起变形作用的心象，即是一个对心理能量进行引导并将其导入特定的态度、行为和目标的心象。[③]在胡塞尔的激发下，他从现象学那里采纳了关键性的洞见和方法，开始以原初的方式运用它们，如论述如何解释感觉与印象之间的差异的问题。在《存在与虚无》中，他用现象学作为方法论，从本体论上

① Pinar, William F. . Sanity, Madness, and the School. In William Pinar (ed) . *Curriculum Studies*: *The Reconceptualization*. New York: Educator's International Press, 2000, PP. 362—380.

② ［美］理查德·坎伯著，李智译：《萨特》，北京：中华书局2002年版，第14页。

③ ［美］默里·斯坦因著，喻阳译：《变形：自性的显现》，北京：社会科学出版社2003年版，第148页。

来对人作出论证。总之，现象学为他思考主观和客观的统一问题开辟了道路，在他看来，主观和客观都统一于“存在”，因此应该把主观的人放到“存在”的平面上去述说。①

现象学之所以成为存在主义的重要方法，是因为当存在主义者思考人的存在和本体论的问题时，需要获得某种能够反映人的存在意义、具有本体论性质的直接的生活经验。而现象学恰好就是能够描述这种直接生活经验的方法。格鲁米特评价说：“现象学的‘回到事情本身’开创了一个视角，把我们从普遍的假设和前设中解放出来，因此使我们能够通过它们来注意到我们的经验世界。”尼采、克尔凯郭尔、萨特等人“揭示和批判了引诱我们离开过于不确定的经验来追求空想的确定性的文化神话”。②

派纳对存在主义和现象学的借鉴非常类似于存在主义者对现象学的应用。他在20世纪70年代初开始寻找另外的方法来思考美国的教育问题的时候，我们就可以从他对传统的描述教育的方法的批判中看出存在主义思想和现象学方法的影子。他认为传统的教育研究注视着教育的外部现实，他们所关注的是教育程序、教学材料、教学风格，以及教育技术、教育目标和教育评价之类，是概念工具，而不是教育的现实。教育情境中教师和学生的生存状况，教育对他们自我形成的影响从来没有受到过足够的重视。很多教育研究者迷失在概念中，生活在与自己的传记情境无关的思想中。这样的教育研究对学校教育的影响导向是歪曲的。要想进入教育经验的核心，就必须设计新的注视人物的方法，就必须尽可能诚实和具体地描写我们内部的经历是什么。但是由于我们已经习惯于把注意力注视着外部的东西，因此把目光转向内部并不容易，必须设计一种新的注视方法。这种新的注视方法必须能够帮助我们进入到经验的内部，发现潜意识的东西，然后在这个过程中培养自己的“先验自我”的能力。这样的注视方法不可能在传统的教育研究方法中找到。派纳在借鉴了精神分析、现象学、存在主义的方法之后，提出了这

① 徐崇温主编：《存在主义哲学》，北京：中国社会科学出版社1986年版，第148页。

② Grumet, Madeleine R. Existential and Phenomenological Foundations of Autobiographical Methods. In William F. Pinar, and William M. Reynolds(eds). *Understanding Curriculum as Phenomenological and Deconstructed Text*. New York: Teachers College Press, 1992, PP. 39—40.

种新的注视方法，也就是自传的方法。这种方法主张："回到个体的经验中，尊重所有在行为主义科学中不被考虑的方面：我们特殊的历史、我们的前概念基础、我们的情境依赖、我们表现在选择和自我导向上的内在自由。"[①]

（四）关于研究的目标

存在主义倾向于研究个体生活的过程同此个体的哲学信仰之间的紧密相关性。如尼采就曾宣称："迄今为止的每一种伟大的哲学都是写作者个人的内心表白和某种无意识、不自觉的传记作品……威胁哲学家的不是生活与思想之间的关联，而是没有认识到这种关联。"[②]这种倾向给派纳很大的启发，他认为存在主义瞄准了适当的目标。他曾经说过："我不是在建议，例如，萨特关于世界的观点能被用于解决教育的问题。我所建议的是萨特，还有克尔凯郭尔、尼采、布贝尔和其他人，从'存在的层面'写作，这些层面是内部的和深层的，它们悬置了想当然的概念世界。"[③]就是说，派纳不是想把自己变成存在主义者，而是想借鉴存在主义者思考问题的方式来思考和解决教育中的问题，也就是教育中存在层面的问题。他首先是一个课程哲学家。他立足的是美国课程领域中的问题。

派纳批判美国学校教育的现状，指出了人们迷失于公共领域的种种表现。在此基础上他借鉴现象学、精神分析等领域的方法提出了存在体验课程的方法，以帮助人们理解受教育历程、教学工作或学术研究对一个人理解他自己的生活的作用。之后派纳开始思考一旦人们获得了关于自我的知识，了解了自己的心理状态之后该怎么办。谁都知道仅仅知晓自己的位置，仅仅解决真实性的问题是远远不够的。传统上人们反抗现状可以采取很多种方式，如通过逻辑，通过一些宗教途径或者通过学

---

① Grumet, Madeleine R. Existential and Phenomenological Foundations of Autobiographical Methods. In William F. Pinar, and William M. Reynolds(eds). *Understanding Curriculum as Phenomenological and Deconstructed Text*. New York: Teachers College Press, 1992，P.41.

② ［美］理查德·坎伯著，李智译：《萨特》，北京：中华书局2002年版，第8页。

③ Pinar, William F.. *Autobiography, politics and sexuality: Essays in curriculum theory 1972—1992*. New York: Peter Lang, 1994, P. 17.

习。萨特采取的解决方式是哲学性和政治性写作以及一些政治行动；福柯的解决方法是与边缘人群认同。

对研究者而言，首先要做的是认识到现代主流社会科学所运用的标准化研究方法的由来，以及把对人的研究科学化之后所造成的后果，派纳引用梅吉尔评价海德格尔的观点来论证他对这一研究传统的忧虑："海德格尔反对人类研究的科学化就是因为他察知它的去个性化与反理智后果。他认为，因受数学化探究方法的限制，学术界提出的课题将越来越细小。他反对当代学术走向方法标准化与琐碎化的趋势。"[①]研究方法的标准化带来的必然是琐碎化的后果。采用标准化的方法生产出来的知识被认为具有稳定性和可预见性的特征。为了达到这一目的，就必然要排除一些所谓的无关因素或者可以"省略"的因素，只研究事物可以量化的部分。研究者的价值观、愿望、非理性冲动等在研究过程中也被排除出去。而事实上，且不说这些被排除的因素是不是真的能被排除，单说这种研究方法和态度本身就存在着问题：认知的结果受到前所未有的重视，而认知本身则变得具有计算性。派纳推崇海德格尔式的主张，即关注思维的行为而非结论，像海德格尔那样激情地思考——沉思地而非计算性地思考。纵观派纳三十多年的学术研究，我们可以发现，他一直在激情地思考。

（五）关于尼采的影响

派纳在建构自传方法的时候从存在主义的先驱尼采那里吸收了很多思想。尼采批评系统的概念，因为系统用幻觉使人们对人类存在的艰难和混沌特点视而不见，它的基础就是使个体与日常生活的骚乱和流动之间保持距离，从而为人们提供一种安慰剂之类的东西，使人们至少在表面上感觉到稳定。这是与太阳神意象相对应的冲动。太阳神冲动侧重寻求稳定性，而酒神冲动则意在破坏稳定的、不变的幻觉。尼采认为虽然酒神冲动比太阳神冲动更接近于真实的经验，但是如果不对酒神冲动加

① Pinar, William F.. *Autobiography, politics and sexuality*: *Essays in curriculum theory 1972—1992.* New York: Peter Lang, 1994, P. 211.

以限制，它很快就会导致过度与疯狂。[①]在当代西方，由于寻求持久性与固定认同感的太阳神冲动遭到瓦解，因此自我（特别是男性自我）被酒神的反复无常性所支配。派纳认为其主要的症状是自恋，也就是将自我投射到世界上，否定自我和世界彼此之间的独立存在。其内在的原因是男性自我因脱离与母亲的前俄狄浦斯认同，因此只能把自我放置到世界中。

在课程领域，它的表现是企图从现实中创造秩序。“致力于文化适应与政治社会化的课程是人类权力意志的形而上学表现。从这一角度而言，课程体现出人类试图从混沌中创造秩序、从神秘中创造知识的傲慢……学者、理论家、知识分子相信他们能够凭借信息的挖掘、富有想象力的解释以及令人信服的争辩而获得特权知识，但对尼采而言这种信念是一个幻觉。”[②]尼采曾说过：“对于植物，整个世界是一株植物；对于我们，整个世界是人类。”[③]因此尼采认为所谓人的真理，不过是人的谬见，是我们已忘记其是幻想的幻想。而所谓的概念，是通过抛弃个体的独特性来获得的。比如，叶子这个概念就是通过专断地去掉这些个体的差异和通过忽略掉这些有区别的方面而形成的。[④]派纳引用梅吉尔的观点论证说，概念并不能表征关于现实的真实的、真正的知识。相反，它们是空洞的图式化，剥夺了现实的多重性、丰富性与生动性。[⑤]在尼采眼里，科学是歪曲现实的当代宗教，科学家是现代社会的牧师。当代科学的问题在于破坏了神话，其后果是损害了文化的健康。派纳引用梅吉尔的话如下：

---

① Pinar, William F.. *Autobiography, politics and sexuality: Essays in curriculum theory 1972—1992*. New York: Peter Lang, 1994, P. 206.

② Pinar, William F.. *Autobiography, politics and sexuality: Essays in curriculum theory 1972—1992*. New York: Peter Lang, 1994, P. 207.

③ ［美］埃里克·斯坦哈特著，朱晖译：《尼采》，北京：中华书局2003年版，第41页。

④ ［美］埃里克·斯坦哈特著，朱晖译：《尼采》，北京：中华书局2003年版，第41—43页。

⑤ Pinar, William F.. *Autobiography, politics and sexuality: Essays in curriculum theory 1972—1992*. New York: Peter Lang, 1994, P. 208.

没有神话，文化便会失去健康的创造性能量：只有神话界定的视野才能完成与统一整个文化运动。神话自身便可以拯救想象力，避免太阳神梦想无目的地游荡……于是问题便在于恢复神话从而恢复文化失去了的生机。[①]

就是在这里，派纳看到了建构自我与讲述故事之间的关联，因为文化神话与个人神话交织在一起，所以讲述个人所经历的家庭、学校故事的同时其实也是在解释经验和创造故事。但是美国课程开发领域是在1890年移民潮开始之后，为培养稳定的国家认同感而产生的，课程的文化功能是为了让移民子女培养一种固定的美国认同感，因此课程的重点集中在语言、规矩、参与大众劳动的准备，以及用于经商的算数等。这样的课程没有为教师和学生对经验的解释留下适当的位置，教授或学习这些课程的结果是把自我瓦解到学科材料中。派纳举了一个典型的例子来说明其后果，那就是很多非常顺从的教师和学生，虽然拥有百科全书式的记忆，但是却没有自己的观点。另一个后果是有些学生虽然没有把自我瓦解到学科材料中，但却以不与材料融合的方式来应对学科材料。这样，课程所本应具有的教育功能就削弱或消失了，无法为自我的构建提供材料。

那么尼采对我们的启示是什么呢？尼采并非建议我们沉浸在酒神世界的直接性与感觉性之中，而是要超越二者进入抽象性。但是这个抽象性却并非如人们日常理解的作为概念化的抽象，而是把概念投入美学幻觉与游戏之中。尼采在批判科学歪曲现实的同时，提倡一种作为艺术创造、作为神话编写者的科学。“科学的价值便在于艺术的价值：具有在宇宙中创造秩序的构建能力，作为‘生动的谎言’而出现，像神话一样发挥作用并提供创造、破坏与重建神话的途径。”[②]

五、存在体验课程的文学渊源

派纳从踏进课程研究领域之初到现在一直受到文学的深刻影响，特

① Pinar, William F.. *Autobiography, politics and sexuality*: *Essays in curriculum theory 1972—1992*. New York: Peter Lang, 1994, P. 209.

② Pinar, William F.. *Autobiography, politics and sexuality: Essays in curriculum theory 1972—1992*. New York: Peter Lang, 1994, P. 209.

别是他的存在体验课程方法更是从文学中得到了很多启发。[①]追溯派纳思想的文学渊源对我们更好地理解他的存在体验课程思想十分有帮助。

20世纪70年代，在美国的英语课程领域，开始兴起一个对文学研究和教学的心理社会后果进行研究的亚领域。研究者们认为，文学经验允许以一种亲密、个体化的方式探究自我和他人。进行文学经验的研究能鼓励和帮助参与者在不同的情境中重新研究自己，从而发现自己的生活经验中很少能包含的观点。派纳受这个研究亚领域的影响，在其存在体验课程方法中将“文学的教育经验”作为一个重要的研究向度。我在本书后面章节中将详细论述这种方法。在本部分中，我仅从类比情境和写作技巧以及非裔美国人的自传文学对派纳的启发方面进行论述。

（一）文学的浓缩现实提供了课程研究情境的类比

文学尤其是小说是社会现实的浓缩反映。一些小说家的作品为派纳思考课程研究的现状和未来提供了很多类比启发。

20世纪70年代初他刚刚开始致力于在课程领域寻找一种能表现自我的方法时，就从伍尔夫的作品中得到了很大启发。他在1973年写了《班尼特先生和布朗夫人》[②]一文，这是伍尔夫的一篇同名小说。在论文中，派纳首先叙述了伍尔夫的同名小说的主题。伍尔夫在小说中以一个虚构的布朗夫人作为原型，认为小说就是关于人物表达，即关于人性的艺术。但是英国各个时代的小说家们在试图表达人物的时候，有的会批判无情的现实，有的会展望乌托邦的未来，有的会描写人物周围的细微环境，各个时代的小说家进进出出，就是没有人真正关注人物。派纳引

① 文学对派纳的影响应该首先归因于他的专业背景。他的学士、硕士、博士学位都是在俄亥俄州立大学取得的。1969年他取得了教育学士学位，主修英语；1970年取得了硕士学位，主修人文教育；1972年取得了博士学位，主修课程理论与人文教育。1969—1971年间他担任纽约长岛华盛顿港区的Paul D. Schreiber中学的高中英语教师。这样的教育背景使他从文学之中获得了无尽的灵感。

② 这篇文章写于1973年，最早发表于1974年，*The Humanities Journal*, 8(1),2-3. 然后由作者收录于1994年出版的Pinar, William. *Autobiography, politics and sexuality:Essays in curriculum theory 1972—1992.* New York: Peter Lang Publishing, Inc. PP. 13－18.

用伍尔夫的评论说："［小说家们］从来没有看过生命，从来没有看过人性。所以他们发展出了一种适合他们的目的的小说写作技术；他们制造了工具，建立了惯例以解决他们的问题。但是这些工具不是我们的工具，他们的问题不是我们的问题。对我们而言，那些惯例是毁灭的，那些工具是死亡的。"[①]

然后派纳评论道："伍尔夫夫人1924年所说的文学状况和1974年的教育研究状况的类似程度让人吃惊。当我们反思教育研究的时候，我们注意到我们注视着程序、材料、教学风格和技术、目标、评价。""这些词汇是概念工具，不是它们所指的现实，但对我们中那些想研究人的教育经验的人而言，这些词汇是车厢窗外的东西的变形。要进入这些旧词汇的核心，我们必须扔掉它们。我们必须设计新的、能帮助我们把目光稳定地注视着车厢内，注视着布朗夫人的研究方法。"[②]在此后派纳的学术生涯中，他都在或连贯或间断地思考新的、"注视布朗夫人的研究方法"。

派纳认为学校教育的现实类似于文学中表现人物的困境，我们中的很多人迷失在思想和概念中，在一个与我们的传记情境无关的思想中生活，因此这样的学校教育过程产生了无数的心理社会问题。"由于我们丧失了自我，所以我们凝视着窗外，而不是凝视着布朗夫人。"[③]要把我们的注视收回到车厢内，就是要越过诸如"课程"和"教学"甚至是诸如"个体"和"人性"之类的词汇，尽可能诚实和具体地描写我们内部的经历是什么。在这篇文章中，派纳指出，要把目光集中到布朗夫人身上并不容易，因为我们已经习惯于把注意力固定在外部世界。他呼吁为了进一步理解课程材料、教学技巧、政策指示之类外部的东西在教育过程中的作用，我们必须开始搜寻内部经验。对内部经验的搜寻贯穿着派纳此后的学术思想。

1976年派纳写了《审判》一文，并于1980夏发表在JCT上，这

① Pinar, William F.. *Autobiography, politics and sexuality*: *Essays in curriculum theory 1972—1992*. New York: Peter Lang, 1994, P. 15.

② Pinar, William F.. *Autobiography, politics and sexuality*: *Essays in curriculum theory 1972—1992*. New York: Peter Lang, 1994, P. 15.

③ Pinar, William F.. *Autobiography, politics and sexuality: Essays in curriculum theory 1972–1992*. New York: Peter Lang, 1994, P. 16.

篇文章也被收录在《自传·政治与性别》一书中。《审判》取名于卡夫卡的同名小说。小说的主要内容是叙述银行职员约瑟夫·K. 在莫名其妙地被逮捕之后，经过一连串错综复杂的查访过程之后，最后被莫名其妙地处死的故事。在这篇二万五千字的论文（中译本字数）中，派纳花了很长的篇幅描述约瑟夫·K. 如何在理智上、在心理社会上被捕。他没有能力进行自我反思，没有能力质问自己对各种活动的参与的实质。他从来不质问自己，只是质问别人。他询问的是“谁”“什么”和“怎样”，从来也不探究“为什么”。派纳认为约瑟夫·K. 是西方城市化、工业化的典型存在。他不具备植根于自己的生活史、传记的现在和自我之中的能力。他的被捕是政治的，因为他被捕后的种种行为是科层制压迫的结果；他的被捕也是心理的，因为他有意识的自我生活几乎完全是社会的，与其潜意识不一致，因此持续地受到发生在公共和私人世界里的事件的伤害；他的被捕也是形而上学的，因为他与自己的精神来源、与潜意识疏远了。

派纳认为对课程理论领域而言，约瑟夫·K. 所体现的问题也是很多当代学者体现的问题。因此约瑟夫·K. 的被捕就是很多学者的被捕。派纳认为只有到K. 理解了他的案件的程度，他才能逃脱被捕的状态。而这种理解本质上是一种心灵—身体的关系，是一种存在模式。因此派纳认为“知识产品的质量和内容与理论家的生活有密切的联系。于是理论家对他工作的传记意义的检视是非常重要的。除非他注意到那项工作的性质以及它对他的生活和对文化的符号功能，否则很可能正是这项工作起到了维持停滞状态的作用”。[①]如果人发展不出一种基于他的生活史的批判性理解能力，那么他就会“被尘封在一种线性——理性模式里，不可能看到运动和再生的可能性”。[②]

为了从被捕的状态中解放出来，派纳试图寻找一种能表达和解放被捕状态、促进理智和传记的发展的自传方法。这样做首先需要发现自

① Pinar, William F.. *Autobiography, politics and sexuality*: *Essays in curriculum theory 1972—1992*. New York: Peter Lang, 1994, P. 41.

② Pinar, William F.. *Autobiography, politics and sexuality*: *Essays in curriculum theory 1972—1992*. New York: Peter Lang, 1994, P. 42.

我—自我关系的本质，因为它是“自我—他者关系的基础，并且与自我—他者关系相互作用”。但是派纳认为自传方法在试图寻找自我—自我关系本质的时候，一个潜在的危险是把对个体的教育经历的自传的解释过程具体化，而不顾这些自传对写作者自己的发展后果。派纳强调说自传不是一种文学类型，而是一种意识形式，是自我理解的重要手段，但是自我理解不是退回到自我中心，而是努力发现社会事物对个体的传记意义。通过对传记情境的理解，我们可以进入一个新的空间，然后我们就在智力兴趣中反思和创造这个空间，从而起到把我们从僵化状态中解放出来的作用。从另一个方面来说，自我理解可以促进对别人的理解。

在学校里，教师“可能日益与他作为教育者的职业化角色相认同，较少注意教育和学习。不知不觉中，一个人放弃了他自己的声音，几乎完全依赖别人，报告这个研究然后再报告那一个研究，也许把所有的作一个总结，所有这些都巩固了心理和理智的虚无主义。”“死气沉沉悬浮在学术空气中，被效忠生活的誓言和实际上只是口号的公开质询所掩盖，就像入学小册子中所声称的那样正当。这个结构是压制、潜意识、角色认同的行为，理智和心理的被捕。像约瑟夫·K. 一样，对一个人案件的反应是自我破坏的：委员会会议数量增多了，待在办公室里的时间延长了，阅读更多了，写作和思考的时间更少了。‘活生生的经验’成了一个与难懂的大陆哲学相联系的高深莫测的短语。”[①] 派纳的存在体验课程方法就是要把教师们从这种被捕状态中解放出来。

1979年，派纳写了《远航：课程作为认知者和认知对象之间的关系》一文，《远航》是伍尔夫一篇长篇小说的题目。在这篇文章中，派纳用自己几年前对小说《远航》的阅读作为文本，利用自由联想等心理分析和现象学的方法，试图揭示认知者和认知对象之间的关系细节。之所以选择《远航》，是因为小说中人与人之间的关系反映了派纳在写作的那个夏天与几个朋友居住在布莱斯顿街的关系。这篇论文可以看做是用“文学的教育经验”的研究方法进行自传研究的案例。

---

① Pinar, William F.. *Autobiography, politics and sexuality*: *Essays in curriculum theory 1972—1992*. New York: Peter Lang, 1994, P. 57.

1984年，派纳写了论文《在终身教席的位置上死亡》——这是阿曼达·克罗斯的同名侦探小说。小说描述这样一个故事，有人赠送给哈佛大学百万美金，条件是必须雇佣一位女性学者。这个全部是男性的英文系勉强同意雇佣了一位未婚女性，但后来却发现这名女性在浴室死亡了。调查的最终结果发现她的死亡既不是因为英文系的男同事，也不是因为当地的女同性恋团体参与谋杀，而是自杀。派纳发现这篇小说的象征意义正好可以表达课程领域在那一时期的境况。自1976年卡特当政时起，美国为应对国内国际政治变化而产生的经济困难，开始采取“货币主义”，这一政策有利于上层阶级，但却以牺牲穷人和负债的中产阶级的利益为代价。它对美国课程研究产生了巨大的经济的、心理的和政治的影响。在小说中，女性学者自杀的原因表面上看来好像是她所受到的冰冷对待，这种冰冷对待不仅仅是发生在上任伊始，而是在短暂的整个任期内，期间还发生了由（男性）英语系教员设计的羞辱事件。然后派纳说：“我们中那些致力于概念重建课程领域的人就像那个不受欢迎的女性：我们的到来没有带来掌声，只是偶尔有不连贯的敌意，这种敌意并不总是直接地表达自我，而是常常间接地以无数使得职业生活非常艰难和令人气馁的方式。然而，这部小说为我们提供的警告是，也许对我们中那些致力于教育的深刻转变的人来说，在这个时刻，最危险的‘敌人’首先不是个体的管理者和同事。它也不是‘统治阶级’或者经济报酬结构或者工作场所的本质，虽然这些中的每一个都起到了破坏我们的努力和精神的作用。在目前运动中的危险也许不是谋杀……而是自杀。于是目前时代的危机不仅仅是政治的和经济的，它还是心灵的和精神的危机。”[①]因此派纳认为产生最激烈的斗争的地点不是在政治、经济和社会领域中，而是发生在个体的生活中，是“不屈服于生活的常规化和随之而来的个体生活流动性的冻结，是不屈服于角色、不屈服于机器人，是证明并且通过这样做来增强我们萎缩了的能寓居于‘思想’和‘行动’的科层主流之外的能力”。[②]

---

① Pinar, William F.. *Autobiography, politics and sexuality*: *Essays in curriculum theory 1972—1992*. New York: Peter Lang, 1994, P. 196.

② Pinar, William F.. *Autobiography, politics and sexuality*: *Essays in curriculum theory 1972—1992*. New York: Peter Lang, 1994, P. 197.

1992年派纳写了《鹤的失语：存在体验课程的回溯阶段中的窗子和镜子》。《鹤的失语》是戴维·莱维特于1986年写的有关同性恋的小说。小说叙述了25岁的菲利普在第一次爱上一个男人之后决定勇敢地告诉父母。但是他的坦白导致了一场家庭危机，因为他的父亲欧文一直隐瞒着自己同性恋的事实。儿子的诚实态度使得父亲也决定把真相说出来。派纳利用这篇小说作为存在体验课程回溯阶段的自由联想的一部分，后来的分析表明他联想到这篇小说的原因是因为小说中人物和他们的处境看起来反映和扭曲了他自己的处境，小说把他带回到最近经历过的过去。他从自己的儿子身上看到父亲复活了，在试图重新埋葬父亲的过程中，由于偶然的罗德尼·金事件使派纳父子俩对彼此的愤怒重新指向公共世界。这个存在体验课程回溯阶段的案例研究试图说明："过去不是一种迷失在现在之中的语言，不是一种被封锁在潜意识中、永远被埋葬的语言。……自传研究是一些窗子，它们允许我们再次看到我们从前所爱的东西，在这样做的过程中，更清楚地看到我们在现在所爱的东西和人。"①

（二）意识流小说家的写作技巧提供了方法论的启发

派纳从意识流小说家的写作技巧中得到了很多启发。如乔伊斯、普鲁斯特、福克纳、卡夫卡和萨特的小说都曾经深刻地影响过他，但对他影响最大的是弗吉尼亚·伍尔夫，因为派纳认为她能够艺术地描写人的心理的内部现实。

意识流小说的基本特点是以象征暗示、内心独白、自由联想等写作手法，打破传统小说基本上按故事情节发生的先后次序或是按情节之间的逻辑联系而形成的线性发展结构，故事的叙述往往以一件当时正在进行中的事件为中心，随着人的意识互动，通过自由联想来组织故事。故事的安排和情节的衔接往往表现为时间、空间的跳跃和多变，前后两个场景之间并不像传统小说一样在时间、地点方面具有紧密的逻辑联系。小说在时间上常常是过去、现在、将来相交叉或重叠。在某种意义上派纳存在体验课程方法的回溯和前进阶段的自由联想就颇似意识流小说的

① Pinar, William F.. *Autobiography, politics and sexuality: Essays in curriculum theory 1972—1992*. New York: Peter Lang, 1994, P. 266—267.

写作技巧，尤其是在意识流小说中所表现出来的时间感。意识流小说家们普遍认为人的关于过去的意识会随时浮现出来与现在的意识交织在一起，对未来的幻想和渴望也会交织在现在中，因此在意识流小说中，人的时间感会得到重新组织，最终形成一种柏格森所谓的心理时间。在派纳看来，自传研究者可以从当前任意引起自己兴趣的事件出发，用自由联想的方法进入过去和未来，这样，过去和未来就同时交织在现在中，通过分析和综合，人就应该能够更好地理解接近潜意识的内容，从而也许能够在内心营造一个心灵的自由空间。这个自由空间是对抗僵化反动的现实的革命性力量。

（三）非裔美国人的自传文学为深化自传研究方法提供了思路

派纳在20世纪70年代初至90年代初提出存在体验课程的方法并进行了一些案例研究之后，继续思考自传研究方法的问题。在2004年出版的《什么是课程理论》一书的第二章《自传：革命性的行动》可以看做是派纳自传课程思想的延续和发展。从这章中可以看出，他已经把自传从学者个人借以接近潜意识的内容，从而能深刻地理解自我扩展到作为革命性行动的自传研究，扩展到论证美国异性恋白种男人如何可以从非裔美国人自传中理解他们自己的历史形成。在这个方面，非裔美国人的自传文学为派纳论证自传的主观和社会问题提供了例子。“非裔美国人的自传实践把自我叙事种族化、政治化和历史化了……支持了反对具有掠夺和奴役特征的白人政权的心理—政治斗争。”[①]其意义是填补了美国自我知识的许多空白，有助于扩展被种族盲点所局限的白人的视角，因为很多白人错误地“认为非裔美国人的经历与他们无关，‘从前’发生的事与‘现在’无关……关于父辈的罪恶的知识是可怕的负担”。但是“忽视这些知识的代价是窒息理智，种族歧视的后果意味着：与自己的人性分离，把自己变为能产生和占用剩余价值的一件物品、一个消费者、一架机器，变为别人成长的阻碍……如果压迫的最坏影响都不能够在黑人受害者大众中消灭理智、同情、荣誉、信仰、希望和抵制的勇气，那么这些品质就为所有的人所保留，包括统治文化的儿童。奴隶的

① Pinar, William F. . *What is Curriculum Theory*. Mahwah: Lawrence Erlbaum Associates, 2004, P. 40.

胜利是我们自身中最好部分的胜利”。[①]

但是派纳接着论证说奴隶的自传文学在证明自己所受的苦难之外，它还起到了宣扬男性气质的作用，使解放在某种程度上被看做是“男子气质”，是仅与白人男性的特权相联系的自由幻想，致使种族歧视和性别歧视之间具有了符号关系。派纳引用了一些著名的黑人女性的自传来论证这个观点。并指出黑人妇女的自传不可避免地与改变政治环境联系在一起。派纳认为非裔美国人的自传表达了一种在美国的文化传统中被忽视的精神和心理的力量，可以帮助欧裔美国人重新认识他们的主观的和社会的结构。对公立学校的教师们而言，他们可以“模仿这些自传实践，拒绝政客们坚持要我们‘优雅地服从’的企图，从而成为‘愤怒的母亲们’，为保护我们的儿童、他们的教育和每个人的未来而‘顶嘴’”。[②]“从心理—文化的意义上说，太多的白人（特别是白种男人）是他们自己的奴隶，被他们内化了的主人所捕捉，分裂成为性虐待狂和受虐狂……我们所能做的是重新找回我们自己分离的碎片……重新合并他们。”[③]

① Pinar, William F. . *What is Curriculum Theory*. Mahwah: Lawrence Erlbaum Associates, 2004, PP. 41–42.

② Pinar, William F. . *What is Curriculum Theory*. Mahwah: Lawrence Erlbaum Associates, 2004, P. 46.

③ Pinar, William F. . *What is Curriculum Theory*. Mahwah: Lawrence Erlbaum Associates, 2004, P. 48.

第三章

存在体验课程及几种相关方法的研究步骤

作为一种研究方法，存在体验课程有明确的研究步骤以及一些研究技术，这些步骤及技术同样受到其他领域的思想的影响。除了存在体验课程之外，派纳还发展了一种“文学的教育经验”的方法，也就是一种把阅读文学的兴趣和对作品的评述作为一种无意识派生物，与自己的传记情境相对照，以深度理解自己的方法。个人与自己所从事的研究领域的关系也可以是自传研究的重要内容，在这个方面，无论是派纳还是米勒都有重要的研究。在最近的一项研究中，玛丽莲·多尔把存在体验课程应用于中学的环境课教学中，创造性地发展了存在体验课程。在以他人的自传资料作为对象的研究中，可以借鉴厄本的传记研究方法。派纳本人曾经用“文学的教育经验”方法做了一个研究案例。

一、存在体验课程的研究步骤

存在体验课程的研究步骤分为四个阶段：回溯、前进、分析、综合。这四个阶段既可以同时应用，也可以只应用其中的一部分，每一个阶段都有不同的侧重点。本部分不仅详细地论述了各个不同的研究阶段，而且就相关的一些问题也一并进行了探讨。

（一）回溯

1. 为什么要回溯

派纳自致力于寻找从内部入手的方法之初就是为了找到一种能更好地理解现在的方法。他的方法要回答“我是谁”、是什么使我们成为现在的样子之类的问题。他认为我们的现在总是与过去有关，过去其实就是现在。如果没有对过去的深刻理解，我们就无法深刻地理解现在。“生活世界”总是从过去绵延到现在。他说：

> 过去笼罩在现在之中就如雾笼罩着高速公路。因为它是无所不在的，因为我们无法忍受穿过它而生活，它无形地悬在那里。只有通过回溯人才能忍受过去的痛苦，辨别它如何渗透在现在之中，就好像它是包含在一个人的肌肉组织里一样。过去就是现在。到一个人意识不到过去的程度，他就被纠缠在过去之中了。于是人暂时地和发展地被捕了。[①]

人是被抛到世界上，然后在制度化教育环境和工作环境中成长起来的。我们常常消融于海德格尔所谓的“人们”之中，被日常化的理解所遮蔽，因此也就不会关心是什么使我们成为我们目前的所是。海德格尔说：“当我们消融于‘人们’之中时，我们只听无休无止的闲谈和整平

---

① Pinar, William F. . *Autobiography, politics and sexuality*: *Essays in curriculum theory 1972—1992*. New York: Peter Lang, 1994, P. 57.

性的饶舌，我们未能听见的正是我们自己。”[1]而要“成为一个人就是由朝向将来所引导，总是在成为他自己。然而在进入将来的运动中，我们的过去总是伴随着我们。这个过去既是我们个人的过去，又是那个帮助我们形成我们前理解的历史的过去”。[2]派纳的存在体验课程回溯阶段就是通过重新进入过去，抓住个人自己过去的瞬间，发现自己所不曾注意、不曾意识到，而实际上却对现在有重要影响的过去，这个过去既受个人自己独特的成长经历的影响，也受弥漫着的集体无意识的影响。如果没有一种专门的方法来回溯并反思这些影响的话，它们往往就被埋藏在人意识的深处，无法变成人理解现在以及面向未来的有机因素。派纳期望通过回溯来提供一种研究过去的教育经验对现在影响的方法。

回溯阶段不仅是揭示属于个体自己的表面一层的潜意识，而且是揭示个人与生俱来的一层，也就是荣格所谓的集体无意识。集体无意识是指那些并非来自于个人的经验和成就，而是与生俱来的层次。派纳认为我们可以把经过自由联想、遵循现象学的原则得来的过去的资料看做是来自于无意识的信息。对于这些信息的批判分析可以揭示集体无意识。派纳引用荣格的说法：“无意识中或多或少的表面一层毫无疑问是个人的。然而这种个体的无意识看起来依靠在更深的未来一层上，这一层不是来自于个体经验和成就。这一层就是集体无意识”。[3]就是说，通过分析来自过去的信息，我们不但可以揭示个体自己表面一层的潜意识，而且可以“获得进入存在体验课程的超越传记的领域的途径”。[4]因此，派纳认为：“虽然每一个人的理智传记确实会是独一无二的，但最终揭开超越个人的教育经验世界并且发现

① ［美］帕特里夏·奥坦伯德·约翰逊著，张祥龙，林丹，朱刚译：《海德格尔》，北京：中华书局2002年版，第39页。

② ［美］帕特里夏·奥坦伯德·约翰逊著，张祥龙，林丹，朱刚译：《海德格尔》，北京：中华书局2002年版，第39页。

③ Pinar, William F. . The Analysis of Educational Experience. In In William Pinar(ed). *Curriculum Studies: The Reconceptualization*. New York: Educator's International Press, 2000, P. 392.

④ Pinar, William F. .Currere: Toward Reconceptualization. In William Pinar(ed). *Curriculum Studies: The Reconceptualization*. New York: Educator's International Press, 2000, P. 411.

对那个教育过程的最深刻理解是可能的。既然这个概念层面位于个体经验的下面，那么辨认出来的结构可能也会超越历史环境和文化环境。”①

在科层制的学校情境中，学者们和教师们非常容易与他们的职业角色认同，仅把注意力放在外部形式上，没有自己的声音。派纳认为这样的结构“是压制、潜意识、角色认同的行为，理智和心理的被捕”。因此，尽管用来工作的时间延长了，可真正思考的时间却减少了。②“活生生的经验”成为一个高深莫测的短语，我们的多数反应是习惯性的。“习惯是表面的，是公共的、外部的，其力量或许积极地与潜意识有相互关系，并且被过去所捕获。于是现在变成了源自过去的表演，变成了过去的事件、情境和人物在现在之上的叠加。习惯性回应的复杂性构成了现在的个性。它的可预测性是它的习惯性，是它的潜意识，是它的过去性。”③因此，要确定我们现在的所是以及面向未来就必须对过去进行回溯，进而分析和综合。

2. 怎样回溯

回溯的主要方法是自由联想。自由联想是精神分析中常用的一种重要方法。派纳从中得到了启发，并把它应用到存在体验课程的方法中。关于自由联想方法，我会在下文作详细的论述。除了自由联想的方法，派纳还借用了现象学的一个核心概念“悬置”。悬置体现了现象学方法的无立场性和无倾向性。它的本来意思是“中止判断”，就是说，不假定任何东西。它是“回到事物本身”的必要手段和道路。胡塞尔认为：“现象学的对象，即事物本身，只有在直观中才显露，而这种直观必须是纯粹直接的，即摆脱一切理论和意欲的附加与假设。”④而直

① Pinar, William F. . The Analysis of Educational Experience. In William Pinar(ed). *Curriculum Studies: The Reconceptualization*. New York: Educator's International Press, 2000, P. 392.

② Pinar, William F. . *Autobiography, politics and sexuality: Essays in curriculum theory 1972—1992*. New York: Peter Lang, 1994, P. 57.

③ Pinar, William F. . *Autobiography, politics and sexuality: Essays in curriculum theory 1972—1992*. New York: Peter Lang, 1994, P. 22.

④ 张汝伦：《现象学方法的多重含义》，见《中国现象学与哲学评论（第二辑）现象学方法》，上海：上海译文出版社1998年版，第34页。

观的达成需要首先将“自然的态度”转变为“现象学的态度”。所谓“自然的态度”是以日常世界的态度来看待生活。而现象学的态度则是一种科学的态度。这种科学的态度，“需要主体明确地决断，使自己处于这样一种态度中；不仅如此，还需要一种特殊的‘理论实践’以掌握这种态度，以一系列步骤去开启对象领域，使研究得以进行。标明和规定步骤的方法则保证了对象领域的揭示。与实证科学不同，现象学并不对事物的存在感兴趣，而只对世界和世界中的东西在行为与对象的相互关系中作为现象显现的方式感兴趣。”[①]用现象学的态度来达到本质直观的先决条件是“悬置”。“悬置实际上是态度的改变。哲学家通过悬置一无所失，自然世界仍然存在，精神世界也仍然存在，但他却由此获得了一种新的经验方式、思维方式和理论方式，可以在世界之上来观察世界，获得了真正的自由。通过悬置，世界成了为我的世界，成为现象。”[②]

派纳认为，过去以一种让人难以察觉的方式遮蔽了现在。因此要确定我们现在的位置在哪里，处在什么时刻，就必须把过去悬置起来，只有这样才能看到平时看不到的东西，看到被视为理所当然的东西，然后我们才能把自己从过去中解脱出来。如：

当意识的内容出现的时候我们必须注意到它们。放松我们通常的思维抑制，这些思维抑制反映了文化的制约并导致了暧昧的工具性和强烈的他者导向思维。更进一步说，这样的认知，实际上就是本体论模式往往仅反映更宽泛的文化中可获得的、强制消费的市场模式。自我（灵魂）成为“未被雇佣的”、不必要的，因此受到忽视并常常被遗忘。心智仍然联想性地工作，（就如我已经指出的，以一种模糊的工具性的方式——我必须做什么？我怎样更好地做它？）但是却是无意识的；在这样的本体论背景下，“我们”与我们的公共自我、我们的角色认同，因此我们是海德格尔所谓的自然自我（natural ego）。当然要实施“本质

① 张汝伦：《现象学方法的多重含义》，见《中国现象学与哲学评论（第二辑）现象学方法》，上海：上海译文出版社1998年版，第34页。

② 张汝伦：《现象学方法的多重含义》见《中国现象学与哲学评论（第二辑）现象学方法. 上海：上海译文出版社1998年版，第36页。

> 还原”，要悬置意识的特殊内容，需要松散地与内容认同，因此需要一个不同于它们的视角。[①]

把经过自由联想和悬置得来的材料记录下来，就如把它们与研究者本人相分离，然后置于纸上或屏风上。放置在那里，等待与其他的材料一起接受分析和综合。

3. 资料收集的范围

虽然说回溯的方法是自由联想，而所谓的自由联想，可以联想到任何事情，但是由于存在体验课程研究的是教育经历，所以在回溯的时候应该特别注意自己过去在学校中的生活。例如对师生互动、生生互动、课程材料、校园和教室环境、父母等家庭成员对教育的态度以及与学校的关系等的回忆。派纳建议说：

> 有人建议一个人回到开始接受教育的时候，回到小学的年代，回到任何所能达到的地方。再次进入教室，观察教师、你自己和你的同学、你所做的事情。更重要的是你是怎样做那些事情的。从一开始你的注意追随公共项目了吗？你心不在焉把自己沉浸在幻想中到什么程度？这些心不在焉与特定的学科（如生物）和特定的教师重合吗？[②]

除了观察和记录联想到的过去以外，还应该记录在回忆的时刻对所回忆内容的反应。在记录的时候要把注意力聚集到自我身上。虽然回忆是自由联想的，但是它们都是自我的活动和思想所到的地方。回溯的时间范围可以是自己过去整个教育经历，也可以是某一段经历，还可以是某个特别方面的经历。但是在回溯的时候注意不要诠释所观察到的东西，因为一旦诠释就容易打断回溯的思路。

回溯往往是和故事相联系的。那么出现在存在体验课程方法中的故事和我们日常所讲的故事是否有什么不同呢？派纳认为：

① Pinar, William F. . Currere: Toward Reconceptualization. In William Pinar(ed). *Curriculum Studies*: *The Reconceptualization*. New York: Educator's International Press, 2000, PP. 406—407.

② Pinar, William F. . *Autobiography, politics and sexuality*: *Essays in curriculum theory 1972—1992*. New York: Peter Lang, 1994, P. 23.

我们所讲述的故事不能是讲给旅伴或参加全美教育年会的同事听的故事。不能是对过去与现在予以装饰和掩盖的故事。相反，促使自我建构更为复杂的自传应透过记忆的表面，摧毁自我防卫。它旨在恢复感觉经验，从而避免从现在的角度描绘过去。它破坏我们为了安慰或娱乐而讲述的故事，从而（在不同的程度上）重新进入过去，重新体验多多少少呈现在多维度与无序之中的过去的时刻。①

这里的故事之所以与日常所讲的故事不同，是因为我们进行自传研究的目的是“通过拓展记忆的边缘，更多地挖掘那些被‘忘记’、受压抑与被否定的部分，来扩展中介空间”。②过去的故事形成文字被打印出来之后，就如同一幅由词汇连接而成的照片。派纳建议可以把这幅照片置于面前仔细研究，不但研究它的细节而且要研究研究者本人对它的反应以及过去对现在的关系的启发。

4. 回溯的意义

派纳用小说《鹤的失语》中的一个故事情节作为隐喻来说明回溯阶段的重要意义。一个妇女被关在精神病院48年，原因是医生说她总是在呀呀学语。但最终人们发现她是一个乌克兰移民。医院里所有的人都没有意识到她是在讲乌克兰语。派纳认为我们就像是那个乌克兰妇女，被囚禁在叫做“自我”的医院里。存在体验课程回溯阶段的意义就在于辨认出自己内心中被日常生活压制了的部分：

存在体验课程的回溯阶段不是在自己家的镜子里徘徊……而是记住我们现在说的语言起源于我们作为婴儿、儿童和成年早期通过我们的窗子所看到的是什么，看到的是谁。回忆这些失语提供了回到过去的通道，用我们自己的被封缄了的元素，用我们作为儿童所知道的世界，这个世界现在寓居着我们作为成年人所知道的世界……留神往窗外

① Pinar, William F. . *Autobiography, politics and sexuality*: *Essays in curriculum theory 1972—1992*. New York: Peter Lang, 1994,PP. 217—218.

② Pinar, William F. . *Autobiography, politics and sexuality*: *Essays in curriculum theory 1972—1992*. New York: Peter Lang, 1994, P. 217.

看，在那里，过去、现在和将来的世界在历史性的现在的混乱和秩序中碰撞。①

……自传研究是一些窗子，它们允许我们再次看到我们从前所爱的东西，在这样做的过程中，更清楚地看到我们在现在所爱的东西和人。②

（二）前进

存在体验课程的第二个阶段是前进。这一阶段的很多方面类似于回溯阶段。所不同的是需要注视的还不是现实的东西，还只是在想象中的东西。在这一阶段，人表达自己对未来的幻想和渴望，其内容可能会是个体自己所感知到的现在的生活中所缺乏、已经丢失或者特别渴望的状态，以此表达个体理想中的应然的自我状态，诸如我可以是谁，我将会居住在什么地方，我渴望什么样的外部关系，等等。前进阶段是一种接生的途径，通过它我们“接生还没有出生的东西”。这个阶段的意义一是改变我们对现在的感觉，二是它可以起到通道的作用，我们借之以进入“一个新的体验空间”。“我们变成了不同的自我，在这样做的过程中，我们在世界上变得不同，这个世界自身由于我们的出现而得到了改变。”③

想象未来的主要方法还是自由联想，联想的方式、定向、该注意的问题等都与回溯阶段类似。所不同的是对于过去几乎每个人都有很多话说，但是对于未来，却并非每个人都善于想象。很多人非常不习惯想象还不是现实的东西，尤其不习惯把想象变成文字。对于这样的人，派纳的建议是进行有意识的训练。首先要找一个最能让自己放松的地方坐下来或者躺下来。开始深呼吸，把气息调匀。然后就可以让思绪飘到未来。而所谓的未来，既可以是未来几天、几个星期，也可以是几个月或几年。要尝试着渐渐把思路收拢到研究的主题上。如果你是一位教师或

① Pinar, William F. . *Autobiography, politics and sexuality*: *Essays in curriculum theory 1972—1992*. New York: Peter Lang, 1994, P. 265.

② Pinar, William F. . *Autobiography, politics and sexuality*: *Essays in curriculum theory 1972—1992*. New York: Peter Lang, 1994, P. 267.

③ Pinar, William F. . *What is Curriculum Theory*. Mahwah: Lawrence Erlbaum Associates, 2004, PP. 55-56.

者准教师，那么应该集中注意想象你与学生的师生互动关系、你与同事和学校领导的关系、你的私人生活与职业生活的关系，等等。如果你是一位教师，在你所教的那门课上使用存在体验课程的方法，那么你应该引导学生把注意力放在与上课的主题有关的内容上。如在玛丽莲·多尔的环境自传的课堂实践中，她引导学生把想象尽量集中到与环境有关的问题上，如你的环境兴趣是什么，这些兴趣与你的私人生活的关系，这种关系和变化着的历史条件的关系是什么，等等。

与回溯阶段一样，在想象未来的过程中也会遇到抵制的问题。有时候我们会否定未来，恐惧未来。理性和逻辑也许会参与进来评判想象，进而中断想象。派纳的建议是除了尽量避免理性和逻辑的批判外，当内心出现抵制的时候，记录下抵制的内容。当抵制太强无法再想象下去的时候就停止。然后过一段时间再开始想象。“在一个几天、几周或几个月的时间段中，在不同的日子里几次沉浸在想象的未来中。这些做法的延长降低了临时发生的事情所产生的歪曲的可能性。于是所得照片就更加可能是对持久的期望的反映。”①

前进阶段的意义在于，在某种意义上和过去一样，未来也是现在。想象未来并进行记录的做法能提高我们关于未来的直觉以及对现在的更深刻的洞察。

（三）分析

分析阶段的主要任务是批判地反思，目的是揭示过去、现在和将来之间的主题联系。分析首先面对的是现在，因此需要描述传记的现在。把描述的范围大致限制在所研究的主题上。例如，如果你研究的主题是教育经历，那么你的描述可以集中在你现在的理智兴趣、情感状况、人际关系等相关的事情上。在描述的时候应该注意不要诠释，派纳建议进行描述时就如给现在拍照一般，你的描述就像照相机，描述的内容除了包括现在的情景之外，还应该包括你此刻正在拍照的情景以及你对拍照过程的反应。这样你就获得了一张关于现在的照片。

下一步就是研究所得的三张照片。把写出来的关于过去、未来和现

① Pinar, William F. . *Autobiography, politics and sexuality: Essays in curriculum theory 1972—1992*. New York: Peter Lang, 1994, P. 25.

在的资料一读再读，然后给不同的经验分类，尝试进行分析。你被吸引到哪个领域之中？你为什么最讨厌某件事情或某类事情？这些经验为什么会是这个样子呢？在玛丽莲·多尔的环境自传课中，她引导学生把他们的经验分类，例如，可以分为恐惧的、带来惊奇结果的、孤独的体验，等等。是什么使得一个情境让人恐惧呢？如果今天你又遭遇了那个情境还会有同样的恐惧吗？是否有很多户外活动的体验？你预测过将来自己在户外的体验了吗？等等。这些问题帮助她的学生更顺利地开始分析阶段的实践。在课堂讨论的时候，她引导学生通过获得集体的帮助来深化自己的分析。

在仔细分析了三张照片之后，把它们并置在一起，尝试回答过去如何与现在相联系，未来如何与过去相联系，未来又如何与现在相联系，发现它们之间复杂、多维的相互关系。必须注意的是在这个阶段“不应该把在回溯和前进阶段表达出来的原初经验简化为静止的概念范畴，即不应该把理智恢复到它减少经验、虚假的自我夸大的位置上。必须忠实于伴随着回归过去和展望未来的经验的性质。必须悬置的正是那些表面上看起来对厌世的理智的久经世故的评论。这项工作希望得到一个即使是认知上天真，但却是新的结果……分析必须是这样一种状况，即同时远离经验又把一个人置于经验中，使得它更加现在、更加完整，并且可辨别和可理解”。①

在某种意义上，分析的时刻是回到自我的视角上，一旦发现过去、现在和将来之间的复杂关系，就会给个体目前的生命注入新的生机。“存在体验课程的分析涉及到视角的转换，不仅仅包含了认知的洞察力，而且也包含了所谓的情感洞察力。它召唤着机体的改变。”②

玛丽莲·多尔的一个叫做约翰的学生在这一阶段的分析中写了一首诗，很好地体现了这个阶段的特点，诗如下：

① Pinar, William F. . *Autobiography, politics and sexuality*: *Essays in curriculum theory 1972—1992*. New York: Peter Lang, 1994, PP. 59—60.

② Pinar, WilliamF. . Currere: Toward Reconceptualization. In William Pinar(ed). *Curriculum Studies*: *The Reconceptualization*. New York: Educator's International Press, 2000, P. 412.

成　长

现在我的经历少多了
记忆压倒了一切
那时到处是冒险
而现在
我不再有时间冒险

在树林里玩耍
在溪水中溅湿
滑下山坡
我曾经有过最美的时光
在树林里玩耍

现在当我走在树林里
我看见了过去的脚印
它们小得多
它们完美无缺

那些脚印一直在那里
但是新的脚印已经被制造出来
新的大了很多

新的脚印不那么完美
当把二者作比较时

但是当我回首的时候所有的东西看起来都大了很多[①]

---

① Doerr, Marilyn N. *Currere and the Environmental Autobiography: A Phenomenological Approach to the Teaching of Ecology.* New York: Peter Lang, 2004, PP. 27—28.

（四）综合

这一阶段的主要任务是整合。在前面三个阶段，研究者对自己的理智和感情状况已经有了更多的理解。用自由联想的方法回忆过去和展望未来的时候，个体释放了一些被压抑的东西。在分析理解这些被压抑的材料的过程中，个体同时提高了自己的反思能力，并增加了行动的自由。这类似于形成了一个透镜，个体可以借之以对现在的传记情境进行概念重建。

在这一阶段，个体开始以不同的方式思考和看待自己。记录这些变化。你发现的哪些关于自己的事情最让自己吃惊？这个研究过程是如何影响你对自己未来生活的设想的？等等。这种向内的转向就是个体化的过程，是意识的改变。它能够培养对心理整合非常重要的“洞察力”，在某种程度上它也意味着自我疗救。派纳相信：“行为之源的转变意味着行为本身的改变。于是实践（praxis）就被改变了。”[①]

二、“文学的教育经验”的研究步骤

派纳在构建存在体验课程的过程中，又发展了一种可以叫做“文学的教育经验（educational experience of literature）”的方法。[②]这种研究把阅读文学作品时所引发的心理变化和感应与自己在阅读时的传记情境相对照，也许会发现自己平时所不曾发现或者不可能会注意到的内容。在某种意义上，我们可以把“文学的教育经验”方法看做是存在体验课程的一个变体，因为它的研究目的、研究技术等方面有很多是与存在体验课程相类似的。

① Pinar, William F. .Currere: Toward Reconceptualization. In William Pinar(ed). *Curriculum Studies*: *The Reconceptualization*. New York: Educator's International Press, 2000, PP. 412—413.

② Pinar, William F.(ed). *Curriculum Studies*: *The Reconceptualization*. New York: Educator's International Press, 2000, P. 419.

（一）“文学的教育经验”作为一种自传研究方法

在“存在体验课程”的文学渊源部分，我简略地提到了“文学的教育经验”的自传研究方法。在本部分，我打算稍微详细地论述一下“文学的教育经验”的方法。

“文学的教育经验”方法的理论前提是阅读都是私人化阅读。每个人都是带着自己的“前见”进入阅读情境的，阅读的过程是一个读者与文本交互作用的过程，这种交互作用本质上是读者的“传记情境”受到新的触动而引起反应的过程。阅读着的主体是这样一个人，他思想的对象是另外一些思想，这些思想来自正在读的书，是另外一个人的思想。[①]阅读者从这些另外的思想中认出了他自己，这些另外的思想也就变成了阅读者的个人所有物。但是阅读者会对这些另外的思想中的哪一部分感兴趣以及这些思想会引起他怎样的反应，则与阅读者的阅读“前见”有关。

在人的日常生活中，通常有很多关系、很多观念是处在无意识或者前意识区域的，如果没有特别的注意，就不会引起注意。在阅读文学作品的时候，我们之所以会对某个特别的故事、某个段落、甚至某首诗歌产生特别的感觉乃在于它起到了触媒的作用，它使得我们猛然看见了自己不曾注意过的东西。在信奉深度心理学的人看来，人的人格有时是有规避性质的。掩饰、克制、自我欺骗和自我保护经常弥漫于人的心理活动中。深度心理学理论把人看做是由多个意识中心构成的，没有一个意识中心在全部时间都占据中心位置。阅读文学时所引发的心理变化和感应可以看做是触发了读者的某一个意识中心。之所以一千个人中会有一千个哈姆雷特，就是因为哈姆雷特作为一个符号，作为一种类似罗夏测验中的墨迹，使得每一个阅读他的人看到了自己以及自己的情境。通常，阅读文学作品的时候所引发的一些感触、感想是自发的和转瞬即逝的，但是有的时候，在某个特殊的情境中，也许阅读时遇到的一个文学作品中的形象会对读者起到巨大的转变作用。

“文学的教育经验”作为一种研究方法就是试图把在阅读文学作品时所产生的那些自发和转瞬即逝的感觉照原样记录下来，然后描述自

① [比利时] 乔治·布莱著，郭宏安译：《批评意识》，南昌：百花洲文艺出版社1993年版，第257页。

己在那时的自传情境，之后把阅读文学时产生的感想或者对作品的评述与自己的传记情境进行分析比较，或者在一段时间之后再进行分析比较，探究自己为什么会对某部特定的作品或者某些特定的情景感兴趣，从而深度地理解自己的情境。在这样的自传分析中，阅读的兴趣和自己对作品的评述起到了精神分析中无意识派生物的作用。如果仔细认真地加以分析，阅读者就会瞥见自己的某些无意识内容，把反映当时情境的一些无意识转化为意识。个体因此得以观察和了解自己。在这个意义上，“文学的教育经验”方法是个体有意识地为自己创造的一个自我观察和自我了解的空间，在这个空间里，个体通过写阅读笔记和自我传记情境的笔记而与自己保持距离，创造一个不同的情境，把自我当做一个客体来对之进行心理的、文化的和历史的观察和研究。

派纳是在发展自传课程理论的过程中论述和使用“文学的教育经验”方法的。他把“文学的教育经验”的研究方法分为四个步骤，它们之间并非互不相通，而是互相重合，但是每一个步骤都有自己的侧重点。这四个步骤便于研究者自学“文学的教育经验”的方法或者便于把“文学的教育经验”作为研讨班或者研究方法课上的教学方法。以下是这四个步骤的具体操作。

1. 文学文本本身

文学文本指的是读者选择阅读的文本。这一部分不需要太多的解释。

2. 文本在文学和理智历史中的位置

这一项与第一项非常相关。第一项指的是孤立的文本，第二项把这个孤立的文本扩展到了它在小说史的位置，以及这个文本在养育它的特定文化中的位置上。以上两个方面也是传统的文学研究所关注的内容。

3. 读者反应

在这一层次，读者进入了相对未知的文本的教育意义领域，在实质上是一种阅读的现象学。读者记录下来在阅读时的心理活动，如什么样的智力活动和情感开始出现，在文本的什么时候和什么地方出现。在这里应该描写未经过滤、直接的自然环境和人际环境。这个阶段描写的是所出现的意识内容，而不是进行分析。

4. 读者情境

（1）传记。

这一部分要描写读者的传记情境，既可以是困扰他的生活、感情的问题，也可以是与学习和阅读有关的问题。这里的要点是忠实地记录下来当时所想到的问题。例如派纳曾经举过一个这样的例子，一位二十多岁的女生，回忆起自己二十多岁读大学二年级的时候，在试图摆脱父母的控制和影响的过程中所经历的不确定、焦虑以及注意力从外部向内部的转移。在这个过程中，她的阅读爱好转向了萨特和卡缪的文学作品。在这里应该问以下一些问题：为什么这个女生在她人生的那个时刻被吸引到存在主义文学中？传记情境和智力兴趣之间总是有对应吗？如果有，那么对应的本质是什么？它是辩证的吗？每一个都渗入到另一个中吗？如果是这样，以什么方式，达到什么目标呢？这些问题暗示了在这个教育经验的传记方面需要研究的范围。[①]

（2）智力完形的观念。

智力完形是概念的组成方式，即一个人对所谓的学者共同体、理智世界和思想史的看法。这个部分实际上是试图发现自己不曾注意的概念化，也就是试图找到类似于领域假设的东西。在一个领域从事研究和教学的人一般都是带着自己对这个领域的概念假设进入教学或者研究现场的，因此如果能理解自己对这个领域的概念假设，就会有助于发现自己的位置，弄清自己和同事以及其他领域的人的关系。

（3）个人的概念透镜（conceptual lens）。

这一部分关注的是个人的语言系统。人总是通过语言来表达自己内心的以及对世界的感受。我们已经接受的语言形成了一个透镜，我们就是通过这个透镜来看待世界的。虽然说语言位于公共系统之中，人们进行表达的时候，“所用的方式、语句、词汇以及事件可能具有的意义都是公共的，而且有既定的模式，甚至连自己的感叹也与别人相差无几。”[②]但是个体表达所隐含的意义也还是有差异的。这些差异来自于

---

① Pinar, William F . . Search for a Method. In William Pinar(ed). *Curriculum Studies: The Reconceptualization*. New York: Educator's International Press, 2000, P. 421.

② 陈家琪：《话语的真相》，上海：上海人民出版社1998年版，第23页。

个体的成长环境：他的家庭成长背景、朋友圈以及在学校中的教育经验，在当今时代，还包括个体所接触的大众传媒，如电视、网络虚拟空间，等等。对于爱好阅读文学作品的个体来说，其自我的和经验的透镜在不同程度上来自于他所读的小说或者诗歌。这样的个体常常会无意识地把小说人物所用的语言用到自己的情境中，就是说，阅读的过程同时影响着个体的认知透镜，并且阅读的一部分直接转化成为了认知透镜。因此派纳认为对认知透镜的研究能帮助我们理解决定我们经验的内容和意义的那些力量。

以下这些问题有助于这方面的研究：这个透镜的发展过程是什么？它和我读的书、教我的老师们——简单地说，与教育经验——之间存在什么关系？我同情哪一个文学人物，忽视哪一个？通过理解我的透镜，这个认同过程在多大程度上可以得到解释？我把它的哪一个部分看做是自己的，并且在多大程度上它塑造了我的信息接收？它怎样顺应明显更深的心理结构？①

（4）心理。

这一部分涉及到阅读时的深层心理根源。例如，在一门课上阅读一篇必读作品的时候，个体可以探究自己对待这篇作品的态度，诸如为什么被强烈地吸引到阅读中，或者为什么不能够阅读它，为什么对它的风格或表现形式充满厌恶，等等。在自由阅读的情境中，个体可以探究自己为什么被吸引阅读某一篇作品，为什么特别喜欢某一个人物之类的问题。从而通过探究自己与人物认同的本质而得以窥见无意识的一部分内容。在这里，阅读起到了无意识派生物的作用，个体借之以推测和分析自己教育经验中的本质。②

以上“文学的教育经验”的探究模式只是若干探究自己经验本质的方法之一。它的基本假设是个体一般不会全部意识到发生在他内部的意识，因此需要在一些无意识内容能被以某种方式意识到的场合进行探究。在特定的情境中使用“文学的教育经验”方法的时候，可以根据

---

① Pinar, William F. . Search for a Method. In William Pinar(ed). *Curriculum Studies: The Reconceptualization*. New York: Educator's International Press, 2000, P. 422.

② 关于“文学的教育经验”方法的基本步骤，参见Pinar, William F. (2000).Search for a Method. In William Pinar(ed). Curriculum Studies: The Reconceptualization. New York: Educator's International Press, Inc, PP. 419—422

实际情况对研究的框架作出改变，也就是说，可以有所侧重。在一篇题为《远航：课程作为认知者和认知对象之间的关系》的论文中，派纳精致化了“文学的教育经验”的方法，使之更加有针对性，更容易进行操作。研究的过程分为五个步骤：

第一，记录感兴趣的部分。在阅读的时候记录下来任何使他感兴趣的部分，可以是单词、句子，也可以是段落，记录可以采用任何形式，如可以采用传统的摘录或者下划线等做笔记的方法，也可以用现代的方式，如录音或数码相机拍照的方式。注意记录的时候一定不要问自己为什么在某个部分做记录，也就是说不要让理性的审查作用介入。在这一步骤，最重要的就是沉浸在阅读中并记录文本中的什么打动了自己。

第二，登陆阅读主题。小说读完之后，就开始着手研究做过记号的章节部分。要反反复复地阅读，尝试为这些做过记号的部分寻找一些主题并归类。寻找到的主题是根据做过记号的部分所表达的内容进行的归类。归类的标准是读者在其中发现的内在线索，但这些内在线索并非是预定的，它们只是读者在重新阅读记录下来的部分时所发现的有共同特点的一些集合体。在把做过记号的部分分类时要注意列出出处的页码，以便于后一阶段查阅。

第三，写主题短文。做完第一和第二个步骤之后，可以把材料放置一段时间，当读者重新回到材料的时候，就可以写主题短文。每一个类别的主题写一篇，写作的思路是根据先前阅读时做出标记的章节。这个部分写的并不是小说的观点，因为写作所根据的材料是根据读者的阅读兴趣标记出来的，而不是根据小说本身的某种意义。应该说，这里写的是读者本人对自己感兴趣的部分的诠释。从精神分析的意义上来说，本部分写的主题短文起到了无意识派生物的作用。写作的过程类似于自由联想的过程。读者对自己选择出来的主题的写作会暴露出无意识中的内容，从而在日后的分析中也许会帮助读者看到平时看不到的细节。这一部分完成后就等于获得了一幅关于文本的照片。

第四，描写传记情境。传记情境指的是当时的生活状况，包括心理状况。在这里写的要旨是尽可能照原样描写，也就是尽可能不要加入批判或诠释。这类似于用照相机拍摄生活场景。这部分的描写没有明确的目的，只是给予他的生活以轮廓，从而得到一幅关于读者现在的生活的照片。

第五，分析。在这一步骤，把在第三步骤和第四步骤得到的两幅照片——也就是文本的照片和传记情境的照片并置在一起，尝试寻找它们之间所存在的相似之处。一般来说，主题短文和传记情境的短文之间往往存在相互暗示、相互映照的关系。读者可能会从中发现自己表面生活背后的深层内涵。[①]从而个体能够至少部分地认识到他与自己的异化。

（二）案例：派纳对伍尔夫的小说《远航》的阅读

派纳在《远航：课程作为认知者和认知对象之间的关系》一文中，用“文学的教育经验”的方法研究了自己对伍尔夫的小说《远航》的阅读。在文章中，由于篇幅的关系，他省略了第一步和第二步，也就是说，省略了阅读时根据自己的兴趣对原书做出的记号的第一步和按主题把做记号的章节归类的第二步。他的研究报告从第三步，也就是写主题短文开始。

派纳在做记号的材料中辨认出了三个主题：幸福、精神和关系。他的研究的第三步就是写有关这三个主题的短文。这些主题短文不仅仅是对所做记号的材料的堆积，同时贯穿着派纳对放置在这个主题下的材料的理解。所写的主题短文并不是极力忠实于原文或者尽力揣测作者意图的结果，而是读者的理解，可以说它是“读者心中的主题”，因此在日后进行分析的时候能够瞥见读者内心所隐藏的东西。在第四个步骤描写传记情境中，派纳描写了他在写主题短文之后那段时间里的自传情境。描写自传情境的时候不需要刻意地注意写作内容或者表述方式，只是写下那段时间个体生活中的主要旋律就可以了，思维的主要运作方式是自由联想。在这一部分中，派纳写下了自己与在布莱顿街合租公寓的几个朋友在一起的活动、对几个朋友的素描和评价、几个人之间的交错关系，以及其他一些影响自己的外部事件。他对正在进行的研究的思考所带来的焦虑也被交织在写作中。总之，他的传记情境所刻画的是自己在那段时间里对研究、生活的感受。在第五个步骤也就是“分析”阶段，派纳把阅读《远航》时所得到的几个主题当做过滤网，然后把传记情境倾倒在上面，从而发现了一些以前没有意识到的内心深处的东西。值得

① Pinar, William F. . *Autobiography, politics and sexuality*: *Essays in curriculum theory 1972—1992*. New York: Peter Lang, 1994, PP. 127—128.

注意的是，派纳写这一部分是在他完成第三步和第四步的大约两年后。这么长的沉淀时间给了他反思、辨认阅读主题和自传情境之间的相似之处的足够距离。他重新细细地阅读了主题短文、在《远航》中做过记号的章节以及那时写的自传情境。这个过程就是一个并置的过程，他把主题短文和自传情境并置在一起，发现了两年前的自己相当不快乐，内心中充满了恐惧，对现代生活的孤立和紧张忧心忡忡。他发现自己之所以对小说中的各种精神感兴趣，是因为自己对生活中的精神十分感兴趣。他对室友们之间的关系的描述对应着自己在《远航》中辨认出来的很多以拘谨和缺乏意识为特征的关系。所有这些都是他在当时没有意识到的。在他对主题短文和自传情境进行并置研究的一个早晨，他忽然领会了自己为什么选择《远航》，为什么它会在那个春天走向了他，因为它的关系反映了他在布莱顿街的关系。[①]

在某种意义上，“文学的教育经验”的研究就是从惯常的、理所当然的日常生活中发现不熟悉的、成问题的东西。派纳认为“在文本中”的问题也是“在读者中”的问题。读者的问题形成了他阅读的特点，阅读形成了他对传记情境的理解。阅读小说的作用是引起读者对自己的情境的意识，然后这种意识就可能导致情境的转变。[②]

三、存在体验课程作为教学方法

在第一章中我已经提到过，在美国的课程领域，到20世纪90年代，自传已经成为一种广为使用的课程研究方法。不但很多教育研究者使用自传的方法来研究学校情境中的诸多教育问题，而且它还被广泛应用于教师教育中，甚至在一些中小学的课堂教学实践中也有教师成功地使用了自传作为教学方法。玛丽莲·多尔的环境自传课（environmental autobiography）就是一个在高中阶段使用存在体验课程方法的比较典型的课堂教学案例。

---

① Pinar, William F. . *Autobiography, politics and sexuality*: *Essays in curriculum theory 1972—1992*. New York: Peter Lang, 1994, P. 148.

② Pinar, William F. . *Autobiography, politics and sexuality*: *Essays in curriculum theory 1972—1992*. New York: Peter Lang, 1994, PP. 127—128.

（一）玛丽莲·多尔选择环境自传教学方法的情境

玛丽莲·多尔在一所私立男子大学预科学校工作。那个学校的纵向规模是从幼儿园一直到12年级，有两个校区。她工作的校区是9—12年级的学生。1998—1999学年度，她在这个校区教授生态学。那是这个学校有史以来第一次开这门课。她教两个班，每班10个学生。这20个学生几乎都是高年级学生，他们把这门课作为科学的选修课。他们中的多数学过生物、化学和物理。在写作《存在体验课程和环境自传：一个生态学教学的现象学视角》[①]一书的时候，她已经教过五年，共135个学生。

玛丽莲·多尔试验环境自传教学方法的背景是美国越来越商业化的教育实践。创造性教学不被重视，而规定性的教学越来越受到重视。学校首要考虑的是如何让学生能够通过各种阅读、写作、数学等的能力测试，而不是培养学生的创造能力和理解自我形成的能力。教师们处在“优雅地服从”的位置上，不愿意尝试诸如存在体验课程之类的方法，因为他们宁愿消极地对待责任制之类的修辞。纳税人和父母要求特定年级的儿童具有一定水平的写作、阅读水平，而判断的标准就是一些州一级或国家范围的测试。在这种情况下，那些试验新的教学方法的教师们的热情很快就会被国家测验和国家课程所浇灭。

就科学课程的教学而言，玛丽莲·多尔引用安妮特·高夫（Annette Gough）的评论，认为美国于1993年发表的《科学素养基准》的聚焦点是科学素养是关于什么的，而几乎没有包含对这些素养是为什么的讨论。她引用高夫的话说：“大量的研究显示，仅仅掌握明显相关的科学知识不能保证参与以后对科学决策的制定，然后这就提出了这样的问题，即通过聚焦课程中的科学内容来达到科学素养的实际可能性的问题。”[②]玛丽莲·多尔在已往的教学中发现，科学课程考试中获得高分的学生常常几乎不关注政治中的科学问题或者与社会有关的科学发展中的伦理问题。基于她对现存的学校教学，特别是科学课程的教学的不满以及她对日益严重的环境问题的忧虑，她开始寻找一种也许可以为解决

① Doerr, Marilyn N. *Currere and the Environmental Autobiography: A Phenomenological Approach to the Teaching of Ecology.* New York: Peter Lang, 2004.

② Doerr, Marilyn N. *Currere and the Environmental Autobiography: A Phenomenological Approach to the Teaching of Ecology.* New York: Peter Lang, 2004, P. 2.

环境瓶颈问题而尽一些力量的教学方法。

玛丽莲·多尔找到了派纳的存在体验课程方法。她认为这种自传方法能使科学概念人性化，选修这门课的学生也许能开始把环境原则内化到他们的生活中，然后他们在决定如何度过自己的生活时，也许能作出有意识的决定。虽然学生在早先的年级已经学习了诸如循环、热带雨林的保护和破坏、基本的水质量、污染，等等，但是只有到中学高年级的时候他们才会真正意识到这些问题极大地影响着他自己的生活。对于多数学生而言，高中后期的生态学课程可能会是他们所学的最后的生态学课程，因为多数学生到高校后不会以生态学为专业。玛丽莲·多尔认为，除非课程中有情感的成分，否则学生不可能充分地内化生态学的原则。为了让学生作出哲学的转变去保护环境，就必须在他们和环境之间进行联系。[①]玛丽莲·多尔使用自传方法教学的最终目的是把学生的态度从"我知道"转到"我关心"，再到"我想为此做点什么"上去。

（二）环境自传教学法的课堂教学实践

玛丽莲·多尔的环境课程的核心是环境自传。这门课程的时间是一个学期，根据派纳的存在体验课程分为四个部分：回溯、前进、分析、综合。早在头一个学期的10月初，她就会与学生围绕两句引文进行一次对话。一句是保罗·弗莱雷的"意识化（conscientization）是这样一个过程，可以因之超越一个人的错误意识"；另一句话是马德琳·格鲁米特的"关于世界的知识要求具有自我作为世界的知晓者（self - as - knower - of - the - world）的知识"。她会问学生这两句话是什么意思；如果它们之间有什么关系的话，那么是什么关系；"知识"的意思是什么之类的问题。学生们往往不知道怎样回答，因为这里的"知识"看来比认知的意义要广泛，其实他们从来没有考虑过知识的观念问题。然后玛丽莲·多尔会问他们关于他们自己的知识。学生们的回答往往非常肤浅，诸如喜欢足球和比萨饼之类。在这个时候，玛丽莲·多尔会适时地告诉他们，环境自传会帮助他们解决这些问题。他们将撰写自传，但不是普通的自传，而是聚焦于个人和环境之间的关系的自传。通过撰写这

① Doerr, Marilyn N. *Currere and the Environmental Autobiography: A Phenomenological Approach to the Teaching of Ecology*. New York: Peter Lang, 2004, P. 3.

样的自传，他们会开始以一种新的方式重新看待他们与环境的联系。就是说，将要撰写的自传是关于“地方”（place）如何帮助他们成为他们现在的自己的自传叙述。

玛丽莲·多尔的这个聚焦于环境的自传其实主要关注的是地方和记忆的问题。她相信，如果我们真正地关心地方，我们就会开始创造共同体，把我们自己置于一个社会、政治和历史关系的网络中。如果我们理解了地方如何在理智上、社会上和经济上影响我们，那么我们就能够开始形成一种融合了放置、移置和地方保护（place preservation）的人生哲学。①

她的环境自传课共进行四个月，每个阶段一个月。她引导学生把注意力集中到生态学的体验上去。

1. 回溯阶段

在这一阶段，玛丽莲·多尔指导学生回忆过去自己与自然环境有关的经历，然后根据年代顺序把回忆的内容写下来。记录自己所能记起的最早的记忆，把那时与自己在一起的人物也一起记录下来，如父母、兄弟姐妹或朋友们。尽可能地描述那时的自然环境以及自己对自然环境的感受。记录下所有想起来的相关事情，也包括自己现在对过去经历的抵制。总之这一阶段所做的是把自己的潜意识打开。看着那些你一直认为理所当然的事情。一开始的时候，学生们对写作颇感恐惧，但玛丽莲·多尔告诉他们写多少页以及到底能回溯到几岁并不重要，重要的是开始回忆，尝试开始写作。他们约定每周在课堂上交流他们的写作资料。

在最初的一周，学生们与玛丽莲·多尔交流很多，他们会跑来告诉她头天晚上想起来的小时候的故事细节。也会有来自其他班级的学生向她请教他们的疑问。他们认为她让学生写得太多了，因为他们作业非常繁重，学生们在学业、运动和社交方面的压力很大。在下周的课堂上，玛丽莲·多尔开始问他们中有谁愿意开始分享他所写的东西。一个叫史蒂文的学生记起了在他很小的时候，他父亲为他和他的双胞胎兄弟盖的树屋，他写下了很多围绕着这个树屋发生的故事。几周以后，大家从他不断的回忆中知道了这个树屋在一个小城市的一块地上。他们达成了共

① Doerr, Marilyn N. *Currere and the Environmental Autobiography: A Phenomenological Approach to the Teaching of Ecology.* New York: Peter Lang, 2004, PP. 21—22.

识：当一个学生在报告他的经历时，其他学生都会安静认真地听。他们或点头表示同意，或者飞快地做记录。然后就会有学生补充："我也记得类似的事情，那次是这样的……"。有的学生记起了小时候家里每到秋天就堆起巨大的树叶堆；有的记起了观看鸟巢的经历，小鸟如何被孵出来，老鸟如何照顾小鸟；有的记起了电视节目"婴儿杰茜卡"（Baby Jessica）如何打动了他们。在第一个月中期的时候，玛丽莲·多尔与每个学生面对面地交谈，安排了写回溯阶段的定稿应该注意的问题。在回溯阶段结束时，每个学生至少写了10页的稿件。学生们反映，他们最愿意做的事情就是写回忆的环境自传，他们最初的不情愿已经消失了。他们回溯得越来越远。

2. 前进阶段

在这一阶段，学生们已经在回溯阶段形成了自己的想法，并且他们越来越愿意花更多时间讨论他们的自传。因此在前进阶段一开始，玛丽莲·多尔需要提醒学生们把范围限制在环境问题上。这是想象阶段，玛丽莲·多尔引导学生把目光投向未来，看看自然世界在未来扮演什么角色。后来玛丽莲·多尔发现，对学生来说，这是四个阶段中最难写的，因为学生们几乎没有想象未来的经验。玛丽莲·多尔借鉴派纳的做法，有意识地帮助学生培养想象能力。她建议学生首先找一个最能让自己放松的地方坐下来或者躺下来。开始深呼吸，把气息调匀，让身体放松下来，然后就可以让思绪飘到与环境有关的未来，如你的环境兴趣是什么，这些兴趣与你的私人生活的关系，这种关系和变化着的历史条件的关系是什么，等等。在不同的日子、不同的时刻回到那个让自己放松的地方几次，继续想象未来，这样可以避免一些暂时的想象。

玛丽莲·多尔采取了几个策略帮助学生进行这一阶段的想象。首先她在课堂上和学生一起做了一些沉思的描绘。他们一起走出去，在特定的地方安静地坐下来，把他们自己置于特定的情境中描绘。然后玛丽莲·多尔要求他们谈论那些想象的情景。这样，他们学会了如何全面地观察图画中的东西——他们是怎样看的，他们穿了什么衣服，地面看起来怎么样，他们和谁在一起，他们是感到愉快还是警觉，等等。这些做法在一定程度上帮助了学生进行这一阶段的想象，但是学生们还是觉得很困难，不过他们没有放弃，而是很好奇地想知道这一阶段会把他们引向哪里。玛丽莲·多尔及时引导他们记录下偶尔出现在脑海中的照片，以及他们对那些照片的反应。她采取的另一个策略是写人生列表。玛丽莲·多尔用一些名人的例子启发学生思考在今后的人生中希望实现哪些愿望。他们把自己的人生愿望列出来，以后过段时间就会讨论一次，每个学生都受到别人的启发，在原来的单子上加上或者减去一些项目。甚至在毕业前的几天，他们还聚在一起对自己的人生目标单子作了修改。

在前进阶段，玛丽莲·多尔所起的作用和回溯阶段有了少许不同。她需要鼓励一些学生把他们的想象扩展一些。有些学生想象的情景十分肤浅，玛丽莲·多尔推动他们思考得更深入一些，然后在课堂讨论的时候，学生们开始对同伴写的东西进行评判，这在第一阶段没有出现过。过了一段时间，学生开始写有思想深度的关于未来的想象。

3. 分析阶段

在开始这一阶段之初，她引导学生把他们的经验分类，寻找辨认出主题。例如，可以分为恐惧的、带来惊奇结果的、孤独的体验，等等。是什么使得一个情境让人恐惧呢？如果今天你又遭遇了那个情境还会同样的恐惧吗？是否有很多户外活动的体验？你预测过将来自己在户外的体验了吗？等等。这些问题帮助她的学生更顺利地开始分析阶段的实践。在课堂讨论的时候，她引导学生通过获得集体的帮助来深化自己的分析。

分析阶段开始不久，玛丽莲·多尔发现了一个很奇怪的现象。几乎没有学生愿意在课堂上朗读他作的分析。学生们在讨论的时候开始希望保护隐私。在整个过程中，只有一个学生从头至尾都跟同学们分享他写的东西。他们宁愿自由谈论一些他们开始敏感地感受到的事情和景象，而不愿意朗读自己写的东西。例如，一个酷爱运动的男生说，那天早晨他第一次注意到太阳从学校的车道尽头升起。他悄悄对自己说，太美了，能每天早晨看到这样的情景是多么幸运。其他学生点头同意。就是说，学生们开始变得敏感了。这一阶段结束后就放寒假了。在寒假里，玛丽莲·多尔给他们上交的分析报告写了长长的评论，并对进一步的修改提出了建议。

4. 综合阶段

两周寒假之后的一个月是环境自传的最后阶段。玛丽莲·多尔告诉学生经过前三个阶段，他们对自己和环境的关系达成了新的理解。这种新的理解给了他们行动的自由，他们已经开始以不同的方式看待自己。这一阶段的任务是写下这些变化，写下整个过程给他们自己带来的变化。像第一阶段一样，学生们非常愿意写下他们感想的东西，但是在课堂交流的时候，他们对于这种自传的教学方法本身有很多话说，却不愿意分享他们个人的参与。他们又一次表现出了保护隐私的需要。在整个课程结束的时候，有的学生居然写了100页的文章。

（三）对自传课堂教学方法的评论

玛丽莲·多尔的环境自传是对数学和科学教学方法改革作出的非常有意义的尝试。银行储蓄式[①]的教育方法和教育理念使得数学和科学教学主要使用讲授—接受的教学方式。学生们记忆大量数据公式，却没有太多的理解，他们缺乏对科学和数学概念的理解。若干年来，无论中外，就试图改革中小学科学和数学教学方法进行了无数尝试，但是收效甚微。

在中学学习数学和科学课程的学生们中，多数人中学毕业后就再也不会学习这些课程。他们不会成为科学家或数学家。因此这些学科的教学必须走出强调难度和分流的传统精英教育模式，让这些学科的教学能真正影响学生今后的日常生活。从这个方面看来，玛丽莲·多尔的自传教学方法提供了教授科学和数学的新范式。

至于这种方法的教学效果，玛丽莲·多尔认为不能用传统的量化方式来评价。她认为有两个方面的事实足以证明它的良好效果。一是在教学过程中学生的感受和生活状态，二是对学生将来态度的影响。在一个学期的教学中，学生从怀疑、不知所措转变为把撰写环境自传作为自己课外最喜欢做的作业。在自传教学的每一个阶段结束时，学生们都不愿意停下来。

在回溯和前进阶段他们在课堂上热切地交流自己写的东西，在分析和综合阶段，虽然他们要求对自己写的东西保密，不愿意朗读给别的同学听，但是却非常乐于谈论他们的新感觉。在这个过程中，学生开始真正意识到环境在他自己的生活中的重要性，他开始把自己与自己居住于其中的空间联系起来。至于环境自传对学生的后续影响，也许玛丽莲·多尔的一个学生是一个很好的例子。在第一轮学生毕业的一年后，玛丽莲·多尔偶然遇到了一个刚读完大一、要回家过暑假顺便赚点钱的

① 关于储蓄教育观和储蓄教育方法，可参见：黄志成：《被压迫者的教育学——弗莱雷解放教育理论与实践》，北京：人民教育出版社2003年版，第92—93页。

学生。他告诉玛丽莲·多尔，他设法核对了他的人生列表上的两样东西。他要利用暑假的间歇来添加他的环境自传，因为他对新的大学经历有那么多话要说，校园里的环境有那么多要记录。[①]

虽然玛丽莲·多尔的环境自传是成功的尝试，但是自传作为一种教学方法还是有其局限的，它并非是一种普遍适用的教学方法。

首先，在使用它之前需要仔细计划和准备。可以说，它比任何其他已经试验过或正在使用的教学方法所需的准备都要多。教师还需要仔细研究所教科目是否适合使用自传方法。

其次，它对教师的要求非常高。自传的教学方法不可能经过大规模的技术和技巧方面的培训就能使教师胜任。教师必须通过学习来对自己的教育和教学观念进行概念重建。没有对现行教育和教学弊端以及对自传方法的深刻理解，就不可能成功地使用好这种教学方法。在教学过程中，教师与学生的互动方式也与其他教学方法有明显的不同。教师还必须用心投入到学生的学习进程中，学生进步的方式是无法用传统的分数高低来衡量的。可以说，成功地使用自传方法的教师必然是一个研究型的教师。

再次，自传方法对班级学生规模的要求也比传统的教学方法高。在玛丽莲·多尔的班上，通常是十个或十几个学生。这种方法不可能像讲授式教学方法那样，可以同时给几十甚至上百学生授课。我认为，使用自传方法的班级规模最好不要超过30个学生。因为学生过多，教师便不能有效地阅读学生撰写的自传，课堂讨论交流也无法有效进行。

最后，在学校层面上，使用自传方法必须有宏观的计划。这种教学方法不能被反复使用。就是说，同一个学生在一定的时期，比如高中阶段，不能被反复使用这种教学方法，否则就会引起学生的厌烦心理。在我国的学校情境中，我认为，在某些综合实践活动课或者某些高中选修课上使用这种方法较为切实可行。在某些文科科目和科学科目中，也可以试验使用。

---

① Doerr, Marilyn N. *Currere and the Environmental Autobiography: A Phenomenological Approach to the Teaching of Ecology*. New York: Peter Lang, 2004, P. 186.

第四章

存在体验课程中的几个关键词分析

用存在体验课程以及其他一些自传方法进行研究的过程中，需要处理好几个方面的问题，其中有些是以往课程领域的教师研究中所不曾涉及到的问题，本章将论述该研究方法中的几个关键词，它们对于自传研究方法的运用非常重要。

一、自由联想和抗拒

“自由联想”和“抗拒”都是来自精神分析的术语，是每一个精神分析师和患者必须要面对的问题，分析疗程的长短以及疗效的好坏直接取决于它们。派纳借鉴了精神分析的“自由联想”方法，也分析了用存在体验课程的方法进行自传研究时必然会遇到的“抗拒”问题。

（一）自由联想

1. 自由联想的解读

自由联想是本书中各种自传研究方法所用的自我表露的重要手段。种种无意识心理能否被理解，在很大程度上取决于自由联想的流畅程度。它是研究连个体自己都不知道的心理的无意识部分的主要方法，但这并不是说，无意识心理能够通过自由联想直接浮现出来。无意识并不能像藏在壁橱深处的珠宝一样，通过仔细认真地翻箱倒柜就能被搜寻出来。当我们说自由联想是获得无意识心理的主要方法时，我们指的是通过自由联想，我们能够获得无意识的派生物，然后再通过智力和感情活动来获得对无意识派生物的洞察。

弗洛伊德首次将自由联想应用于精神治疗，在他之前，自由联想仅仅被应用于心理实验。他认为精神分析的一大贡献在于它告诉我们一定不要用有意识的知觉来取代作为其研究对象的无意识的心理过程。心理现象也和物理现象一样，事实上不一定像我们所看到的那样。[①]通过自由联想的方法，可望获得无意识活动的派生物，从而窥见无意识心理的部分内容。本书中论述的存在体验课程以及其他几种相关的自传研究方法几乎都涉及到自由联想方法的使用，这是它们借鉴精神分析的结果。因此我认为在这里应该稍微提及精神分析中的自由联想方法。

霍妮认为：“自由联想指的是患者尽量毫无保留地按顺序表达出出

① ［奥］弗洛伊德著，杨韶刚译：《一个幻觉的未来》，北京：华夏出版社 1999 年版，第134页。

现在他心头的一切东西，无论这些东西是否显得琐碎、离题、不连贯、不合理、零散、不得体、令人尴尬、令人耻辱。”[①]在这里，一切东西指的不仅是患者应该报告所有出现在心头的思想或者具体的想法或者记忆，而且应该说出他产生的每一点感觉。当患者由于某种原因反对说出某种东西的时候，他应该说出反对的理由。之所以必须报告流经心头的一切东西，是因为自由联想的目的是让分析师和患者都能在预先不知道什么东西会出现、它会引向何方的情况下，让一切东西都显现出来，以此来了解患者的内心是如何活动的，从而进一步了解他的人格结构。[②]它是试图了解连个体自己也不知道的内心的唯一手段。

在这里，一个小小的例子也许有助于说明自由联想的特点。一个求治者曾在弗洛伊德的引导下述说了许多有关自己的生活琐事，弗洛伊德从中注意到了两个细节。一是他说自己喜欢眺望远处的烟囱，每当看到那高耸的烟囱飘出浓浓的或淡淡的烟雾，特别是晨曦或夕阳作为背景时，便感到很惬意。二是求治者讲述了有关自己的一个笑话：一日大雪封山，他与几个看山人被困在山中小屋里，唯一可做的便是围着火炉闲谈消遣。当火越烧越旺，室内温度不断升高，有人感到热不可耐，便要他回头看看墙上挂的温度计。他回头一看惊呼道："难怪这么热，已近摄氏90度了。”众人“轰”的一声笑起来，原来他把华氏度说成了摄氏度。于此，弗洛伊德把几点联系起来：烟、火、日出、日落、口误温度都与温度有关，而且是“高温”，烟囱更是阳具的象征。他便断言此人有严重的手淫习惯。那人闻言，脸就红了。那种被压抑的、羞于启齿的动机被召回到意识中来，再施予弗洛伊德的“再教育”，治疗的关键段落便告完成。[③]

2. 自由联想的方法及困难

弗洛伊德在《梦的解析》一书中提出了如何进行自由联想的建议。患者要注意自己心理上的感受，要尽量减少通常心理上习惯的对这些感受所会引起的批判。他建议的方法是让患者轻松地躺着，闭上眼睛，严

① ［美］卡伦·霍妮著，许泽民译：《自我分析》，贵阳：贵州人民出版社2004年版，第63页。

② ［美］卡伦·霍妮著，许泽民译：《自我分析》，贵阳：贵州人民出版社 2004年版，第67页。

③ 车秀云. http://www.zgxl.net/xlzl/xlzlff/xlfxlf.htmz

格杜绝任何内心所浮现出来的批判。分析师要让患者明白，精神分析成功与否就取决于他本人能否把涌上心头的一切都说出来。[1]

但是袒露自己内心的一切并不容易。因为它非常有悖于我们日常的思想观念和做法。通常每一个个体都有很多不会向外人诉说的内心隐秘角落，甚至可能有连对自己都不愿意承认的雷区，但是精神分析却要求患者把所有流经心头的东西都报告出来。这样做的后果之一是会遇到患者强烈的抗拒。另外，对有些患者而言，自由联想的过程还会引起恐惧，因为这个过程带有很深的无法预知结果的特征，因此对那些患有患得患失强迫症、由于自卑而无法作出决定、自傲强迫症等的患者而言，这个无法控制的过程让人无法忍受。因此，在患者与分析师一同工作的情境中，患者会不同程度地把懊恼或不满转移到分析师身上，并故意使用种种逃避策略。一旦患者不能如实报告自由联想的内容，分析工作就不可能有实质的进展。在这个时候，分析师就需要与患者的抗拒作斗争，想方设法帮助患者建立起坦率诚实、决心面对自己的问题的态度。

自由联想的过程是完全袒露自己的过程，也是自我分析工作的起点和持续的基础。由于没有分析师在身边提供刺激和鼓励，因此进行自我分析工作的人应该经常提醒自己，如果他不能对自己做到完全坦白，那么他就不可能达到最初设想的目标。无论在哪种分析情境中，患者本人都应该对分析进行的速度以及效果负全部责任，因为只有他自己掌握着通往无意识世界的钥匙。但是，没有人能够把隐藏在无意识中的情感强行挖出来，无论他想迅速治愈自己的愿望是多么强烈。自我分析者必须对自己十分耐心，这个过程就像是一场艰难的攻坚战一样，我们不可能迅速直击敌方核心。最先被洞察的肯定是那些处在外围的、比较孤立的症状。然后个体的据点不断地扩大，感觉空间也日渐增大，直到最终把力量最强大、最顽固的敌人消灭掉。

在运用自由联想方法，尤其是在开始学习使用自由联想方法的时候，也许乔安妮·阿哈（Joanne M. Arhar）等提出的“自由写作”方法能有启发意义。“自由写作”简单地说就是指自由、随意地去写，在写作过程中不过多地进行思考和加工。“自由写作”的技巧就是任由你

① ［奥］弗洛伊德著，丹宁译：《梦的解析》，北京：国际文化出版公司1996年版，第16—17页。

的手指快速地写作或者打字，不要在写的过程中进行思考而阻碍了它的进行。把所有你想写的东西写出来之后再看你到底写了什么。这种方法可以训练，一开始的时候规定一个时间段，然后不停地写，一直到时间结束为止。开始的时候可以时间短一些，比如5分钟，然后逐渐把时间延长。阿哈引用了娜塔莉·古德伯格（Natalie Goldberg）总结的自由写作的七条原则，可以说明自由写作的特点："让你的手不停地写；不要考虑太多从而给自己太多限制；写得要具体，不要只说一辆车，而要说一辆卡迪拉克；不要思考；不要担心标点、拼写和语法；随便写，即使写得非常糟糕也没关系；抓住重点，如果出现灵感，抓住它。"[①] 在这里，阿哈等学者所建议的"自由写作"目的是让思想不经过大脑的思考、编辑和控制而自然地流淌出来，因此它与自由联想在很多方面是异曲同工的。

3. 自由联想与反省的区别

弗洛伊德最先使用自由联想方法的时候并没有使用自由联想的字眼。在《梦的解析》一书中，他把这种方法叫做自我观察（self－observation），并把自我观察与反省两种心理状态作了比较。通常我们习惯的是反省的状态。人在反省的时候，是利用他的批判能力，来拒斥某些一旦浮现到意识境界就会使他不安的意念，有时候某些观念甚至还没有到达意识层面就被抑制了。而自我观察方法的最大特点是抑制自身的批判力。如果个体能够成功地做到这点，就会有无数的意念想法浮现到意识里。[②]

自由联想和反省的区别，非常类似于理智和想象力的区别。弗洛伊德在论述这个问题时引用了席勒的观点。席勒在写给一位抱怨自己缺乏创造力的朋友的信中说：

就我看来，你之所以会有这样的抱怨，完全归咎于你的理智加在你的想象力之上的限制，这儿我将提出一份观察，并举一比喻来说明。如

① ［美］Joanne M. Arhar，Mary Louise Holly，Wendy C. Kasten著，黄宇，陈晓霞，阎宝华等译：《教师行动研究——教师发现之旅》，北京：中国轻工业出版社2002年版。

② ［奥］弗洛伊德著，丹宁译：《梦的解析》，北京：国际文化出版公司1996年版，第17页。

果理智对那已经涌入大门的意念，仍要作太严格的检查，那便扼杀了心灵创作的一面。也许就单一个意念而言，它可能毫无意义，甚至是极端荒唐的，但跟随着而来的几个意念，却可能是很有价值的，也许，虽然几个意念都是一样的荒谬，但合在一起，却成了一个极具意义的联系。理智其实并无法批判所有意念，除非它能先把所有涌现心头的意念一一保留，然后再统筹作一比较批判。就我看来，一个充满创造力的心灵能把理智由大门的警卫哨撤回来，好让意念自由地、毫无限制地涌入，而后再就整体作一检查。你的那份可贵的批判力，就因为无法容忍所有创造者心灵的那股短暂的纷乱，而扼杀了灵感的泉涌。这份容忍功夫的深浅，也就是一位有思想的艺术家与一般梦者的分野。因此，你之所以发现毫无灵感，实在都是因为你对自己的意念批判得太早、太严格。①

其实这里席勒所谓的把大门口的警卫哨撤回来也就是自由联想的原则。在自我分析的情境中，个体可以用一种很简单的办法训练自觉的自由联想能力。那就是让自己非常放松，拿一支笔把闪过心头的所有念头都记录下来。

4. 派纳对自由联想方法的使用

存在体验课程的回溯和前进阶段中所使用的主要方法之一是自由联想。派纳的建议是，在自由联想的时候，应该把一个人的注意力不加评价地集中到自己身上，以便把隐藏的情感和理智活动恢复到表面上来，从而使得生活世界更容易接近。②例如，在开始回溯的时候，首先问自己一个问题，如“我为什么参与目前的工作？”这个问题不必是刻意的，但由于存在体验课程主要探究人在教育情境中的经验，因此这个问题最好与教育有关。它可以是一个普通的问题，也可以是在阅读文学作品时所引发的对过去的回忆。这个问题类似于引起自由联想的导火线。就是说，从一个任意的兴奋点开始，联想到一些看起来是转瞬即逝的兴趣上。记录下对问题的回答或反应。记录的方式可以是书面的也可以

① ［奥］弗洛伊德著，丹宁译：《梦的解析》，北京：国际文化出版公司1996年版，第18—19页。

② Pinar, William F.. The Analysis of Educational Experience. In William Pinar(ed). *Curriculum Studies: The Reconceptualization*. New York: Educator's International Press, 2000, P. 390.

是声音的。然后思绪开始自由联想，记下所有想起来的事情。它们也许彼此看起来毫无关系，但是不管怎样记录下来。这种获得信息的方法是多维度的，而不是因果线性的，因此可能会有很多貌似不相关的问题排列在一起。这个过程看起来就像是正在自由联想的我坐在书桌旁或沙发上，看着那个过去的自己，好像自己已经从过去那个情境中解脱出来。在这一阶段，重新进入过去和有意识地与现在重新融合相互交织。

开始进行回溯时最重要、最困难的问题是走出自己已经习惯了的水平的思维方式，进入到先验的地方（即较低层次的心灵起作用的地方）。这也是进行存在体验课程研究的意义所在。

例如，在《鹤的失语——存在体验课程回溯阶段的窗子和镜子》一文中，派纳提供了比较典型的使用自由联想的例子。在这个案例中，引起他自由联想的兴奋点是一次贝加莫会议的筹备会，在他与另外几位学者讨论为会议提交的论文时，发现了两篇关于鹤的论文。然后从鹤的话题上，派纳联想到一篇题目是《鹤的失语》的小说，后来的研究证明小说中的人物和其处境其实反映了他自己的处境。从小说的虚构世界中他又联想到了自己的世界，儿子搬来和他同住所引发的父子危机。在儿子身上他发现自己一直刻意避免的父亲身份复活了。然后由于罗德尼·金事件而使父子之间对彼此的愤怒重新指向了公共世界。派纳认为，进行自由联想的时候，最为重要的是把过去多维度的现实（视觉的、触觉的、精神的、情感的）带到现在中来。这些自由联想之间并没有因果关系。但是在后来的分析阶段中，我们可能会发现它们其实松散地反映了我们理智发展的轨迹，以及过去的事件在现在的复演。再如，派纳还提供了一个阅读萨特的《寻找一种方法》时进行自由联想的例子。他也提到了一个在自由联想自己最早记忆的例子。[①]

但是存在体验课程方法中所用的自由联想并非经典心理分析家所用意义上的自由联想。经验主义者的精神分析中的自由联想更有针对性，更集中，并不允许过多的漫游。而派纳所建议使用的自由联想的"目的是尽可能多地自由联想，允许一个人沉浸入过去的经验中，记录这些经

① Pinar, William F. .Currere: Toward Reconceptualization. In William Pinar(ed). *Curriculum Studies: The Reconceptualization*. New York: Educator's International Press, 2000, PP. 407—408.

验时要尽可能地少作编辑。就是说，让自己心智的批判或工具形式处于暂停状态。一个人可以培养自由联想的过程和允许自己再体验早期的和现在的经历的程度，就是所收集到的信息在现象学上的准确程度。如果一个人的批判能力侵入，与它斗争是无效的；当其他的心智形式在运转的时候，它必须完全把自己维持在暂停状态”。[1]

（二）抗拒

无论是在分析师和患者共同工作，还是在患者进行自我分析的情境中，难度最大的问题就是如何对付患者的抗拒。弗洛伊德认为抗拒作用是指从内心妨碍分析工作的一切东西。[2]之所以会有抗拒力量产生，乃是为了阻止受压抑的观念成为意识的。在求助于精神分析的有神经症倾向的患者的内心中，存在两种力量。一种是维持由神经症结构支撑起来的种种幻觉和安全，使它们保持不变的力量；另一种是通过颠覆神经症结构而获得某种程度的内部自由和实力的力量。[3]当维持现状不变的力量受到有能力破坏神经症结构的每一个洞察挑战的时候，它们就会以各种方式阻碍洞察的进一步深入。自由联想能不能真正有效地进行下去，以至分析的最终效果如何都取决于抗拒作用的强度以及自我与抗拒作斗争的实力。

但这并不是说，抗拒作用的出现就一定是负面的。弗洛伊德认为，“这些抗拒包含有病人已往生活中许多重要的资料，而且这种资料的流露方式这样地使人信服，所以分析家的技术若很精巧，就可把这种抗拒直接转为对自己的莫大帮助。”[4]病人的反抗就是他的自我的性格特征和个人态度的显现。分析家一旦发现了抗拒的根源就意味着找到了

① Pinar, William F. . Currere: Toward Reconceptualization. In William Pinar(ed). *Curriculum Studies*: *The Reconceptualization*. New York: Educator's International Press, 2000, P. 408.

② ［美］卡伦·霍妮著，许泽民译：《自我分析》，贵阳：贵州人民出版社 2004年版，第180页。

③ ［美］卡伦·霍妮著，许泽民译：《自我分析》，贵阳：贵州人民出版社 2004年版，第180页。

④ ［奥］弗洛伊德著，高觉敷译：《精神分析引论》，北京：商务印书馆1984年版，第229页。

治疗的出路，因为“病人曾努力使有关的精神历程不能侵入意识，结果乃成为潜意识的；因为是潜意识的，所以有构成症候的能力。在分析治疗时，这同样的努力又活动起来以反抗化潜意识为意识的企图。这就是我们所知道的抗拒的方式。由抗拒而可想见的致病历程则称之为压抑”。[①]

在实际操作中，尤其是在自我分析的情境中，个体从两条战线上与抗拒作斗争。一条战线是明朗的，个体意识到了他的抗拒，意识到了自己竭力保护一种神经症倾向或者拒绝就一个问题深入追求下去。在这种公开的斗争中，个体可以记录自己的种种抗拒感觉，从不同的方向上观察它，甚至可以暂时把它搁置起来，先处理其他的问题，等到个体觉得自己有能力面对它的时候再回来。另一条战线是暗地里的，是更普遍的抗拒情况。在这种情况下，种种抗拒力遍布他的全身，使他根本无法辨认。就如霍妮观察到的，个体并不知道自己体内有各种抗拒力在运作；他只是一事无成，或者觉得无精打采、疲倦乏力、灰心丧气。[②]个体无法辨认出抗拒作用的一个重要原因是他的防卫过程过于敏感，有时候甚至还未到真正触及时，他便开始防卫。

要辨认出抗拒并与之作斗争，我们就要认识它的起源和表现。抗拒的根源是患者维持现状的志趣的总和。[③]阿德勒说过：“心灵犹如一辆汽车，它利用它在肉体中能够发现的所有潜能，把肉体带入一种安全而优越的地位。”[④]这就是说，虽然种种症状给个体带来了很多痛苦，但是同时也使个体合理化了当前的生活，给他带来了安全感。一旦一个洞察侵入了神经症结构的某一个环节，那么整个结构就可能随之动摇，然后个体就会产生不安全、焦虑等感觉，感觉的强度视洞察所触及问题的深度而定。越是靠近症状根源的洞察遇到的抗拒就越大。除了分析过程

① ［奥］弗洛伊德著，高觉敷译：《精神分析引论》，北京：商务印书馆1984年版，第232页。

② ［美］卡伦·霍妮著，许泽民译：《自我分析》，贵阳：贵州人民出版社 2004年版，第182页。

③ ［美］卡伦·霍妮著，许泽民译：《自我分析》，贵阳：贵州人民出版社 2004年版，第183。

④ ［奥］阿德勒著，李心明译：《让生命超越平凡》，北京：西苑出版社2003年版，第19页。

本身造成的洞察带来的抗拒之外，分析期间外部情境的变化也可能引起患者的抗拒，例如，如果患者刚刚失恋，他就会陷入自怨自艾或者愤怒的情绪中，拒绝深入探讨引起自己如此严重的情绪波动的深层原因。

霍妮曾经详细地论述过自我分析者最可能遇到的抗拒反应。除了可能会对自己在自己身上发现的东西感到担忧、羞愧、内疚或恼怒之外，个体还可能表现出种种防卫性抑制和逃避性花招。各种障碍对自我分析的影响是，它们可能妨碍患者着手分析问题；它们可能贬损个体自由联想的价值；它们可能妨碍个体的理解；它们可能使个体的发现失效。① 当个体感觉到自己的抗拒时，他就应该暂停分析工作，全力应对抗拒，而不能强行不顾抗拒继续分析下去。霍妮引用了弗洛伊德打过的一个比喻来说明这种情况：一次又一次地试图让不亮的电灯亮起来，那是徒劳的作为。他应该检查电流在哪里受阻，是在灯泡内、安装上、接线上，还是开关里。②

在处理抗拒的时候，首先可以尝试就感觉到的抗拒本身展开联想。就是说，个体思考抗拒本身以及抗拒带来的特定障碍，并让自己的思绪随着这一思路自由流转。霍妮建议在就这类抗拒进行联想前，可以翻阅一下障碍发生前的笔记，因为通向抗拒的线索很可能存在于已经得到少许提及的问题上，翻阅笔记可以帮助发现这样的线索。其次，如果个体感觉自己暂时还没有能力来对付一种抗拒，可以先把它暂时放在一边，不要太勉强自己。但是要在自己感觉到不舒服的地方做个记号，然后过一小段时间再回到这个问题上，可能会有新的思路。总之，个体一定要认真地、建设性地对待分析中的抗拒问题。

存在体验课程同样需要处理抗拒的问题。在回溯的时候，有时候可能会遇见内心或明显或隐藏的抗拒。回溯者可能会拒绝记录甚至拒绝继续回想某些令人不快的事情，因为这些不愉快的事情与自己现在已经被同化了的性格相分离。派纳的建议是，当感觉到抗拒的时候，“记录这种抗拒，然后悬置它，释放它”。就是说，在回溯的时候记录下来发生

---

① ［美］卡伦·霍妮著，许泽民译：《自我分析》，贵阳：贵州人民出版社 2004年版，第187页。

② ［美］卡伦·霍妮著，许泽民译：《自我分析》，贵阳：贵州人民出版社 2004年版，第190页。

的每一件事情，不要刻意地隐藏或忽略某些浮现出来的事情，以此培养自己的“先验自我”能力。“先验自我”是胡塞尔寻求自我认识的阿基米德支点。“这个客观的世界……是从我自身中，从作为先验自我、作为只有借助先验现象学的悬搁才会呈现出来的自我的这个我中，获得它每次对我所具有的全部意义及其存在效果的。”[①]简单地说，先验自我就是一种观察所有的东西，但不作任何判断的透视法。

先验自我的能力对于克服回溯中的抗拒非常重要。但是这种能力的培养是缓慢和艰苦的工作，因为它涉及“对一个人与自我的关系的根本重建，是对一个人潜意识内容的敞开，是对一个人的声音和对那个内容和声音的表达之间的协调”。“被捕和压迫像一个人忘记看的迷雾一样悬在那里，它们无所不在，因为它们非常稀薄。”[②]在有意识地逐渐培养自己不加评价地注视自己内在心灵的能力的过程中，我们应该能够从精神分析那里得到很多启示。只有这样，那些位于意识的最深处、遭受压制的情感和故事才有机会浮现出来。

二、回忆的悖论和经验的可分享性

（一）回忆的悖论

存在体验课程的回溯阶段意味着以研究者本人的回忆作为研究对象，在对他人的生活史进行自传研究中更是涉及到回忆的问题，这就产生了记忆的可靠性问题，也就是回忆的虚构问题。因为记忆从来都不是绝对准确的，肯定不是当时事件或心理活动的完全再现。就如阿德兰·L.·科尔（Ardra L.Cole）和J.·加里·诺尔斯（J. Gary Knowles）所认为的那样，这里的虚构是指记忆的所有行动都是受我们注意选择和记忆倾向高度影响的重新建构起来的诠释。[③]这种回忆会因为很多外界

① ［德］胡塞尔著，张廷国译：《笛卡尔式的沉思》，北京：中国城市出版社2002年版，第35页。

② Pinar, William F. . *Autobiography, politics and sexuality*: *Essays in curriculum theory 1972—1992.* New York: Peter Lang, 1994, PP 58—59.

③ Cole, Ardra L., and Knowles J. Gary. *Researching Teaching–Exploring Teacher Development through Reflexive Inquiry*. Needham Heights: Allyn and Bacon, 2000, P85.

因素而有不同的版本，例如，回忆时的环境和心境，在访谈情境中，当时有多少人在场、访谈者与受访者的关系，等等，如果研究资料是被研究者用写作的形式对自己的成长历史进行的回忆和反思，则类似资料会受到写作目的、写作的公开程度等的影响。这些因素叠加起来就成为那些仅仅支持研究的可重复性、可推广性的学者批评的靶子，也成为人们对这类研究结果的可靠性进行怀疑的把柄。

那么到底该怎样理解回忆的“虚构”性质呢？首先是我们该如何看待记忆。阿德勒认为“记忆是可随身携带、而能使人想（译文如此）自己本身的各种限度和环境的意义的东西。记忆决不会出自偶然：个人从他接受到的多得不可计数的印象中，选出来记忆的只有那些他觉得对他的处境有重要性的东西。因此，他的记忆代表了他的‘生活故事’；他反复地用这个故事来警告自己或安慰自己，使自己集中精力于自己的目标，并按照过去的经验或者行为模式来应付未来”。[①]所以对研究者的一个基本要求是能根据被研究者的记忆，辨认出他的生活模式。由于生活模式总是具有一定的稳定性，所以我们就能从根据他的记忆所辨认的生活模式来判断他现在的模式，以及未来的可能模式。如果研究的目的是想干预现实，那么辨认出被研究者的生活模式就更加重要，因为不改变参与者生活模式的改革是肯定不会成功的。当然研究者要想根据记忆来诠释和辨认生活模式，有时候就像是阅读诗一样。诗虽然是由文字组成的，但它的意义却超出了所用的文字。要想知道诗的意蕴，我们必须阅读字里行间的意义。

其次，回忆的“虚构”并非文学中的虚构，它是现实的反映，是被研究者基于对过去的记忆和现在的情境而对回忆进行的变异。换句话说，变异也是被研究者过去的真实情况经过岁月之后的曲折反映。利奥塔认为，回忆（remember）这个词最基本的涵义就是重建(remodel)、重获(repossess)。[②]如果研究者能对被研究者某些回忆的“变异”进行诠释，就有可能发现个人和社会之间的某些张力以及个人在历史架构中的抵制和顺应。诠释“虚构”对研究者的要求很高。研究者需要把被研究

① ［奥］阿德勒著，李心明译：《让生命超越平凡》，北京：西苑出版社2003年版，第54—55页。

② 陈家琪：《话语的真相》，上海：上海人民出版社1998年版，第25页。

者的自传文本置于相应的历史框架中，既包括被研究者所在地区在相应的时间段所发生的比较大的有普遍影响力的事件，也包括一些与研究者有关的国家政策以及国家层面所发生的重大事件。这个框架为理解被研究者的叙事方式提供了背景资料，因为人从来都不是单个的个人。他总是生活在一定的社会情境中并且总是会受到周围情境的影响。所以从某种程度上说，研究者对被研究者叙述阶段的社会历史洞察提供了分析研究文本的基本脉络。“所有的经验都是世界特征和个人传记的产物，过去通过与现在交互作用对我们的经验产生影响。”[①]因此，传记研究中的过去并非是过去的真实再现，而是经过被研究者的现在所变形了的过去。对于过去的叙事方式，甚至是挑选这些事件而不是那些事件本身，就已经反映了被研究者的心理意义建构。

（二）经验的可分享性

存在体验课程还牵涉到经验的可分享性问题，特别是在集体自传或者研究他人生活史的过程中更是这样。诠释是研究者与被研究者以及研究资料之间互动的创造性过程。加德默尔提出一种关于理解的观点，他把解释者对于历史的参与作为中心环节。理解并不是重建而是调解。我们是把过去传递到当前的传递者。即使是最小心地试图在过去之中看过去，理解在本质上仍然是把过去的意义置于当前情境的一种调解或翻译。[②]在进行诠释的过程中，不管是过去和现在之间的调解还是研究者和被研究者的视域融合，一个基本的问题是经验能不能分享的问题。

作为研究者，我们能否沉浸于他人的故事里，能否在心中也激起类似的荣耀或者痛苦的感觉？我们能否也让记忆的河流漫过我们自己成长的河床，以被研究者的经历作为镜子来关照我们自己的内在空间？或者作为读者，我们能否在阅读研究文本的时候也会向自身的记忆回转，让沉淀在自己内心深处的快乐或者痛苦流动起来，从而对自己有更多的了解和理解？如果这些回答是肯定的，那么我们就可以说经验是可以分享的。这种分享对于我们就有孕育新生可能性的力量。

---

① ［美］威廉·F.派纳等：《理解课程》，北京：教育科学出版社2003年版，第537页。

② ［美］戴维·E.林格，编者导言.见［德］汉斯-格奥尔格·加德默尔著，夏镇平译：《哲学解释学》，上海：上海译文出版社1994年版，第6页。

在写作的过程中，研究者应该怀有强烈的愿望，并借助自己的想象来分享其他人的各种敏锐而又生动的生活经验。[①]但是研究者对被研究者生活经验的分享建立在相关的理论知识上。就是说，这种分享不同于人们日常聊天时相互之间的信息分享。在写作的时候，研究者所掌握的相关领域的理论知识总是悬浮在日常生活经验上。这就是所谓一个好的研究者能穿透普通的日常经验而赋予其以更加典型的形式。通过研究者的工作，被研究者的生活经验得以在另一个层面与更多的人分享。读者在阅读研究报告的时候，他们所分享的既是被研究者的生活经验，也是研究者的诠释。在此过程中，发生了多侧面、多层次的交互融合。

但是，研究者在诠释被研究者的生活故事和经验的时候，还有一种可能性，那就是研究者可能会忽略这些故事和经验与被研究者彼时所处的人生境况之间的互动关系。米兰·昆德拉说过："人是在雾中前行的人。但是当他向后望去，判断过去的人们的时候，他看不见道路上任何雾。他的现在，曾是那些人的未来，他们的道路在他看来完全明朗，它的全部范围清晰可见。朝后看，人看见道路，看见人们向前行走，看见他们的错误，但是雾已不在那里。然而，所有的人们，海德格尔、马雅可夫斯基……他们过去都走在雾中……看不见马雅可夫斯基道路上的雾，就是忘记了什么是人，忘记了我们自己是什么。"[②]所以，对研究者的一个考验是如何既能看到被研究者的人生道路，又能看到与这些道路并存的迷雾。

我们在此谈论经验的可分享性，一个基本的前提是承认研究者自身的价值、愿望、非理性冲动等都是研究的前见。在研究的过程中，我们应该时时地意识到自己的主观因素，并使这些主观因素处于理智的控制之下。

三、自传研究方法与文学自传的区别

虽然美国课程领域的自传研究方法深受文学，特别是文学中的意识流流派的影响，派纳本人还专门研究过非裔美国人的文学自传，但是它

① ［英］保罗·汤普逊著，覃方明，渠东，张旅平译：《过去的声音——口述历史》，香港：牛津大学出版社1999年版，第221页。

② ［捷克］米兰·昆德拉著，孟湄译：《被背叛的遗嘱》，上海：上海人民出版社1995年版，第222页。

与文学自传是不同的。如果从字面上来理解，容易使人混淆，尤其是当自传方法被个体单独用来研究自我的时候。根据勒热讷的研究，作为一种文学体裁的自传是当某个人主要强调他的个人生活，尤其是他的个性历史的时候，我们把这个人用散文体写成的回顾性叙事称作自传。[①]在这种自传写作中，作者需要对自己过去发生的事情进行取舍，因为没有人能把自己一生发生的事情都写出来。这个选择过程主要通过两个途经来进行：一个是由记忆力进行调节的，人只能写出来能够回忆起来的事情；另一个是作家根据自己的理性判断对能够回忆起来的事情所作的取舍。单单在这个取材方面就与自传研究方法非常不同。自传研究方法取材的主要方法是自由联想。它要求不加判断地记录下来所有浮现到脑海中的事情，而且这些事情也未必仅仅是过去发生过的，它也可以是对未来进行想象的材料。

在文学自传中，内心回忆占主导地位，对过去进行叙事的过程同时意味着对选择的回忆材料进行组织，以使之再现作者的个性历史。文学自传所首要关注的是努力表达生活的深刻统一性，因此它既要遵守忠实性，又要遵守严密性。而自传研究方法并不关注个体的整个个性历史。它可以选取个体的一个生活史片断来研究，也可以对阅读某部作品的反应进行研究，还可以进行自我分析式研究。总之，它有很多研究取向。自传研究方法并不像文学自传一样表示研究者生活的统一性，相反，它要揭示个体生活的矛盾所在，借鉴精神分析和现象学的方法来寻找表面矛盾背后的根源。

在与精神分析的关系方面，比起精神分析对自传研究方法的比较直接、更为深刻的影响来，它对文学自传的影响主要是间接的和分散的，并且影响只是表面性的。在心智方面，精神分析话语的普及使得作者和读者已经习惯于赋予最初的回忆、梦境以及表面看来没有什么意义的事情以重要的地位；在习俗方面，文明的发展使得谈论自己的性欲之类的事情不再是那样惊世骇俗了，禁忌的力量有所减弱。[②]然而对于自传研

① ［法］菲利浦·勒热讷著，杨国政译：《自传契约》，北京：生活·读书·新知三联书店2001年版，第3页。

② ［法］菲利浦·勒热讷著，杨国政译：《自传契约》，北京：生活·读书·新知三联书店2001年版，第103页。

究方法，特别是派纳的存在体验课程来说，精神分析的影响确实非常深刻甚至是不可或缺的。我在上文“存在体验课程的精神分析渊源”部分已经作过详细的论述。

就自传研究方法和文学自传的起源以及借鉴关系来说，自传研究方法起源于认识自我的兴趣，在西方它有悠久的历史。早在古希腊阿波罗神庙前殿的墙上就刻有“认识你自己”的神谕或箴言。以后历代有无数哲学家都对这句话作出了解释。里特尔（J. Ritter）就曾经说过，几乎在所有哲学思考的发源处都可以找到人类“自身认识之追求所留下的痕迹”。[①]

在西方的哲学史传统中，对自身的认识努力主要有两条线索：一条是希腊罗马式的传统，另一条是基督教的传统。在希腊罗马式的传统里，自我关注的目的是通过回忆所做的事情、记忆理性行为的准则和再评价未来需要做的事情来调节和控制行动。它的目的是去除个人自己的坏习惯、纠正错误并完善生活。这种自我关注强调的是依靠自己、自动调节和个人选择。而在基督教传统中，自我关注是通过忏悔实现的，要求对上帝绝对服从。这是一种通过自我牺牲和自我惩罚而达成的标准化实践。它的目的是驱除内部的阴影，揭示自我以及净化心灵。[②]对比这两种传统，我们会发现，希腊罗马式的自我认识传统的目标是模糊开放的，它强调的是参与的过程，而基督教传统的目标是确定的，那就是所有的人都应该遵循同一条道路达致自我拯救。

这两种传统都对人的自我关注产生了巨大的影响，也影响着后世的自传实践。作为一种文学体裁的自传在1760年现代意义的自传[③]产生之前，主要遵循这两种传统。基督教传统的宗教自传中最为著名的是圣·奥古斯丁（354—430）的《忏悔录》和圣·戴莱丝·达薇拉（1515—1582）的《一生》。[④]在某种意义上，这些宗教自传虽然是一

① 倪梁康：《自识与反思——近现代西方哲学的基本问题》，北京：商务印书馆2002年版，第22页。

② Wang, Hongyu. *The Call from the Stranger on a Journey Home*: *Curriculum in a Third Space*. New York: Peter Lang Publishing, Inc. 2004, P. 34.

③ ［法］菲利浦·勒热讷著，杨国政译：《自传契约》，北京：生活·读书·新知三联书店2001年版，第35页。

④ ［法］菲利浦·勒热讷著，杨国政译：《自传契约》，北京：生活·读书·新知三联书店2001年版，第47页。

个自足的整体，对现代的文学自传的产生几乎没有任何影响，但是它们却对后来的一些非理性研究方法，包括自传研究方法产生了巨大影响。叶澜在《教育研究方法论初探》中作过这样的评价：

> 中世纪的宗教教育家关注内心体验、反省、感悟等一系列人的内心世界与精神领域的变化，把自己的经历和感受作为范例，解剖人性，描写人皈依上帝所走过的长长的心路。圣·奥古斯丁的《忏悔录》就是这样的著作。我们撇开它的结论有无科学性与价值，从方法的角度，可以看到它的一丝新意，这就是最初级的研究人的内心精神世界变化的方法，即记录、描述自己对变化的感受。这至少表明，对于如此综合而复杂的精神世界，当时人们已经有了强烈的探索愿望，有了内省与描述相结合的研究方法。这种方法在近代客观主义的科学精神占优势的时期被摒弃、冷落，只有在对神秘现象的探究中还有市场。这并不奇怪，因为人类复杂的情感、信仰始终存在，好奇的人类总想弄明白这一切。所以，在当代人文主义的教育研究中，我们仍可依稀找到它的影子。然而，对它的研究，只通过分析和对外部行为的观察，显然是不够的，尤其在研究情感等领域的问题时，它还是一种可以采取的、能提供分析资料的方法。[①]

这种“内省与描述相结合”的方法在日后理性主义占主导地位的时候被排斥到了边缘地位，只有在后来，当人们置疑唯理性论的时候，关注个人体验的方法才重新受到重视。在奥古斯丁著名的《忏悔录》中，他面对上帝，倾听与分析着自己灵性生活的每一过程，似乎是把自己的灵魂放在了上帝的祭坛上，来作彻底而精细地解剖。在他的“忏悔”中，已经远非是意识层面的心理学意义，而是名副其实内心深处的表白，带来的是无意识及其心理分析的影响。[②]奥古斯丁的《忏悔录》追寻了自己思想上、信仰上和灵性生活上每一改变的痕迹。他“描述了自己的灵魂当中所发生的种种斗争……在我们面前的，不是一位头脑清

① 叶澜：《教育研究方法论初探》，上海：上海教育出版社1999年版，第40—41页。

② 申荷永：《心理分析：理解与体验》，北京：生活·读书·新知三联书店2004年版，第22页。

醒、合乎理智的希腊公民，而是一个非同寻常的人格，他苦苦经受着灵与肉之间的内在斗争，在这场斗争中，激情显得是一种比理性更为强大的力量”。[①]由此我们可以看出，《忏悔录》已经不是通常意义上以事件回忆为主的自传写作，而是试图分析心灵更深的层面，因此它深刻地影响了后世的精神分析以及其他研究人的内在精神生活的方法。

另一条受希腊罗马传统影响的自传线索是文艺复兴时期的自传文本，也就是我在本书中谈到的文学自传。与宗教忏悔录不同，它们更多地关注自身的问题：人应该完全地认识自身，使自己被其他人钦佩。[②]但是虽然这些自传令人吃惊的具有共同的基调，它们的作者却几乎都缺乏自传写作的技巧。

从1760年开始，社会和经济条件发生了根本的变化，现代工业文明的开始和资产阶级开始掌权催生了关于人的新概念的产生。人们开始意识到每个人自身经历的价值和独特性。人们也意识到个人是有历史的，他并非生来就是成人。这些对人自身的兴趣使得大量的自传在这一时期产生，其中卢梭的《忏悔录》[③]是最为杰出的一部，它标志着在自传叙述的建构上开始了全面的转移。忏悔开始被宣称为是为了揭示独一无二的个体性，它从先前的宗教文本转向了探索自我理解和主体性的各个侧面。卢梭的忏悔式自传反映了人文主义哲学对个体主义的欢呼和庆祝。福柯认为，从那以后，我们变成了一个不寻常的忏悔式社会。[④]之所以说卢梭的自传是当时最为杰出的一部，是因为在当时的历史年代，它展现了若干全新的特点，深刻地影响了后来的自传实践。根据勒热讷的研究，《忏悔录》的全新之处体现在：首先，卢梭大量使用小说技巧以复现过去，突破了自传只是谈论过去的限制，开始重建过去；其次，他试图在自传中寻找自己的身份，因此，他不仅仅满足于说出自己已知的东

① ［挪］G.希尔贝克，N.伊耶著，童世骏，郁振华，刘进译：《西方哲学史——从古希腊到二十世纪》，上海：上海译文出版社2004年版，第136页。

② ［法］菲利浦·勒热讷著，杨国政译：《自传契约》，北京：生活·读书·新知三联书店2001年版，第48页。

③ 卢梭的《忏悔录》写于1762—1770年间（可参阅[法]菲力浦·勒热讷著，杨国政译：《自传契约》，北京：生活·读书·新知三联书店2001年版，第58页）。

④ Hardin, Pamela K. Methodological Issues in Nursing Research. Journal of Advanced Nursing. Volume 41 Issue 6 . 2003.

西，他还试图通过自传来重新认识自己；再次，卢梭发现了个性起源的重要地位，对于他的存在的一切开始和源头都给予特别关注；《忏悔录》第一卷的构思和方法完全打破了人们此前对童年及其在人的一生中的作用的观念；然后，他追求一种新的个性模式；最后，他阐述了一种自传问题的理论并以此作为实践的基础。[①]

从以上论述中我们可以看出，本书中所论述的课程领域中的自传研究方法虽然从文学自传中吸取了很多营养，但却是与它从根本上不同的一种方法。

① ［法］菲利浦·勒热讷著，杨国政译：《自传契约》，北京：生活·读书·新知三联书店2001年版，第58—59页。

第五章

自传研究方法的功能

作为一种试图理解受教育历程、教学工作或学术研究对一个人理解自己的生活的作用的方法，派纳最近又这样定义他三十多年前所创立的“存在体验课程方法”：“通过它，研究者、教师和学生以能够引起自我转变的方式来研究学校知识、生活史和主观意义之间的关系。”[①]它尝试让研究者在自己的情境中借用其他学科的一些方法，通过系统地自我反思或者对未来的展望来“读懂”自己。因此，它同时其实也是一种生活态度，即一种不断关注自我形成的本质的心向。它不同于当代主流的社会科学研究方法，用这种方法产生的不是可以重复、可以验证、可以推广的客观知识，而是一种个体的知识，是一种植根于具体而不是植根于抽象中的知识。对于应用到教师研究中的自传研究方法而言，它主要有以下几种功能：帮助教师成长的功能、政治功能和培养内在辩证的功能。

① Pinar, William F. . Curriculum Theory Since 1950: Crisis, Reconceptualization, Internationalization. In F. Michael Connelly, Ming Fang He, and JoAnn Phillion(eds). *The Sage Handbook of Curriculum and Instruction*. Los Angeles: Sage，2008, PP. 491–513.

一、自传研究的政治功能

自传研究不是自恋式的，对个体自我的关注并非是要忽视或影响个体生活的文化、政治、经济因素。经验主义范式下的一些学派对这些问题的研究采取的是把它们从具体个体的生活中剥离的方法，他们更关心的是角色，是社会面具。用派纳的话说就是："他们丧失了与'第一人称主体'的接触，把自我放在角色后面，放在通过无数复杂的社会交互作用而创造出来的社会面具的后面。由于丧失了联系，他们变成了社会动物，容易通过外部导向而受到各种社会力量的影响。"[①]个体寓于社会角色的时间越久就越容易被社会角色所同化，因为个体生活于其中的情境是政治、经济和文化力量交织在一起的复杂结构。文化、政治、经济等维度的力量"植根于具体的个体们的生活之中，而且正是传记的情境必须具有逻辑的和政治的优先性"。[②]我们可以经由特定的日子、特定的情境来探究它们。

在弗莱雷的扫盲实践中，他没有让那些辛苦劳作的农民去学习那些与他们的经验存在巨大差异的文化知识。他也没有把扫盲看做是一个纯粹的、被动的识字过程。他设计了一系列与人们的现实生活密切相关的情景，配上图画，用对话的方式来讨论情景中的一些问题。用这种方式，他成功地激起了农民的觉悟意识，在一定程度上培养了他们的批判意识。在觉悟的过程中，当农民感受到受压迫，并且知道只有去改造受压迫的具体环境才能获得解放的时候，他们就会认识到正是旧的结构在阻碍着他们的解放，真正的解放必须首先着手改造旧结构。[③]这种觉悟

① Pinar, William F. . *Autobiography, Politics and Sexuality*. New York: Peter Lang Publishing, Inc.1994 , P. 106.

② 关于美国课程领域自传研究方法的发展情况，可参见《理解课程》第十章"把课程理解为自传/传记文本"（威廉·F. 派纳等：《理解课程》，北京：教育科学出版社, 2003年版，537—588页）。

③ 黄志成：《被压迫者的教育学——弗莱雷解放教育理论与实践》，北京：人民教育出版社2003年版。

培养其实是某种意义和程度上的自传探究，农民在其中尝试逐渐理解他们的传记情境，这是他们日后参与变革自己的处境的基础，因此它同时是一个政治的过程。

传统的“旁观者的知识模式”使得研究者独立于研究之外，形成一种二元的研究模式，从而研究者就不认为有研究自己的必要。但是正如尼采和阿德勒所观察到的，我们不只是提供抚育和关怀的生物，我们也有攻击性、占有欲和对地位的渴望。[①]这些攻击性、占有欲和对地位的渴望与现代社会对人的异化结合起来，常常把人局限于抽象概念中，并常常使人处于受困的状态。因此我们往往把视线从我们自己身上转移开来，奔忙于虚假的需要和角色之间。处在受困状态中的研究者自己就成了政治、文化、经济现状的维护者，深受现状的制约，无法看到现状背后的东西，因此他所能承担的变革的使命就相当有限。荣格在谈到精神分析者的作用时说过：“一个分析者对病人的帮助只能达到他自己所能达到的深度而不能再深入一步。”[②]与此类似，研究者对问题的揭示和推动他所致力于的领域的能力至多只能达到他把自己从现状的俘虏中解脱出来的能力。自传教育研究是一项启动研究者与其学术工作、与自己、与世界的辩证关系的工作，以求首先把自己从政治、文化、经济的现状中解脱出来。也就是说，它试图从个体的生活中发现变革世界的力量。

对个体经验的揭示依赖于发现和建构真实的自我。但是在学校和社会目前的现状中，真实自我的发现和建构非常艰难，因为在若干年的学校教育和在科层制的工作和研究场所的浸润中，个体的行为表现和自我已经形成的认同感往往会发生冲突。这时候个体常常受外在东西的诱引而屈从于外在要求，就如派纳在20世纪80年代对美国的观察：“社会与阶级的错位与心理的歪曲同时产生。资本主义经济倾向于将包括个性建构与认同在内的心理—社会过程商品化，成为导致自我隔离的因素之一。处于资本主义的这一阶段，位于这一地点，在教育机构中创造‘真

① [美]安东尼·史蒂文斯著，杨韶刚译：《二百万岁的自性》，北京：中国社会科学出版社2003年版，第98页。

② [美]安东尼·史蒂文斯著，杨韶刚译：《二百万岁的自性》北京：中国社会科学出版社2003年版，第107页。

实存在'与'真实自我知识'的前景微乎其微。”①自传的研究方法，借助于现象学的“悬置”以及精神分析的“自由联想”以及其他方法来“返回事物本身”，发现真实的自我，以便能够进行政治和文化批判，因此这一过程具有重要的政治意义。它能够使得个体与日常的自我保持距离，从远处观察这个自我，从而能够听到和发现那些被淹没的、受压抑的声音。从这个意义上来说，个体的生活也是产生激烈的政治、经济和文化斗争的场所。认清自己的位置、发现自我的真实声音成为一种革命性的行动。个体依赖于这一过程从既定的角色中解放出来，增强自我寓居于主流之外的能力。

自传是一种“扩大、占据与建造中介空间的方法”。在美国，非裔美国人的自传实践起到了政治的和革命的作用。派纳认为：“一个国家或文化讲述给自己听的官方故事——常常在学校课程中很明显——掩盖了其他的事实。当这样一种现象几乎成为公理的时候，即当我们讲述给自己听的故事掩盖了其他的、不被接受的真理的时候，国家故事还产生了一种真理寓居在社会表层上的错觉。我们作为一个国家试图忘记的东西，如种族灭绝、奴隶制度、私刑、监狱强奸，构成了我们集体认同的政治和想象中的归属结构。”②这些国家所试图忘记的东西构成了隐蔽课程，掩盖了美国的另一种生活和它的“他者”身份，使美国人的自我知识出现了许多空白。这些种族盲点不只是压抑了非裔美国人，而且也使白人的理智窒息。派纳引用巴特菲尔德的观点论证到：

种族歧视的后果意味着：与自己的人性分离，把自己变为能产生和占用剩余价值的一件物品、一个消费者、一架机器，变为别人成长的阻碍。但是，正如许多黑人自传所展示的，人从来没有被要求只是一件物品。奴隶和他们的后代所获得的人性是属于所有地方的人性……如果压迫的最坏影响都不能够在黑人受害者大众中消灭理智、同情、荣誉、信仰、希望和抵制的勇气，那么这些品质就为所有的人所保留，包括统治

① Pinar, William F. . *Autobiography, Politics and Sexuality*. New York: Peter Lang Publishing, Inc.1994, P. 203.

② Pinar , William F. . *What is Curriculum Theory*. Mahwah: Lawrence Erlbaum Associates, Publishers. 2004, P. 38.

文化的儿童。奴隶的胜利是我们自身中最好部分的胜利。[①]

通过非裔美国人以及其他他者们的自传，白人可以避免两个方面的极端观点。一个是白人必须放弃自卫性地认为自己清白的论断，另一方面则是必须放弃在黑人面前深重的罪恶感。在非裔美国人的文学中，自传从产生之日起就广为人知，成为置疑美国社会、政治和文化现实的有力手段。派纳呼吁欧裔美国人必须学习非裔美国人的自传，因为这种类型的作品不但描写了白人们现在以及先辈们的罪恶，表达了一种精神的和心理的力量，而且这种精神和力量在白人的文化传统中被忽略，可能不容易被发现（也许永远也不会）。“教师们可以恭敬地模仿自传实践，拒绝政客们坚持要我们‘优雅地服从’的企图，从而成为‘愤怒的母亲们’，为保护我们的儿童、他们的教育和每个人的未来而‘顶嘴’。”[②]在这里，派纳把自传当做一种心理——政治运动，当做一种走出和逃离历史性现在的停滞状态的通道，它的“目标是重构一个已经存在的国家”。

二、自传研究的内在辩证培养功能

派纳认为理论家的一个内在的任务是不断地推进自己思维的局限，而做到这一点就必须进行批判的和历史的努力，其中最为重要的是培养自己的内在辩证能力。所谓内在辩证，就是“对立的思想或力量或个体以这种方式相遇，即允许每一个为了两者的转变而放弃自己，以达成一个充满希望、更全面、不那么狭隘的观点”。[③]这种内在辩证的态度，非常类似于王红宇所倡导的“第三空间”，“第三空间”不但是文化的，而且还可以是性别的、民族的或心理的。它是一个这样的空间：置于冲突双方的相互转化之中，但是却并不假定他们必须完全接触。在这样的空间里，冲突不仅被承认并接受，而且被推动进行运动以催生新的

① Pinar , William F. . *What is Curriculum Theory*. Mahwah: Lawrence Erlbaum Associates, Publishers. 2004, PP. 41–42.

② Pinar , William F. . *What is Curriculum Theory*. Mahwah: Lawrence Erlbaum Associates, Publishers. 2004, P. 46.

③ Pinar, William F. . *Autobiography, Politics and Sexuality*. New York: Peter Lang Publishing, Inc.1994, P. 117.

自我层面的产生。因此它也成为一个在多样化中并且通过多样化来创造某人自己的主体性的地方。作为这些动力的结果，冲突不是被消解，而是被转化了。第三空间的建立依赖于倾听来自陌生人的呼唤。这些陌生人的呼唤不仅仅是来自异于我们的他者，而且来自于我们自己内部隐藏的呼喊。因此在课程研究中，最为重要的是把陌生人的地方变成一个有创造力的空间，以维持自我和他者的转变。[①]辩证的概念最简洁、最有力地陈述了发展是如何集体性和个体性发生的。在研究者那里，辩证运动表现在不断地检视自己与同事和学生的关系、与自己的领域的社会—理智关系。通过这样一种揭示，研究者就能够突破自己的受困状态，推进思维的局限。

在培养内在辩证的过程中，自传的研究方法起到了特别的作用。首先，研究者必须愿意放弃自己的观点，冲破受困的状态。研究者提出、发展一种理论，或者引介别人的理论的过程，往往是一个发展的过程。当理论在刚被提出之初的时候，往往需要理论研究者从各个方面来论证它，不只是引经据典，旁征博引，而且经常需要实验性的证明。渐渐地，理论逐渐丰满起来，也逐渐获得了大家的认可。这时，理论研究者可能借此理论获得了很多理论之外的东西，比如学术地位、学生崇拜、有关的科研资助，等等，甚至围绕此理论可能已经聚集了一批研究者，形成了一个研究者共同体。在这些既得利益面前，研究者很可能已经处于受困状态，不再置疑理论的合理性根基以及理论的适切性等问题。在理论研究者今后的研究生涯中，很可能会把主要精力用来写作早年形成的理论主题的变种，他不再有创新和超越。也有一类研究者把主要精力用来争取科研资助基金。他的主要精力不是用来思考生长在他们自己的土地上的问题，而是以维持自己现有的理论或者以科研基金的研究规划为导向安排自己的研究活动。尽管这些研究也能带来所谓的学术繁荣，但对于理论研究者自身来说，他不再有继续的发展，因此就无法突破自己思维的局限。要冲破这样的受困状态，理论研究者必须研究自己与自己所致力于的理论或领域之间的关系。

其次，研究者本人要启动和维持自己的继续发展，就应该与自己合

① Wang, Hongyu. *The Call from the Stranger on a Journey Home: Curriculum in a Third Space.* New York: Peter Lang Publishing, Inc. 2004, PP. 8–15.

作。派纳的建议是“以引起对那个反应的深度理解和转变的方式，来检视一个人对文本的反应，对观念的反应，对同事的反应”。①只有经过这样的检视，一个研究者才可能避免充当传教士，只对别人进行派纳所谓的理智殖民。主张永恒真理的研究者常常会坚持或发展一种观点，然后开始为它辩护，把自己献身于对别人的转化上。派纳认为这“等同于一种理智的殖民主义，其兴趣是对一个人的领域中未开化的区域进行殖民化”。②在某种意义上，这类似于解放的问题。其实世界上不存在已经解放过了的人或国家，然后由这些人或国家来对其他人或国家实施解放。如果这样，就只能是殖民主义。每个人或国家都面临着解放的问题，只是程度和等级不同而已。

再次，培养内在辩证意味着转变，而转变的发生需要“近距离地检视我们的内部经验”。这些内部经验包括诸如我们与我们的工作之间的关系，我们与同事和学生的关系，等等。这些经验都是我们与教育制度之间关系的经验的一部分。对这些经验的揭示有助于我们反思我们曾经是谁、现在是谁的问题。在教育理论的争鸣中，对异于自己的教育理论的批评应该建立在对自己的充分了解上，也就是说要“知己知彼”。批评的前提不仅应该建立在知道意欲批评的对象所坚持的立场，而且更应该清楚自己的位置。在这里，所谓的“知己”，决不仅仅是知道自己赞成哪种理论，而是应该对自己进行深层次的检视，追寻自己理论发展的历史脉络，因为理论发展在个体的生活中是有其历史的，它有其起源，有与之息息相关的个人生活事件作为触发器。只有理解了这些，我们才可能接近理智发展的本质，也就是派纳所坚持认为的，理智发展的过程是个体通过它得以学习的过程，在这个过程中，我们能够变得较少具有狭隘性、更多具有理解性和人道性。③否则我们自己就有可能成为现状，甚至是早就应该抛弃的东西的维护者。

最后，培养内在辩证就是承认一个人的观点处在不断的转变之

① Pinar, William F. . *Autobiography, politics and sexuality*. New York: Peter Lang Publishing, Inc.1994, P. 120.

② Pinar, William F. . *Autobiography, politics and sexuality*. New York: Peter Lang Publishing, Inc.1994, P. 120.

③ Pinar, William F. . *Autobiography, politics and sexuality*. New York: Peter Lang Publishing, Inc.1994, P. 120.

中。我们应该能够容忍甚至鼓励派纳所说的“具有不同概念成熟度(conceptual sophistication)的论文和各种学术性研究”。[1]教育领域的研究成果经常被其他学科批评为不成熟或者缺乏学科独特性或者比较原始之类。派纳认为就研究结果的质量而言，这些批评常常是正确的，但是它们的问题在于没有弄明白或者忽视了教育研究的本质。教育研究的价值更多的在于其对理智和社会发展过程的兴趣，而不仅仅关注是否达成一致化的决定。[2]教育研究的过程应该同时是一个研究者通过理智发展而变得更加开放、更加具有理解性、与自己的狭隘性作斗争的过程。

理论家一旦培养了自己的内在辩证，他就能够真正理解人和世界之间的辩证关系。“主观性和客观性、固有的和超越的、特殊性和普遍性、本质和存在之间明显的极性融入一种互惠关系中，每一个都构成了另一个。”用辩证的心态，我们就可以质疑传统学习观的“分离并克服”取向，即世界可以用分离组织的单元来体验，可以以情感反应从理智反应中、过去从现在之中、现在从未来之中、主我从宾我之中、宾我从我们之中分离出来的方式来体验。[3]只有这样我们才有希望充当转型知识分子的角色。

三、自传研究帮助理论与实践扩大各自的重点

理论和实践到底该是一种什么关系？教育理论一定能指导教育实践吗？我尝试从两个方面来部分地回答这个问题，并继而得出自传研究能够帮助理论和实践扩大各自的重点的结论。

首先，理论与实践各有自己的优势范围，它们彼此之间要保持距离，不能把一个降为另一个。我们经常听说“理论要服务于实践”，

---

① Pinar, William F. . *Autobiography, politics and sexuality*. New York: Peter Lang Publishing, Inc.1994, P. 120.

② Pinar, William F. . *Autobiography, politics and sexuality*. New York: Peter Lang Publishing, Inc.1994, P. 120.

③ Grumet, Madeleine R.. Existential and Phenomenological Foundations of Autobiographical Methods. In William F. Pinar, William M. Reynolds (eds). Understanding Curriculum as Phenomenological and Deconstructed Text. New York: Teachers College Press, 1992, P. 31.

这个服务不能被狭窄地理解为把理论直接应用于实践，或者理解为理论工作者的任务就是为实践者直接服务，或者说实践者能期望从理论工作者那里拿来某套现成的理论，然后直接套用到自己的实践中，并且能马上看到实际的效果。这些都是从理论到实践的线性思路，研究者与教师之间是一种“优雅地服从”的关系，在教师教育和培训领域中特别是这样，研究者常常对来自教师的批评和抵触无所适从。他们或者把自己降为专门回答教师们提出的问题的技工类的理论家，或者鄙视实践过于具体，因此使自己的理论越发抽象、越发高高在上。派纳和格鲁米特在论述理论和实践的关系时认为：

> 课程理论太经常地被学术工作的不自然的复杂性所污染，鄙视实践活动以维持等级优势，依附于抽象事物以提高其地位。尽管课程领域的状况提供了一个课程理论与实践彼此相通的情境，但我们的目标不是去消除它们的差异，把一个降低到另一个的范围之中。研究不必再去思考优势；恰恰相反，它成为一种分析方式，对不公正的优势进行挑战。理论禁止增强等级差异，而是帮助消除它们。理论禁止在不变的、傲慢的真理的永恒王国中疏离实践。而是让我们使理论与实践彼此面对以揭示彼此的局限性，并且由此扩大能量、增强各自的重点。①

就是说，我们不能迁就教师们呼吁给予拿来就能用的所谓实用的理论的要求。理论必须不能一头扎入实践中，因为理论的一个重要功能是对现行的实践进行批判。有时候理论必须与当前正在进行中的实践保持距离，以便使自己能够保持批判现实的自由。社会的发展进步有时候就取决于理论的这种批判功能。这种理论的意义也许就在于为实践者提供一种能离开日常实践的距离，就如派纳所言：“虽然疲倦的实践者可能发现这样的理论不能立即转化成实践行动，但他们可能会发现这样的理论，在强调当前实践的任意性中，提供了一段足够离开日常生活来支持自我肯定的、批判的和创造性的课程和教学的活生生的距离。”②派纳

① ［美］威廉·F.派纳等：《理解课程》，北京：教育科学出版社2003年版，第40页。

② Pinar, William F.. *Autobiography, politics and sexuality: Essays in curriculum theory 1972—1992*. New York: Peter Lang, 1994, P. 249.

一直认为，表面上与日常实践保持距离的理论类似于科学中的基础研究，它的扩大和深化能够为一个更加深化的实践领域提供理智支持。

但是另一方面，我们也不能把理论看成是高高在上的纯理论。在哲学史上，一直有人把纯理智和理智活动提升到实际事务之上，其根源与他们喜欢寻求绝对不变的确定性有关。实践活动有一个内在的显著特征，那就是它与生俱来的不确定性。[①]实践的领域是一个变化的领域，而变化则总是偶然的，其中不可避免地具有一种机遇的因素。[②]因此，一些喜欢纯理论的人不但会轻视实践、轻视经验，而且也会轻视自然科学。

其次，教育理论内部应有层次区别。就理论和实践的关系来说，我们至少要认识到教育理论的哲学层面和科学层面的区别，认识到这两个层面与实践的距离远近以及所起作用的差别。在这里，也许后分析教育哲学的代表人物索尔蒂斯对教育哲学层次的划分能说明这个问题。索尔蒂斯把教育哲学分为三个层次，即个人的教育哲学、公众的教育哲学和专业的教育哲学。

个人的教育哲学指教育实践者个人的教育观。个人的教育哲学既可以是经深思熟虑过、加以系统阐述的个人教育观，也可以是未经加工的下意识的。

公众的教育哲学有两方面的体现，它既体现在政府和学校所制定的各种教育政策和规定中，也体现在公众的有关教育问题的著述或各种教育思潮、教育运动中。它能够影响和改变许多人的教育实践。

专业教育哲学家的旨趣是提供对各种教育问题进行分析、考察、反省的武器和方法论，由此促进教育实践者的理解力和洞察力，而不仅仅是提供有关教育问题现成的答案或行动方案。为了达到这一目的，他们必须熟悉历代教育思想史资料和当代一般哲学的文献。既增强对当代教育问题的历史透视能力，又从新理论中得到启示，以明了教育思想发展的轨迹。

① ［美］约翰·杜威著，傅统先译：《确定性的寻求：关于知行关系的研究》，上海：上海人民出版社2004年版，第4页。

② ［美］约翰·杜威著，傅统先译：《确定性的寻求：关于知行关系的研究》，上海：上海人民出版社2004年版，第17页。

除此以外，他们还应该学习一般的哲学文献，以求从中得到有启发意义的理论观点，从而昭示教育思想发展的逻辑。①

由索尔蒂斯的三个层次看来，每一个层次与实践的关系都是不同的，与实践的距离也不同。在这里我们还应区分开教育哲学和教育科学与教育实践的不同联系方式。教育科学同教育实践的联系主要在于向教育工作者的具体实践提供操作的步骤和技术，而教育哲学则主要提供明晰的、正确的，以及自觉地思考问题、作出决策的立场和方法论，使他们明确自己的使命并把握自己的方向。②在这里，教育哲学所追问的问题可以被看做是理论的问题，而教育科学关心的问题可以被看做是与实践紧密相关的问题。理论的用处主要在于思想启蒙，不断地促进教育实际工作者在最根本的问题上追问自己，获得一种工作的方向意识、价值意识。③

由此看来，每一个层次的工作者都应该认识到自己的"传记情境"，确认自己的位置，否则如果只是沉浸在角色中，人就极有可能变成了角色，不再有流动的可能性。就是说，就有可能处在被捕的状态，只与自己的角色认同。不论是理论工作者还是实践者，只要是处在被捕状态中，就不可能充当革新的力量。突围的缺口就在我们的自我之中。只要我们有认识自己的情境的兴趣，我们就有希望，因为自我是行动之源，在这里，认识自我的关键除了注意自传的方法之外，很重要的一点就是让理论和实践彼此面对，不断进行对话，相互从对方那里汲取力量，看到并修正自己的不足。

四、自传研究帮助正确地处理抽象与具体的关系

派纳在他1979年的论文《课程理论化中的抽象和具体》中论述了抽象和具体的关系。他指出，当时左翼和右翼在一些诸如堕胎、同性恋、社会福利计划等问题上的激烈论争其实只是在抽象领域进行的。他认为，"如果不是清晰地置于具体之中（抽象概念'堕胎'和一个在特定

① 陆有铨：《躁动的百年——20世纪的教育历程》，济南：山东教育出版社 1997年版，第96—97页。

② 陆有铨：《躁动的百年——20世纪的教育历程》，济南：山东教育出版社 1997年版，第96—97页。

③ 石中英：《教育学的文化性格》，太原：山西教育出版社1999年版，第335页。

环境中的特定妇女相匹配），那么抽象概念就变成了仅仅是言说者的延伸……为了让辩证的运动产生，一个人必须放弃唯我论的抽象概念世界，进入具体的个体们的真实世界。”①

在这里，派纳想表达的是抽象概念必须与具体的个体存在相联系，如果把具体的个体存在简化为抽象概念就会歪曲实际的生活。用派纳的话说就是“观念变得比具体的东西更真实”。就如在关于堕胎的激烈论辩中，辩论的焦点集中在“禁止谋杀未出生的孩子”之类的抽象概念上，而没有考虑到堕胎的某个妇女或者帮助堕胎的某个医生的实际情境，因此很多时候，赞成“禁止谋杀未出生的孩子”这一抽象概念的结果是谋杀了如果不堕胎就无法生存下去的妇女。在这样的情况下，抽象概念往往“变得比具体的东西更真实；它变成了解释的源泉，更糟糕的是变成了行动的源泉”。②

当对抽象概念的关注成为大多数人的习惯时，人们往往就会只关注那些所谓有普遍意义的知识。普遍的东西就会如透镜一样过滤着每一个经过它的个体。在当前的教育实践中，我们所做的也往往是寻求普遍的特征、成长模式。戴维·史密斯曾经这样评价北美的主流教师教育：“在关心儿童的名义下，当代北美教师教育最显著的事情也许就是……处于认知、发展和成就等理性主义的、抽象的话语覆盖之下，我们已经忘记了儿童。”③在这里，威廉·厄尔（William Earle）的观点比较具有启发意义。他认为人类生活中重要的不是普遍存在的东西，虽然关于普遍东西的知识常常是有趣的和有用的。然而，这样的知识逃脱不掉肤浅。人类生活中深刻的东西仅仅可以在独一无二的领域找到……一千张照片放在一起也不会等同于一个走着的、思想着的和希望着的人。④

由于我们对抽象东西的膜拜，所以每当我们寻求一种变革的时候，

① Pinar, William F. . *Autobiography, politics and sexuality: Essays in curriculum theory 1972—1992.* New York: Peter Lang, 1994, P. 101.

② Pinar, William F. . *Autobiography, politics and sexuality: Essays in curriculum theory 1972—1992.* New York: Peter Lang, 1994, P. 104.

③ ［美］威廉·F. 派纳等：《理解课程》，北京：教育科学出版社2003年版，第452页。

④ Pinar, William F. . *Autobiography, politics and sexuality: Essays in curriculum theory 1972—1992.* New York: Peter Lang, 1994, P. 105.

我们总是首先从集体的层面来入手。例如，当我们觉得现行的教育实践模式存在重大问题时，我们就开始大规模地进行改革，改革的理念以及改革内容目标之类确定之后就开始大规模地培训教师，培训的方法是观念灌输式的“集体转型”，即所谓的给教师们换脑筋。在这其中一个内隐的逻辑是普遍存在的问题的解决需要集体的同时转型。如果把一些制约改革的外在因素（如政治、传统、地域等）暂且不论，集体的同时转型也几乎是不可能的。因为期待集体转型本身是一种商业逻辑。它实行的是简单实用的原则。还有什么比邀请一个所谓的专家同时对几十人或几百人同时宣讲改革理念和策略更经济、更实用的吗？如果不同时采取其他方式，那么这种在机器大生产时代为培养掌握初级文化知识的劳动者而兴起的班级授课制式的培训方式就只适合培养层次较低的技工。集体的转型必须不能忽视个体转型。

集体转型的前提是个体的转型。“我们的集体作品——不管我们把他们叫做什么——社会、文明、古希腊政体——一直在变化着，表现得多姿多彩。这一切都隶属于时间和历史。但这是一种不完全的描述，因为它忽略了其中最重要的东西，即这一集体作品的生命力来自个人的热望和决断，那是最私人、最隐秘的燃料。”[①]

对个体转型的强调还因为理论必须在个人生活中找到根基才能起到解放的作用。在某种意义上，个体转型是一个学习和反思的过程。这个过程其实就是一个自传研究的过程，通过回溯过去，展望未来，个体更清晰地明了自己的现在。这个现在与新理论所倡导的应然状态之间的距离和矛盾可能就会成为个体转型的契机。

提到解放，我们就会想起弗莱雷的“觉悟”。“觉悟”是弗莱雷解放教育学的一个核心词汇，它是弗莱雷在进行扫盲教育实践的过程中为培养人们的批判意识而提出来的。他的扫盲实践表明，“觉悟”“压迫”“民主”之类的抽象概念只有与某个具体的事件相联系时，社会的、政治的和经济中的矛盾问题只有在个体和社会生活的当前情境中被理解了的时候，实践才可能发生。这个理解的过程其实是一个自传的过程。个体使自己与自己沉浸在其中的现实保持一定的距离来达到对自身

① ［波兰］切斯瓦夫·米沃什著，西川，北塔译：《米沃什词典》，北京：生活·读书·新知三联书店2004年版，191页。

情境的理解。

但是解放过程很容易变成一个类似压迫的过程。当教育研究者对教育实践者实施启蒙、进行所谓培训的时候，如果研究者自身不进行反身探究，不研究自我与自我、自我与工作、自我与他人的关系，那么很可能这种解放工作就变成了只对他人实施的解放。研究者很容易充当传教士的角色，只对别人进行派纳所谓的理智殖民。主张永恒真理的研究者常常会坚持或发展一种观点，然后开始为它辩护，把自己献身于对别人的转化上。派纳认为这“等同于一种理智的殖民主义，其兴趣是对一个人的领域中未开化的区域进行殖民化”。[①]之所以需要持续不断地自我理解，是因为解放工作是一个永远也不可能完成的过程。解放是一个相对的、有层级的词汇，但它不能用完成式来表示。研究者与实践者对自己的解放工作应该不断地进行自我反思的检视。

在教育研究和教师培训中，在处理抽象和具体的关系时，也许派纳的做法会给我们以借鉴：“我通过恢复直接的个体经验，对自我和世界的活生生的——与完全是概念的形成了对比——感觉来寻求从抽象概念中的解放。”[②]

五、自传研究帮助研究者正确处理与理论的关系

由于我国在师范教育中不重视师范生研究意识和研究能力的培养，在非师范生考取教师资格证的时候也没有相关的培训和考试科目要求，因此，如果要求教师们进行校本研究，专业的研究者就必须对他们进行科研方法以及教育理论上的培训。但是，研究者们的通常做法是把抽象的概念和思想灌输给教师们，做教师的引路人，但是在多数情况下，结果是令人伤感的。教师们似乎并不领情。他们把研究者看做是居住在象牙塔里、根本不懂实际教学实践的“外行”。

教师培训中出现的研究者和教师之间的冲突和相互抱怨的根源之一

① Pinar, William F. . *Autobiography, politics and sexuality: Essays in curriculum theory 1972—1992.* New York: Peter Lang, 1994, P. 120.

② Pinar, William F. . *Autobiography, politics and sexuality: Essays in curriculum theory 1972—1992.* New York: Peter Lang, 1994, P. 103.

在于研究者割裂了具体和抽象的关系。他们把自己定位为掌握所谓的教育理论的研究者，而没有自问这些理论与他们自己的思想和生活有什么关系，也没有问这些理论是怎么来的，更没有深刻地反思教师们为什么会拒斥理论。其实多数时候我们所做的就是企图把不是从教师们日常生活中产生出来、不是解决他们的问题的所谓理论灌输给他们。在他们看来，这些理论是外在于他们的，对他们没有什么用处。

理论应该是有根基的。它应该产生于理论者的生活中，产生于理论者脚下的大地上，扎根于理论者所属的社会。悬浮在特定的社会场域之外的理论是无根的浮萍。就如著名女诗人舒婷那首被选入高中语文新教材中的诗《致橡树》中所歌唱的："……不仅爱你伟岸的身躯／也爱你坚持的位置，脚下的土地。"在某种意义上，理论看起来就像一个"伟岸的身躯"，但这个伟岸的身躯之所以可爱，乃在于它有坚持的位置，这个位置就是它脚下的土地。正是它脚下的土地给它以营养，滋养它伟岸的身躯。理论的价值首先应该体现在它是对理论者所属群体当下困境的思考。它回答的是具有浓厚地方色彩的问题，即情境中的问题、场域中的问题。如果把基于特定情境而产生出来的问题抽象化为某种理论，进而推广到普遍的情境中，那么当初具有进步意义的理论就有可能变成悬在空中的气球，变成不食人间烟火的纯理论。这样的抽象理论自然解决不了具体情境中的问题。叔本华不信任抽象的知识。根据他的说法，理念之于实际观察到的情形，正如银行单据之于黄金，单据只是替代性地表现了黄金的价值。如果我们不对那些具有欺骗性的概念作出客观的估价，人性可能会发展为最怪异的失常和犯罪。①

从另一个方面来说，每当有人在宣讲理论的时候，我们应该警觉地问一下，他在言说谁的理论？通常存在三种情况。一是宣讲者在言说他自己的理论，比如像杜威一样，他基于实验与思考而提出的系列理论是原创意义的理论。这种情况下，讲的人底气十足，因为他知道自己在讲什么。不管是否赞同宣讲者的理论，听的人也表现出敬意，因为他们至少知道他不是在乱说一气，人们对真正的思想者总是心怀敬意的。还有一种情况是言说者借他人的思想来表达自己的观点。如果这个宣讲者清

① ［波兰］切斯瓦夫·米沃什著，西川，北塔译：《米沃什词典》，北京：生活·读书·新知三联书店2004年版，第239页。

楚地了解自己所讲的问题，所借用的理论比较妥帖，也容易获得听者的认同。但如果言说者把自己独立出来，只是在借用他人理论的权威来唬人的话，一经听者识破，则信用立刻大打折扣。再有一种情况是言说者完全是在言说他人的理论，他对于自己所宣讲的理论产生的语境所知甚少，对听众的困境也知之不多，他只是悬浮在半空中。听众最为不满的就是这类理论家。

古德莱德（Goodlad）曾经把课程分为五个层面：第一，理想课程：是课程专家对课程发展的理想设计，即课程的应然状态；第二，文件课程：是由课程研究者制定的一套文件，包括课程计划、课程标准和相应的教材等；第三，领悟的课程：是实际工作者对文件课程中所反映的理念、目标和具体内容方法的领悟；第四，实施的课程：是教学中实际上发生了什么；第五，经验的课程：是学生在课程学习后实际上得到的经验。[①]从古德莱德的论述中我们可以发现，我们所进行的教师培训，在多数时候是试图把专家的理想课程和官方的文件课程转变成为广大教师们的领悟了的课程，从而最终让他们在课堂上转变成为实施的课程。那么这个看似合理的培训流程为什么会产生那么多矛盾和冲突呢?

让我们首先假定培训者宣讲的要么是他自己的理论，要么是在借用专家的思想来表达自己的课程思想。我们姑且不论那些只是在言说他人理论的培训者。培训者在宣讲的时候，如果采取的是自上而下的启蒙模式，那么多数时候所得到的结果在最好的情况下是教师们赞同培训者所讲的理论，但是却认为“理论虽好，却并不实用”。人类实践的改变并非遵循从理论到实践的线性规则，否则的话，我们已经提出了那么多美好的教育理论，早该把我们的教育实践转变成理想状态了。“教育实践者虽然有时会顺从甚至同意了理论和政策的征服，但对施加给他们的观念、规范和法则，却常常可能作出不同于研究者和政策制定者的理解。也许不是断然拒绝和抵制，他们的方式是在使用这些理论和政策的时候，赋予这些理论和政策不同于本身或本意的改变。”[②]就是说，教师们会以自己的方式，基于自己的情境来“消费”那些加之于他们的抽象理论。

① 马云鹏：《课程与教学论》，北京：中央广播电视大学出版社2002年版，第6页。

② 丁钢：《教育与日常实践》，《教育研究》，2004年第2期。

因此，要使各类教师培训真正产生作用，培训者必须首先了解自己与所讲理论之间的关系。如果连培训者自己都不相信，不实行所讲的理论，那么他怎么能期望听讲的教师会对之产生兴趣，并以之指导实践呢？我们经常发现有的培训者在给教师们讲新课程改革的时候，呼吁教师们要实施对话式教学，要与学生发展一种民主平等的关系，而他自己在给本科生或研究生上课的时候，仍然使用满堂灌的传统模式，与学生之间是一种远距离的知识授受关系。我认为，培训者应该首先研究自己所赞成的理论和自己的生活之间的关系，把自己从被捕状态中解脱出来，然后再努力研究理论所产生以及将要应用的情境。

第六章

自传研究方法的案例分析

研究者进行的“教育自传”研究在理论追求上与中小学教师的“教育自传”是不同的，前者无论是在探索自己的内在经验还是在探索更广阔一些的某个领域或者社会的问题的时候，应该有更深刻的理论内涵。就笔者阅读所及，在我国，由教育研究者进行的自传研究还不是很常见，因此，我研究了两个案例，也许能对此有所启发。第一个案例是关于研究者以自传的方式回忆个体与领域的关系，第二个案例是回忆反思自己的学术发展史，虽然余杰不是教育研究者，但是我认为这个案例也有启发作用。

一、个体的就是领域的

派纳和珍妮特·米勒以及其他一些学者在不止一个场合回顾了贝加莫会议和JCT（Journal of Curriculum Theorizing课程理论化杂志）的诞生以及它们在美国课程领域的概念重建以及之后的“复杂的对话”中所起的作用。尤其是派纳和米勒在一些论文和著作中以自身的经历讲述了那段历史，可以说是那段历史的参与者和见证人。他们以自己为中心，讲述了一些私人的和公共的故事。这种讲述从个体的层面重现了学术共同体的形成过程。在传统历史观的视野里，这段历史不过是涉及到几个代表人物的简历、代表作之类，不会提及那些私人交往、争吵、合作等“琐碎”的事情。福柯曾经批评传统的历史学家们：“很久以来，历史学家们就在测定、描述和分析结构了，而他们却从来不觉得有必要自问是否他们已经把活生生的、脆弱的、颤抖的‘历史’漏过去了。”[①]在这里，派纳和米勒等学者就是用自身的经历来重述那段“活生生的、脆弱的和颤抖的历史”。通过这样做，他们在一定程度上重现了一些“被掩盖在无数事件之下的静止和沉默的巨大基底”。[②]

派纳和米勒对美国课程领域20世纪70年代所发生的一些事情的回顾严格说来并没有遵循特定的研究步骤，因此无法把它们归类为某一种具体的自传方法。它们更像是文学意义上的自传，只不过他们把回忆聚焦在课程领域中。但在派纳和米勒看来，教育中所用的自传研究方法不是一种文学形式，而只是使教育中的自传方法采纳富有想象力的文学潜力来打破教育工作的静止状态。也就是说，自传方法可以起到“去熟悉化”和“修正”的作用，以此扩大我们的如下能力：在一个有缺陷的社

① ［法］米歇尔·福柯著，谢强，马月译；《知识考古学》，北京：生活·读书·新知三联书店1998年版，第12页。

② ［法］米歇尔·福柯著，谢强，马月译：《知识考古学》，北京：生活·读书·新知三联书店1998年版，第1页。

会里，在我们居住的街道上，在我们的学校里，来创造什么应该是、什么可能是的视野。米勒认为质疑一个“真实的”、稳定的和连贯的自我以及这个自我的文化印迹（cultural scripts），可能是把自传作为教育探究的一种形式的唯一原因。[①]派纳和米勒的一些关于课程领域的发展的自传式研究从某个角度揭示了这个领域某个时段所曾经是的图景。这类似于在某个温暖的午后翻晒自己的珍藏，那件件物品带着自己独特的记忆展现在阳光里。

在一篇题为《贝加莫会议和课程理论化杂志的诞生：感情档案和课程研究中反教育文化的创造》[②]的文章中，派纳回忆了贝加莫会议和“课程理论化杂志”的创刊和发展过程。30年前，米勒和派纳共同筹备“课程理论化”杂志[③]，随后米勒做了20年的执行主编。[④]

回忆大约30年前的历史是一桩困难的事情，派纳借助了自己在当时的会议上提交并发表在“课程理论化杂志”1980年冬季刊上的论文以及自己当时写的日记（那些日记保存在南卡罗莱纳州立大学的教育博物馆中）。他不时地引用自己在日后发表或出版的论文或著作来进行比较分析或者为佐证。派纳回忆这段历史的目的是重新确定这些事件的理智环境的意义，并且用现在的观点来反思这些事件，然后展望课程理论化杂志以及贝加莫会议的未来。

在这篇论文中，派纳的主要方法是在过去发表的文章和写的日记以及回忆中辨认出当时的主题，然后用现在的观点更加深入地分析当时的背景和动机以及那些问题在经过若干年之后的变化。他的写作手法

① Pinar, William F. . Preface: What Should Be and What Might Be. In Janet Miller. *Sounds of Silence Breaking*: *Women, Autobiography, Curriculum*. New York: Peter Lang, 2005. XI.

② Pinar, William F. . The Birth of Bergamo and JCT: Toward an Archive of Feeling and the Creation of a Counter Educational Culture in Curriculum Studies. Journal of Curriculum Theorizing(Volume 20, Number 4,Winter 2004). 2004, PP. 7—18.

③ 派纳是“课程理论化杂志”的创始主编，珍妮特·米勒是创始执行主编，现任主编是马拉·莫里斯(Marla Morris)。

④ 派纳在1999年主编了一本由Peter Lang出版的《当代课程话语：JCT20年》，他声明要把它献给所有在那些年中参与了杂志和会议的工作的人，特别要献给珍妮特·米勒。

类似于夹叙夹议。30年的岁月痕迹沉积了很多东西，因此他的叙述和分析平添了许多作为这个领域的一位开拓者所特有的洞察力。“重读一个人的作品并把它置于历史的和传记的情境中，揭示了过去的故事轮廓，其中有很多可能从来没有得到过表达。把它们说出来提供了重写它们、把某人的生活重新叙述化的机会。”[①]派纳的这篇论文分为两个部分。前一个部分是关于贝加莫会议和“课程理论化杂志”的过去和现在，后一个部分是关于如何在课程研究中继续创造一种教育的反文化。

在第一部分中，派纳以提交给1979年的贝加莫会议然后发表在“课程理论化杂志”1980年冬季刊上的论文[②]作为回忆和分析的线索。在那篇文章中，派纳首先声明了自己是以不同于已往作为一个概念重建主义者的声音来谈论课程领域。他对课程研究领域中的“党派（partisan）”和“公民（citizen）”进行了区分，指出当自己谈论自传或者课程研究的概念重建的时候是有党派性的，也就是说，自己忠实于自己提倡的东西，但是当谈论一份杂志和与一个领域的关系时，应该采取“公民”的立场，也就是忠实于这个领域本身，而不管它会采取何种理论和方法论取向。派纳分析认为，在那个有争议的时代里，他是试图召唤在重建过的课程领域中创造一种民主的公共文化，也就是一种既有对这个领域的制度化忠诚，又能保护那些在观点上有党派差异的公共文化。

其次，他谈到了课程领域的“政治”性格以及该领域的“危机”。然后，派纳在1980年的文章中认为这种反理智和政治化的状况与“概念重建”的范式危机有关。接着，他回顾了自己当时对一份杂志和一个领域的关系所作的思考。为了使那些多数比他年长并且常常是传统主义者的同事们放心，他宣称杂志是一个领域的仆人，它将效忠于课程研究领域。有趣的是，派纳先是宣称决定能否发表的权力是定义一个领域的对话权力的一部分，紧接着他又安慰年长的同事：但这种权力根据杂志投

① Miller, Janet. *Sounds of Silence Breaking: Women, Autobiography, Curriculum*. New York: Peter Lang, 2005, P. 1.

② Notes on the relationship between a field and its journals. JCT2(1), 7–11.这篇论文也被收录在Pinar, William(ed)(1999). *Contemporary Curriculum Discourses*: *Twenty Years of JCT* (XXV–XXX). New York: Peter Lang.

稿人的兴趣而极大地受到限制。派纳直到2004年也弄不清楚自己到底在多大程度上是因为反对派的力量过于强大而写了那些话。

派纳的另一个论述重点是课程理论化杂志本身。他宣称这份杂志对三个层次的研究感兴趣：理论、历史和批判。他把当时这三个层次的状况与后来所发生的变化以及2004年写论文时的状况穿插交织在一起，揭示了它们在课程研究领域的历史变化。然后派纳自然地引出了当时他设想的为冲破课程领域的停滞状态而打造的两种根基。一是"课程理论化杂志"的创刊。派纳对课程理论化杂志的主要期望是为课程领域的研究者提供一个彼此对话的平台，而不是像这个领域传统上一直做的那样只为学校教师和课程领域的学生写作，因为研究者之间的对话对于促进整个领域的发展是至关重要的。为此派纳致力于使"课程理论化杂志"发表一些前沿的作品。派纳在1978年的论文中这样说过：

> 我建议当下次再相遇的时候，我们不但要报告我们个体努力的进展，而且我们也要尝试把这些努力不仅仅历史地置于这个领域，而且也置于别人现在所正在做的事情的情境中。一个领域的创造和维持不会通过在隔绝中工作，或者通过仅仅提到过去的人物或者提到相关学科的工作来达到，虽然这些中的每一项都是必要的。他们是必要的，但却不是充分的。还需要做的事情是，把一个人所看见的东西勾勒为与他或她的工作之间的关系，勾勒为与这个领域中人们同时期正在做的事情之间的关系。我强调术语"勾勒……关系"。①

二是杂志将主办一系列会议，为学者们提供一个公开彼此对话的机会，来关注领域的问题及其发展。这就是后来贝加莫会议的由来。在另一个场合，也就是1978年在罗切斯特大学技术学院召开的会议上，派纳做了"什么是概念重建"的发言，提出课程理论化杂志将要主办这些会议并发表会议论文。那些有兴趣提交论文的学者应该与JCT签署协议，

---

① Pinar, William F. . *Autobiography, politics and sexuality: Essays in curriculum theory 1972—1992*. New York: Peter Lang, 1994, P. 64.

成为它的编辑成员。[1]

在回顾分析了与贝加莫会议的产生和课程理论化杂志的创刊有关的历史以及对这些历史进行评论之后，派纳用对过去进行回顾与分析以及对未来进行展望相交织进行的方法来论述了在课程领域中创造一种“反文化”的重要性。他和同事们一起在过去40年中一直致力于“创造反文化，寻求‘提升了的意识’”。[2]但是右翼势力多年的攻击使得课程领域的很多人无法忍受自己被政府、职业组织和学校中的现实所背叛的事实。用派纳的话说，他们生活在“梦魇”之中。这种梦魇是很舒适的梦魇。沉迷于梦魇中的人很容易受到撤退的诱惑：等待退休或者只关注自己的学生或与某人自己工作的大学或学院有关的日常事物中。派纳认为，“这种从构成课程领域的公共理智文化中的撤退是自恋的和技能不良的。”[3]

最后，派纳提出了促进课程领域发展的具体步骤。研究者应该对贝加莫会议共同体负有责任，应该把它理解为一种“集体属性的形式”。派纳引用福柯的话说，创建共同体是“创造新的存在形式和创造新的生活类型的一个重要甚至是根本的阶段”。共同体使研究者们能够逃离日常生活，创造一种教育的反文化。从这种意义上来说，贝加莫会议就是这样一个能为课程领域的研究者提供逃离机会的场合。作为朋友和同盟者的共同体，贝加莫会议使得研究者能够设计福柯所谓的“反”话语（“reverse” discourse）。这个过程其实就是创造文化的过程，而创造文化既是防御性的，也是肯定性的。就是说，我们不仅要为自己辩护，同时也要肯定自己，不仅把自己肯定为一种身份，而且也要肯定为一种创造性的力量。[4]

① Pinar, William F. . *Autobiography, politics and sexuality*: *Essays in curriculum theory 1972—1992*. New York: Peter Lang, 1994, P. 64.

② Pinar, William F. . The Birth of Bergamo and JCT: Toward an Archive of Feeling and the Creation of a Counter Educational Culture in Curriculum Studies. Journal of Curriculum Theorizing(Volume 20, Number 4,Winter 2004). 2004, P. 13.

③ Pinar, William F. . The Birth of Bergamo and JCT: Toward an Archive of Feeling and the Creation of a Counter Educational Culture in Curriculum Studies. Journal of Curriculum Theorizing(Volume 20, Number 4,Winter 2004). 2004, P. 14.

④ Pinar, William F. . Currere: Toward Reconceptualization. In William Pinar(ed). *Curriculum Studies*: *The Reconceptualization*. New York: Educator's International Press, 2000, PP. 14—15.

二、对个人学术成长过程的反思

自传还可以作为个人反思自己学术成长过程的方法。反思的过程未必一定像派纳经典的存在体验课程一样步骤鲜明或者有那么明显的精神分析色彩。个体有意识地对自己的学术成长历程进行反思和展望对于个体的思想转型十分必要。在某些时候，这甚至是个体学术成长史上的标志性事件。在这里，我打算以余杰在其著作《压伤的芦苇》序言中对自己学术成长过程的反思为例来论述这个问题。

余杰，1973年出生于四川成都，1992年考入北京大学中文系，2000年获文学硕士学位。他大学期间创作了上百万字的作品，不到而立之年就出版了《火与冰》、《铁屋中的呐喊》、《说，还是不说》、《想飞的翅膀》、《爱与痛的边缘》、《老鼠爱大米》、《香草山》、《铁磨铁》等十余部作品集。他的文章锋芒犀利而又不乏尖刻和偏激，因此他“北大怪才”的名字越来越响，社会各界对其作品的争议也从未停止。在这里，我对余杰的兴趣并非其“才”之怪，亦或其名之远扬，而是他深刻剖析自己学术成长历程的方法。

在他2002年由长江文艺出版社出版的《压伤的芦苇》的序言中，余杰剖析了自己写作的几个阶段，所用的方法是一种类似于本书中提到的“文学的教育经验”的方法。只是他的方法更为简洁。

这篇序言的前四个部分是四个人物的简短人生经历的故事，第五部分是作者直面自身的反省。前四个故事起到了“透镜”的作用，作者在其上投射自我，反思自我，并展望未来的写作方向。他选取的第一个故事是丹麦童话作家安徒生的故事。余杰叙述了安徒生一生坎坷穷困的生活，但就是在这些坎坷穷困中，安徒生却“以一个人的力量，提升了丹麦文学在全世界的地位；他以一个人的想象，创造了一个充满爱与幸福的童话天堂。”[①]余杰在回忆自己寻访安徒生在哥本哈根曾经居住过的旅馆的时候，写下了这样的话：

安徒生的写作增添着世间的爱，抵抗着世间的恶。在他的作品里，找不到冷酷、嘲讽和绝望，对于有缺陷的人性，他也仅仅给予温和的批

---

① 余杰：《压伤的芦苇》，武汉：长江文艺出版社2002年版，第4页。

评。在他的作品里，流淌着明媚的阳光和蔚蓝的海水，散发着炭火般的温暖。他给孩子们梦想的勇气，孩子们则努力在人间实现梦想。[①]

安徒生自己身处苦难之中，但是他却从来没有放弃过对爱的追寻。因此余杰认为“他的写作是沐浴在爱中的写作。他的人生是沐浴在爱中的人生。他是一棵受伤的芦苇，却永恒地挺立着……安徒生的文字，是一双温暖的手，伸向一双又一双寒冷的手。安徒生的文字，是两瓣湿润的唇，亲吻着干裂而苍白的嘴唇”。因此余杰感叹：“这就是我所景仰的写作。这就是我所景仰的生活。”[②]

第二个故事是与纳粹作斗争的德国神学家朋霍费尔的故事。纳粹进行恐怖统治的时候，他正在美国讲学，并无生命危险，然而他认为如果自己不分担同胞的苦难，就无权参与战后的重建，因此他毅然回国，之后被逮捕到集中营并在集中营中度过多年之后被处死在集中营的刑场。他的生命献给了自己的同胞弟兄。他之所以能够义无反顾地平静对待死亡，是因为他认为，“每一个处于镣铐之中的兄弟同伴都是自己的耻辱；每一次渴望自由的每一次被压制，人权的每一次被侵犯，都是每个人的失败。因为我们被联结到人类之中，分享着各自的命运。我们必须直面邪恶，我们已经没有退路。”[③]余杰说，对他自己而言，朋霍费尔在狱中写下的《狱中书简》是一剂让心灵重归宁静的良药。“朋霍费尔的生命，就像是一棵压伤的芦苇。暴风雨终将过去，而这棵芦苇依然扎根在沙漠中。芦苇的存在证明了沙漠的无能，也启示着甘泉的降临。朋霍费尔的写作和生命，都沐浴在爱中——无论花香常漫还是荆棘丛生，他都没有放弃爱，他都一如既往地在颂扬着爱。”[④]

第三个故事是特蕾莎修女的故事。特蕾莎修女一生传播爱，一生实践爱，为那些最底层的人的尊严和幸福奉献了终生。余杰引用诺贝尔委员会的授奖公报说：“她的事业的一个特征就是对单个人的尊重：尊重人的个性、尊重人的天赋价值。最孤独的人、最悲惨的人、濒临死亡的

① 余杰：《压伤的芦苇》，武汉：长江文艺出版社2002年版，第5页。
② 余杰：《压伤的芦苇》，武汉：长江文艺出版社2002年版，第6页。
③ 余杰：《压伤的芦苇》，武汉：长江文艺出版社2002年版，第9页。
④ 余杰：《压伤的芦苇》，武汉：长江文艺出版社2002年版，第11页。

人，都在她的手中接受到了不含屈尊恩赐意味的同情，接受到了建立在对人的尊敬之上的同情。”[①]《活着就是爱》是一本很薄的书，收录了她的部分谈话、祈祷、默想和书信。余杰认为这些简单的文字比那些晦涩的哲学著作更接近人生的真相，“阅读这些文字，收益将远远大于阅读那些所谓的‘大师’们的几乎可以‘等身’的著作。”[②]在特蕾莎修女高尚的人格面前，余杰说：“对于心灵正在趋于麻木和冷漠的我们来说，重要的不仅是阅读与背诵这些文字，而是身体力行地去寻找特蕾莎修女与我们生命的内在联系，并谦卑而诚实地从头开始学习如何去爱别人——世界上没有不值得我们爱的人。”[③]

第四个故事写的是罗马尼亚地下教会的领袖之一的理查德·沃慕布朗以及他在一篇题为《蓝宝石》的文章中所讲述的德米特里和伊恩库如何在狱中播撒爱，如何原谅把自己致残的刽子手并为他们祈祷的故事。“德米特里也是一棵压伤的芦苇，正是在被伤害的时刻，他发现了降临在他身上的爱。他的身体不能动弹了，他就用灵魂来拥抱这个世界，拥抱伤害他的人。”[④]

余杰叙述的四个故事起到了透镜的作用，他通过四个主人公一生传播爱的感人事迹来透视自己的成长过程，反省自身的缺陷。他发现自己的写作在相当长的一段时间里与爱疏离甚至隔绝了。他认为这首先与自己从小接受的文化资源有关。他检视了自己阅读的经典，发现其中充斥的是自恋、杀戮、唯我独尊、权术阴谋，等等，唯独缺少爱。长期笼罩在这样的阴影之下，人的文化结构和心灵结构难免是畸形的。其次，他认为写作中缺乏爱，还与他自己的生存现实处境有关。社会达尔文主义所充斥的现实环境中，弥漫的是傲慢、嫉妒和剥削。在这种环境中成长的人往往缺少爱，缺少真诚和怜悯。在那些诸如安徒生、特蕾莎修女等充满爱的光晕里，余杰开始进行自我反省，开始慢慢地调整自己的文化结构。他说：“我要像关公刮骨疗伤一样，刮出自己身上的文化毒素。我还得直面刮毒的整个过程，而不能通过诸如与旁人下棋之类的办法来

---

① 余杰：《压伤的芦苇》，武汉：长江文艺出版社2002年版，第13页。
② 余杰：《压伤的芦苇》，武汉：长江文艺出版社，2002年版，第15页。
③ 余杰：《压伤的芦苇》，武汉：长江文艺出版社，2002年版，第16页。
④ 余杰：《压伤的芦苇》，武汉：长江文艺出版社，2002年版，第19页。

转移注意力。”①

这个刮骨的过程可以被看做是一个自传研究的过程。一个有良知的知识分子，应该不断地反思自己理智发展的历史和本质，但这种反思不能是凭空的回忆，否则便有可能像看过去的风光照片一样只是回忆起曾经到过何处一游，它不会起到发现自己成长过程中由于受到广义的文化和周围特定环境的影响所致的个人文化结构和心理结构，从而这种反思也就无法起到转变的作用。反思时必须有一个适当的刺激物，也就是有一个类似透镜的东西。在余杰的反思中，那些一生充满爱一生播撒爱的伟大灵魂成为刺激物，他通过他们的人生经历和价值追求来反思自己的文化结构和心理结构。这样的反思导致了他写作取向的重大转变，他说：

> 最近一年多来，我开始吸取全新的精神资源，开始调整固有的文化结构。我一点点地减少自己在生活和写作之中的傲慢、独断、怨恨、轻蔑这样一些情绪和姿态，而以爱、谦卑、同情和怜悯这样一些内在的质素来替换它们。②

余杰的阅读是带着自传的心态所进行的阅读，他把别人的故事作为镜子，不断地反思自己的生活，这其实是求助于他自己，从而借之以挑战自己对生活的想当然态度。这也是一个从熟悉和理所当然走向不熟悉和成问题的过程。在这个过程中，个人会越来越多地看到自己在文化上和心理上的局限，并开始理解自己如何复制了成长于其中的文化和政治情境。如果没有这样的自我反思，个体就不可能发现并走出与自己生生相息的文化和心理结构。

在这篇自传式研究的序言的最后，余杰把自己的写作历程按作品划分为四个阶段，每个阶段都有明显的格调和主题，并渐渐过度到爱的发现与提升。他终于发出将爱“作为生命与写作的核心及本质”的誓言，他所要的是沐浴在阳光和爱中的生活和写作。

① 余杰：《压伤的芦苇》，武汉：长江文艺出版社2002年版，第24页。

② 余杰：《压伤的芦苇》，武汉：长江文艺出版社2002年版，第4页。

治疗的对象不是神经症，
而是患上了神经症的那个人。
——荣格

第七章

自传研究作为心理治疗的方法

自传研究方法从精神分析的诸多流派的主张中获得了很多启发，特别是自我分析学派。把自传研究方法与自我分析方法相结合，形成自我分析式自传研究方法，有助于教师们聚焦于工作经历来理解内在自我的形成。

一、精神分析之“自我分析”学派

自我分析也叫做自我检查，是卡伦·霍妮在总结自己及其同行和患者经历的基础上，为治疗轻度神经症设计出来的方法。它把专业精神分析疗法中的分析师和患者两个角色的适用部分合而为一，交由患者单独承担，独自操作，因此它是“患者与分析师一身担的尝试”。[①]它所用的主要方法是自由联想，治疗的坚持性和效果主要取决于患者的激励大小和克服“抗拒”的程度。

（一）作为一种精神分析方法的自我分析

自我分析方法的提出是对经典精神分析理论的重大突破。它对种种神经症治疗的看法有了建设性的转变。精神分析的创始人弗洛伊德坚信神经症的生物决定性，他认为种种人格障碍产生于环境因素与受压制的本能冲动之间的冲突。[②]霍妮则认为神经症是由个体的感情和态度决定的，而个体的感情和态度又取决于他生活于其中的文化，即个体在应对他与自己、与别人、与大自然的关系方面出现了障碍，从而形成神经症。[③]就因为霍妮对神经症的这种动态看法，决定了她最终在对神经症冲突的根源、解决方法和精神分析的目标等方面的看法上与弗洛伊德学派存在着分歧。她在长期的精神分析从业过程中指导帮助患者在分析的间隙或者由于某种原因而不得不停止常规分析的时间里，进行自我分析。她本人也在与自己的抑郁症等神经症倾向作斗争的过程中积累了丰富的经验。在这些基础上，她于20世纪40年代提出了“自我分析”的方法。

---

① 许泽民.中译者序.见[美]安东尼·史蒂文斯著，杨韶刚译：《二百万岁的自性》，北京：中国社会科学出版社2003年版，第6页。

② [美]卡伦·霍妮著，许泽民译：《自我分析》，贵阳：贵州人民出版社2004年版，第38页。

③ 许泽民.中译者序.见[美]安东尼·史蒂文斯著，杨韶刚译：《二百万岁的自性》，北京：中国社会科学出版社2003年版，第4页。

在当今马尔库塞所谓的“单向度”社会中，很多人都患有人格失调的症状，他们深受生活毫无目的和无意义之苦，荣格称之为“我们时代的普遍的神经症”，他毫不犹豫地把这种当代神经症归咎于使我们与我们的原形本性疏离的社会制度的出现。①在当今时代，没有一个人能够把各种细节牢记于心，以便能够独立作出各种判断和决定。我们似乎总是被各种超出我们理解能力的力量所指引，我们无法控制任何事情。我们就像是一叶漂流在狂涛中的小舟，全然没有掌握自己航向的能力。这种无能感和不确定感给人们带来的是各种焦虑，并进而引起种种人格失调和神经症倾向。

虽然消除人格失调有助于人的一般发展和幸福感的增加，但是由于费用、居住地域、时间等方面的原因，并非人人都能有机会接受精神分析治疗，因此如果自我分析是可行的，则将会给很多人带来内在发展的力量，使自己成为一个强健而完整的人。但这并不是说，自我分析本身能解决世界上引起人之异化的种种弊端，而只是说，它能帮助个体发现引起自己种种失调的原因。更进一步说，在霍妮看来，它还能帮助个体实现民主社会的理想：全面发展自己的潜力。对那些有能力进行自我分析的人而言，会额外地增强自信心。因为完全靠自己的勇气和坚韧不拔的精神征服心理障碍与依靠精神分析师的帮助相比，会获得更加充实可靠的自信感，使人相信自己有能力面对困境。

关于普通人能不能进行自我分析，霍妮认为自我分析对实施者的要求并不高，只要有日常的心理学知识就可以了。但是在开始自我分析之前，实施者应该征求精神分析专家的意见，应至少在专家指导下进行过一些自由联想。但是至于能否把自我分析坚持进行到有明显效果的程度则要看自我分析者是否有足够多的激励。这里的“激励”指的是为了消除症状和促进健康而进行自我分析的意愿和决心。只要有了充分的激励，患者的心理能量就会被激发出来，并生成材料，最终导致进一步的洞察。但是，很多精神分析师认为患者的激励即使有，也不会强烈到能够仅凭自身就能克服认识自我的障碍。霍妮认为，持这种观点的人是把患者的唯一有效的激励仅仅看做是患者努力摆脱严重痛苦的愿望。如果这样看，那么这种激励当

① [美]安东尼·史蒂文斯著，杨韶刚译：《二百万岁的自性》，北京：中国社会科学出版社2003年版，第76页。

然就不会长久，因为一旦症状稍微减轻，激励作用就会成比例地缩小。这是以消极的方式看待精神分析的目标，即仅把精神分析看做是为了消除神经症症状。而包括霍妮在内的一些精神分析师则更积极地看待精神分析：它是为了使一个人免于内在束缚，使他的最佳潜力得到发展。[①]这就是说，精神分析不仅仅是为了消除各种具体的神经失调症状，而且还为了一般性格的发展。只要这样积极地看待精神分析，那么很多人为了自己的一般性格的健康发展，是会产生足够的内在激励的。

但是即使就内在激励的问题上达成了一致的意见，也仍然有很多精神分析师认为普通人无法进行自我分析，因为他们缺乏必要的知识、训练和经验。霍妮对这个问题作了详细的论述。首先她分析了作为一个专业分析师所必备的素质。一是要对种种无意识力量的本性、它们的表现形式、它们具有动力的因由、它们造成的影响以及揭示它们的方法、有广博的心理学知识。二是必须具备一些经过训练和经验培养起来的技能。例如如何处理患者、如何处理所得的大量材料、如何感知患者的心理潜流，等等。三是分析师必须有透彻的自我认识。因为精神分析的工作是一种分析师把自己映射到一个陌生的、有其本身癖性和法则的世界中的工作。因此，分析师除了熟练掌握和使用自己的分析工具外，还必须在他与自我、与他人的关系上正直无私，有错必纠。[②]

分析了专业分析师所必备的这三个素质之后，卡伦·霍妮指出，自我分析降低了专业分析师的第一个要求，清除了第二个要求。因为我们每一个人对自己所反映的世界并不觉得陌生，一切有关这个世界的知识，都以某种方式存在于其中。为了进入这个世界，他只需观察，并使用他的观察结果就可以了。如果自我分析者在认识自己的障碍根源时能够克服抗拒，那么他就能在某些方面比别人更好地观察自己。自我分析的困难不在于这些理智的方面，而在于感情上，感情因素容易使自我分析者对无意识力量视而不见。[③]这也就是说，进行自我分析的人对自己一定要无情而诚实。

① [美]卡伦·霍妮著，许泽民译：《自我分析》，贵阳：贵州人民出版社2004年版，第7页。

② [美]卡伦·霍妮著，许泽民译：《自我分析》，贵阳：贵州人民出版社2004年版，第9页。

③ [美]卡伦·霍妮著，许泽民译：《自我分析》，贵阳：贵州人民出版社2004年版，第10页。

在霍妮的经验中，那些进行自我分析比较成功的人在尝试自我分析之前被别人分析过，因此对自己无意识的力量会充分重视。

（二）自传作为一种自我分析方法

虽然自我分析方法对解决轻度神经症以及促进一般人格的健康发展非常有实际的意义，但是作为一种精神分析方法，它有很多无法作为一种普及的自我疗救方法的局限，例如，如果不经过专门训练或者曾经进行过一段时间的精神分析，那么在进行自由联想的时候很难克服抗拒。并且就一般人来说，总是在感到有明显的神经症倾向的时候才会想到去找精神分析师，如果仅仅是感到一些不十分严重的抑郁或者焦虑就不会到心理诊所去。因此，也许自我分析这种方法根本就不会被普通人所知晓。虽然自我分析法对解决轻度神经症以及促进一般人格的健康发展非常有实际的意义，但是作为一种精神分析方法，它有很多无法作为一种普及的自我疗救方法的局限，例如，如果不经过专门训练或者曾经进行过一段时间的精神分析，那么在进行自由联想的时候很难克服来自于自我的抗拒。在我国，并没有普遍的精神分析传统，因此人们也没有重视自己无意识的习惯，更不用说学习触摸自己无意识的方法了。但是，近年来，在工作压力下，有一部分中小学教师的心理处于亚健康状态，影响了教师自身的幸福感，也影响了他们教育力量的发挥。如果能有一种较为便捷的方法，使得教师能够有意识地进行自我疏导或自我治疗，那么他们拥有积极健康心态的可能性就会大大增加。自我分析式自传研究方法是一种可能的尝试。

自我分析式自传研究方法是试图把自我分析法与自传研究方法结合起来，也就是说，让教育中的自传研究方法充分地借鉴精神分析领域的自我分析法。它充分借鉴威廉·派纳的存在体验课程方法，只不过研究的动因更多地是由摆脱神经症症状或者冲破种种内心的局限的渴望引发的，而不是像存在体验课程方法一样旨在理解自我与自传情境的关系。在我国的情境中，这里所说的自我分析式自传方法类似于存在体验课程方法，只不过研究的教师作为一个职业群体，心理问题的职业特征比较明显，而且一旦出现心理问题就很不容易排解。这些心理问题中有很多是由我国的学校教育特征引发的，是更大范围的社会文化、政治、经济共同作用的结果。因此，要真正降低教师心理问题的广泛性，需要这些方面的协同作用。但是，在我国当前的发展阶段，这肯定是一个需要长期解决的问题。因此在这里我所提倡的自我分析式自传方法无法解决外在于自我的根源问题。它可能起作用的范围是帮助个体认识自己当前的一些神经症倾向或者不健康的心理倾向如何与自我的成长史紧密相关。一旦明白了自己的某个症状或某种感觉的根源，个体就有了改变自己的力量和方向。从某种意义上说，只有个体获得了健康、自信的心理，他才可能参与到更有创造力的改造现实的工作和活动之中，并在改造的过程中享受生活、体验幸福。

从进行的连续性与否来看，自我分析式自传方法有两类。一类是间或自我分析式自传，另一类是系统分析式自传。所谓间或自我分析式自传，指的是当个体遭受严重的明显神经症症状的时候，在自己的生活史中探究症状的原因的行动。它不是为了深入了解自己的复杂性格结构，而只是为了消除具体的、严重的明显症状。这些明显症状往往是急性的。例如，一位教师也许由于某个学生顶撞他或者某个同事的行为而大发雷霆，但是出于风度、道德或者纪律方面的考虑，他压抑了自己发火的欲望，但是却导致了急性头痛、失眠或者其他急性身体症状。这位教师意识到，单纯这个具体的事件肯定不会导致自己如此严重的反应，因此肯定背后有更深层的无意识原因。这时，他就可以寻找一下这个具体障碍的根源。寻找的方法是尽可能地自由联想。他可能会发现这与自己一段时间以来老是压抑愤怒有关，也可能与过去的某段经历所留存的阴影有关。一旦找到具体障碍的根源，个体的症状就会消失，如果这个症状在个体的整个性格结构中并未承担任何其他角色的话。

间或自我分析式自传还可以用来治疗情境性神经症。有些个体的整个精神状态是健康的，但是会在某个困难的情境中暂时出现某种障碍。当此发生时，个体追寻与这个情境有关的一些内在线索。一旦个体找到引起冲突的根源，症状就会得到消除。

间或自我分析式自传对分析者的要求比系统分析低得多，只要有一些日常的心理学知识就够了。但是必须具有的前提条件是进行分析的个体要相信无意识因素的巨大作用，他必须不能把症状归因为外在的原因。也就是说，只要他的症状没有明显可查的病理原因，那么他就该相信是自己的无意识系统在起作用。如果这个前提条件不存在，那么无论是间或的还是系统的自我分析式自传研究都是不可能的。

虽然间或自我分析式自传易于操作，而且不需要持久的激励，但是仅靠它无法治愈严重的神经症或者精神失调，它也不能对全面认识自我心理的基本状况从而增加自信心产生重要的效果。因为就如霍妮所言："神经症人格不是一个由一个个障碍因素拼凑而成的大集合，而是具有某种结构，它的每一部分都与其他每一部分紧密而复杂地互相纠缠在一起。"虽然间或自我分析式自传能帮助我们找到某一次神经症出现的原因，并消除某个症状，但是，"要造成本质上的变化，还要分析它的整个结构，即需要更加系统的分析。"①

间或分析的方法不需要特定的场合或特别的医疗工具。只要使用的人有了解自己某种障碍的愿望就可以了。分析可以随时随地进行，分析的过程可以记录也可以不记录。可以是一次性分析，也可以就同一症状进行多次分析。如果不涉及到十分隐私的内容，它的分析过程还可以在教师研讨会上或在朋友之间交流。交流之中的互相提示以及安慰、同情和支持可以增强治疗的效果。

系统分析式自传指的是连续地分析自己的问题并努力克服抗拒使问题得以深入跟进。与间或分析相比，系统分析的特点并不仅仅是频度较大，因为如果仅仅是频度大，但是问题只是在表层得到解决，也仍然不能算是系统分析。能够进行系统分析式自传研究的教师一定要有与自己作斗争的意志。用霍妮的话说，"这是一种成长的愿望，是一种不让一切妨碍成长的东西得不到触及的愿望。这是一种对己无情和对己诚实的精神，只有在这种精神持续存在的情况下，他才能成功地发现自我。"②如果没有这种愿望，个体就不太可能能够忍受必须把自己暴露于令人痛苦或难堪的因素之下，以及必须与那些因素作长期斗争的磨难。

在系统分析中，一个很容易出现的问题是个体会试图迅速找到引起自己困境的无意识因素，这样做至多只能找到一些肤浅的联系。例如，一位教师深受失眠头痛之苦，他可能会联想到自己最近的一些额外工作

---

① [美]卡伦·霍妮著，许泽民译：《自我分析》，贵阳：贵州人民出版社2004年版，第112页。

② [美]卡伦·霍妮著，许泽民译：《自我分析》，贵阳：贵州人民出版社 2004年版，第115页。

压力或者与某个同事或者学生的紧张关系，从而迅速地找到了自己的问题的“原因”。然后，他就会发现自我分析并未给自己带来预期的治疗效果，这时候，他要么会对自己丧失信心，要么开始对精神分析产生怀疑。因此，在进行自我分析式自传研究的时候，首要的思想准备是研究的长期性。表现出症状的心理问题一般不是由某一个具体的原因导致的，而是多个因素综合作用的结果。这些因素很多位于无意识的底层，个体只能通过一些无意识派生物发现它们。这些无意识派生物只能在个体逐渐认识自我的过程中得到，而不可能通过直面障碍直接发现。总之，发现自己“问题”的原因应该是个体全面诚实地认识自我的过程的一个必然结果。这个过程类似于王国维概括的做学问的三种境界。第一个境界是“昨夜西风凋碧树，独上高楼，望尽天涯路。”这是遭受诸种症状折磨，痛苦不堪，因此试图远眺，寻找症状原因的阶段。第二个境界是“衣带渐宽终不悔，为伊消得人憔悴。”这是漫长的寻找阶段，坚持下去的动力是找到阻碍自己发展的原因的决心。第三个境界是“众里寻他千百度，蓦然回首，那人却在灯火阑珊处。”[①]这是历尽千辛万苦之后的报偿。一个坚强得多、自信得多、健康得多的自我会微笑地面对世界。

进行系统自我分析的主要方法和间或分析一样是自由联想。我在本书的其他部分论述过自由联想。虽然说进行系统分析的个体仅仅让自由联想的内容在内心涌动而不记录下来，但是就其效果来说，还是记录下来的好。记录的方式可以是多样的，例如，用助记词简略地记录自己的思路。这种记录法的优点是可以快速地记录流动的思想；可以比较详细地记录联想到的东西，优点是记录下来的当时不被注意的细枝末节在日后重读时，也许会成为重要的进一步联想的线索；也可以用录音机把联想的过程录音。优点是便于保存和整理，但是缺点是把内在思想的流动口头表达出来可能会阻碍进一步的联想。值得注意的是，就如霍妮专门提醒过的，不能把自我分析工作记录成日记的形式。霍妮认为：“一部日记充其量也只是意识感情、思想和动机的诚实记录。它可能具有的揭示性，在于它不为外界所知的感情经历，而不在于连作者本人也不知

① 王国维著，周锡山编校：《人间词话：汇编、汇评、汇校本》，太原：北岳文艺出版社2004年版，第75页。

的东西。”[①]在这里，霍妮指的是自我分析的记录是为了深入意识层下面，是为了寻找连记录者本人也不知道的无意识因素。他所有的记录只有一个目的：为认识自我服务。它绝对不能顾及到可能会有哪些人看这些记录。这与日记有本质的区别。

二、自传研究方法与自我分析方法的结合

以存在体验课程为代表的自传研究方法是一个开放的体系，它不断地从其他注视与分析人的内在自我与生命意义的学科获得启发，扩展自己的疆域。

（一）“变形”与“自性”的显现

“变形”（transformation）是荣格心理学的一个重要术语。它指的是心理能量从一种形式到另一种形式的变化。就像物理学家用它（transformation）描述从机械能到电能的变化一样。在心理学中，所有的能量都是潜伏着的。荣格认为这些能量都遵守能量守恒定律（就如在物理学中一样）。能量不能从心理系统中简单地消失，如果它对意识而言消失了，就可以在无意识中发现它。[②]简单地说，心理上的“变形”是心理能量从一个“有机形式”“转移”到另一个形式，是把能量流从一个途径、形式或暗示彻底地改变成另一个途径、形式或暗示。[③]变形是发生于心灵深处的深刻变化过程。

默里·斯坦因以毛毛虫的蝶变为隐喻，论述了人的一生发生深刻变形的几个阶段：幼年时期（第一个毛毛虫阶段），在青春期的变形中达到顶点，然后发展成为具有成人性特征人，但是这个成年状的人的真我仍然处于隐藏状态，被种种适应性心理结构和这一生活阶段的种种需要所遮蔽，这是第二个毛毛虫阶段，它在中年生活的变形中达到了顶点。

---

① [美]卡伦·霍妮著，许泽民译：《自我分析》，贵阳：贵州人民出版社2004年版，第123页。

② [美]默里·斯坦因著，喻阳译：《变形：自性的显现》，北京：社会科学出版社2003年版，第66页。

③ [美]默里·斯坦因著，喻阳译：《变形：自性的显现》，北京：社会科学出版社2003年版，第196页。

中年生活的变形诞生了“真我”，这一人格在后半生变得充实完满，得到了实现。在中年和老年期之间可能存在第三个毛毛虫阶段，同时也存在另一次变形。这最终的变形显然产生了一种自我感，这种自我感是高度精神性的，目标在于超越时间限制的永恒，就像一个人准备好了最后的容让退隐和有可能是第四次变形——身体的死亡那样。[①]斯坦因的这几个变形阶段的划分是从一个高度俯视整个人生的发展过程而做的大致分期。就一个具体的个体来说，人生阶段的划分常常并不那么明显。变形阶段的时间延续也是因人而异，并且“至为深刻的变形时期常常是作为灵魂的黑夜而被度过的”。[②]

在荣格看来，变形的目标是自性（self）的显现。在他看来，一切人格的最终目标，是充分的自性完善和自性实现。所谓的自性，在荣格心理学中包括了潜意识的一切方面，起着将整个人格结构加以整合并使之稳定的作用。他认为，人格从一开始就是一个统一体，这种人格的组织原则是一个原型，即自性。自性是统一、组织和秩序的原型，它把所有别的原型，以及这些原型在意识和情结中的显现，都吸引到它的周围，使它们处于一种和谐的状态。它把人格统一起来，给它一种稳定感和“一体”感。当自性原型有效地行使职能的时候，个体就会感到自己和整个世界都处于一种和谐的状态。当自性原型没有能够很好地开展工作时，个体就会感到不满足、不舒服，或者内心冲突激烈，感到自己的精神即将崩溃。[③]

但是自性的完善和自性的实现是一项非常复杂、艰巨和漫长的事业，几乎没有人能够完全成就这一事业。而且，就如荣格所指出的，自性原型在中年以前几乎不明显，因为在自性原型以某种程度的完整性开始显现之前，人格必须通过个体化获得充分的发展。因此我们应该更多地强调对自性的认识，要注意各种来自自性原则的信息，而不应该过于强调自性的完满实现。

---

① [美]默里·斯坦因著，喻阳译：《变形：自性的显现》，北京：社会科学出版社2003年版，第9页。

② [美]默里·斯坦因著，喻阳译：《变形：自性的显现》，北京：社会科学出版社2003年版，第132页。

③ [美]默里·斯坦因著，喻阳译：《变形：自性的显现》，北京：社会科学出版社2003年版，第196页。

（二）变形概念对教师心理研究的启发

变形的概念为我们思考教师的心理问题提供了一些启发，特别是当我们思考教师的完满发展的时候。教师职业的重要特征是以人际关系为工作的载体，学校教育的效果取决于教师处理各种人际关系的能力，如师生关系、师师关系、生生关系、学校领导与教师关系、教师家长关系，等等。如果这些关系都处在一种和谐、一致、正向的建设性状态中，那么学生通过教育获得统一人格的可能性就很大。在这些关系中，教师居于所有关系的中心，因此承受着最大的压力。如果教师的心灵充实完满，他就会以建设性的态度处理这些关系，他本人也会体验到深刻的幸福感。然而心灵的充实完满是相对的，由于年龄阶段、性别、家庭状况、成长历史等的影响，以及个体对环境条件不同的敏感反应，因此每一个教师个体都面临着不同的会影响到心理平衡性的问题。如果教师能够有意识地培养自己的完满发展，那么他就有可能在关键的时刻促进自己心理变形的产生，这些心理不平衡性就有可能成为变形的契机。

其实对于任何职业群体的个人来说，通过变形来实现更加完满的自我都是重要的。但是教师作为一个职业群体，心理变形具有更加重要的作用，这是因为教师工作具有特殊性。他们一旦出现心理问题，就会比其他职业的人们更加难以解决，因为就目前的情境来看，引发或者加重心理症状的外在环境不可能消除。教师的工作对象是人，是处在成长期的青少年，因此教师的心理问题影响的不仅是他本人，而且是他的学生以及围绕师生关系发生的其他一些关系中的人。教师的心理问题必然影响到这些关系的建设性发展。学生的心理问题中有很多是因为遭受教师的不公正对待造成的，例如忽视、打击、讽刺、挖苦、过度宠爱，等等。这些不公正对待中有很多是教师自身心理问题的折射。

一个毛毛虫在最终变成蝴蝶之前，要经历若干次较小的变形。每一次较小的变形都使毛毛虫向最终的变形前进了一步。这个毛毛虫蝶变的隐喻可以很好地类比人的心理发展完善过程。我们需要充分了解变形过程的痛苦和变形的天然性质，以及在变形期间所必须忍受的痛苦。每一次变形都是可怕的，但是不经过它们，就不会最终变形为美丽的蝴蝶。

我们还应该了解，处在变形过程中的人，常常是有欠缺的。变形的过程并非是完美无缺的过程。在一个群体之中，正在变形的人往往忍受着巨大的痛苦："他们常常是改变他人和他们周围的文化的人。只有那些曾经或正在变形的人才能是未来变形的践行者。"①

既然变形的过程是如此重要，那么个体如何自觉促进自己的变形呢？首先，要为自己寻找一个"有变形作用的心象"。"一个有变形作用的心象是一个对心理能量进行引导并将其导入特定的态度、行为和目标的心象。"②这里所说的有变形作用的心象类似于一个榜样，只是它影响的持久性和明确的方向性较榜样为强，它往往成为个体变形后面的驱动力量。起变形作用的心象一旦出现，他们就占据了一个人的意识。在默里·斯坦因的著作中，他举了一个著名的例子来说明有变形作用的心象所起的巨大作用。出生于美国最富有的家族中的威廉·梅隆做过牧场主，参加过二战，在1947年他37岁的时候，偶然在杂志上读到了关于阿尔伯特·史怀泽的文章。阿尔伯特·史怀泽是阿尔萨斯的传道士、哲学家、音乐家，在他38岁的时候前往非洲为当地人服务，他后来在加蓬建立的医院闻名世界。梅隆为史怀泽的使命深深倾倒，就给他写了一封信询问如何创办这样一所医院。从史怀泽的回信开始，梅隆的生活就确立了新方向。在取得医生资格后，他和妻子一起去海地创建了一所医院，在医院里工作经营，投身于当地的社区事务。对威廉·梅隆来说，阿尔伯特·史怀泽就是一个起变形作用的心象。

获得起变形作用的心象并不容易。史怀泽之所以能成为梅隆的起变形作用的心象，是因为他与梅隆内心深处的渴望吻合在一起。因此，进行自我分析式自传研究有助于个体经常检视自己内心的冲突，逐渐经历若干个小的变形，直至有朝一日发现起变形作用的心象，把自己的心理能量引导进入特定的态度、行为和目标，这就进入了个体一生中最重要的变形的轨道。

其次，要努力建立一种起变形作用的关系。在人一生与他人交往的过程中，会建立各种各样的关系，但是其中只有很少是起变形作用的关系。有的人可能终生都不会遇到这样一种关系。所谓起变形作用的关

---

① [美]默里·斯坦因著，喻阳译：《变形：自性的显现》，北京：社会科学出版社2003年版，第15页。

② [美]默里·斯坦因著，喻阳译：《变形：自性的显现》，北京：社会科学出版社2003年版，第78页。

系，指的是这种关系使一个人对生活的基本感情和态度变得具体明确，唤起了一个人对未来的新幻想，重新建构了一个人对过去的记忆，而且它帮助个体产生了对意义的新看法以及开辟了个体今后努力与工作的新途径，如果一种关系起到了以上列举的作用，那么我们可以说，这样一种关系就是一种起变形作用的关系。[①]起变形作用的关系可以是夫妻关系，也可以是在一个强有力的创始人的精神指引下生活在一起的社群关系，等等，斯坦因认为，对贯穿人的一生——包括成年期——的心理变形来讲，亲密关系或许是最富价值的环境因素。[②]在个体朝向完满的内心发展的过程中，发现与发展一种起变形作用的关系十分重要。

（三）自我分析式自传研究方法的步骤

当教师意识到自己的一些心理问题影响了健康生活和工作的时候，他就应该着手进行自我分析式自传研究，一般来说，可以遵循辨认问题——查找根源——发现深层冲突三个步骤。

第一个阶段，辨认心理问题及其表现。有时候，个体往往被各种无形的相互冲突的力量左右着，感到生活不由自主、彷徨无助。如果我们找到了自己有哪些心理问题，那么即使消除的办法还没有出现，就仅仅知道了问题本身来说，也减轻了个体很大的负担。对那些总体心理比较健康，仅受一种心理问题的困扰的人来说，发现症状本身就可能会起到治愈的效果。例如，一位初中教师最近非常焦虑，以至于影响了睡眠、饮食以及对他人的态度。经过仔细的辨认研究，他发现自己在进行班级管理的时候，具有非常专制的特征。随着学生年龄的增长，他们越来越讨厌老师的专制态度，因此开始以各种或明或暗的态度来反抗。这位教师感觉到了学生的反抗，因此才感到焦虑。对这位教师来说，这样对自己状态的一种意识，可能就会有治疗的效果，因为既然知道了原因，他就明白自己下一步的努力目标了。但是就那些心理问题较为严重的个体来说，辨认出自己的问题通常并不会引起很多的改变，特别是当几种心

① [美]默里·斯坦因著，喻阳译：《变形：自性的显现》，北京：社会科学出版社2003年版，第120页。

② [美]默里·斯坦因著，喻阳译：《变形：自性的显现》，北京：社会科学出版社2003年版，第91页。

理问题相互缠绕的时候。因为在这一阶段，个体有可能还没有充分认识到这些心理问题影响自己生活的严重程度，并且很有可能，这些心理问题长期以来已经是个体应付生活的策略，具有“实用”的价值，个体并不愿意轻易地放弃它们。

第二个阶段，查找心理问题产生的根源及后果。在这一阶段，个体每辨认出一个心理问题，就应该尽可能地回溯自己的生活史，通过自由联想找到它的可能根源。例如，一位新手教师患了严重的失眠、头痛等症状，通过回溯这些症状的历史，他意识到自己一到讲台上就紧张不已，讲课的时候眼睛不敢看学生，后来发展成为一想起上课就紧张的严重程度。失眠和头痛不过是这种紧张的身体反应和逃避而已。通过自由联想他回忆起读小学的时候他的班主任极端专制，脾气很差，每次他回答问题错误就会受到讽刺挖苦。那几年里他一直生活得胆战心惊。他又想到父亲也是个极端严厉的人，他在父亲面前很少有自由表达意见的机会。他那时似乎说话很少，不爱表达自己。然后他又想到自己经常在一个人的时候才感到放松、安全。工作以后，他跟同事的交往也不是那么顺畅，他总是不能像其他同事一样自由地说出自己的想法。连带的，他跟学生家长的关系也是一样。他终于明白了，参加工作以前，他只是被人认为性格孤僻一些，但当教师以后，他一下子进入了一个关系的网络，没有办法逃避直接交往的关系网络，因此他焦虑了，之后就失眠头痛了。在认识到他的交往障碍导致的头痛失眠之后，他开始产生了改变的强烈愿望和决心。

但是这一阶段能不能进行下去，还取决于他有没有能力坚持到底。失眠、头痛等症状能不能消失，取决于他对种种伴随障碍的认识和能不能消除种种支持这些障碍的“合理化”防卫措施。如果堡垒被一个个克服，那么就会给他带来征服自己心理问题的信心。认识自己的心理问题是一个艰苦漫长的过程，决心和信心的共同作用才能保障个体坚持下去。

第三个阶段是辨认各种心理问题之间的相互关系，从而发现最深层的冲突。个体一旦发生心理问题就往往是几个心理问题的集合，而很少是单个心理问题在起作用。这些心理问题中有的相互强化，有的相互冲突，它们共同构成了一个恶性循环，因此试图单纯治愈一种，是不可能改善整个心理状况的。心理问题的最终解决，依赖于是否弄清楚心理问题的整个结构。因为种种具体的心理问题只是整个结构中的一个个焦点。个体每发现一个焦点，就深入了一步。这一个阶段是很有难度的，自我分析者也许会遇到自己最深层的抵抗。

阿德勒曾经指出：我们绝不能只治疗一种病症或一种单独的弱项。我们必须在整个生活的轨迹中，在用心灵解释其经验的方式中，在它赋予生活的意义中，在它为答复由身体和环境接受到的印象而做的动作中，找出其病症和错误所在。①

例如在上文中提到的那个因交往障碍而失眠头痛的教师，通过深入分析，可能会发现在自己交往存在障碍的同时，可能还有自卑、抑郁等心理问题。他只有发现这些问题之间的联系，才可能最终消除它们。

与存在体验课程不同，自我分析式自传研究并不在过去、现在、未来之间作明确的阶段划分，也就是说，它不是通过把关于过去、现在和未来的三幅图画并置在一起来工作的。自我分析式自传研究是问题导向的。它以一个心理问题为中心，通过自由联想、追溯、分析等心理过程渐渐靠近问题的所在。它的动机首先是摆脱心理问题带来的种种身体的和精神的困扰。

在自我分析式自传研究中，个体的主要任务有三个。一是通过自由联想，尽可能全面、坦率地表露自己，以使自己能够了解自己的内心是如何活动的，然后最终能够了解自己的人格结构。自由联想是一项非常困难的工作，我在本书第四章已经作过详细论述。二是要实事求是地面对自己的问题，尽力辨认种种心理问题的无意识驱动力以及它们对个体生活的影响。这个辨认的过程既是智力的，也是感情的，因此痛苦与宽慰会同时存在。洞察到某一个心理问题在自己生活中的广度和强度既可以让人感到欣慰，也可以让人非常恼火或者沮丧。让人感到欣慰的是，能够洞察到问题的真相既可以让人松一口气，也可以给人以希望。沮丧的是个体很可能发现，洞察出来的问题的深层原因很可能是他应对生活的手段，对他来说至关重要，一想到必须放弃这些，个体甚至会觉得害怕，继而也许会产生一种无能感。各种心理问题早已在个体内心里组成了一个牢固的结构，因此越是靠近性格结构基础的部分，越是难以被触及。个体要在冲破障碍与完善自我的激励下各个击破维持现状的各种“抗拒”力量。三是改变那些在他内心里影响最佳发展的因素。一般来

① [奥]阿德勒著，李心明译：《让生命超越平凡》，北京：西苑出版社2003年版，第34页。

说，随着对个体问题的深入洞察，相应的一些行为变化就会随之发生。开始是一些较浅层的变化，然后这些浅层变化帮助生成了更多的激励，促进他深入进行下去。这三个任务和自我分析的三个阶段相呼应，各个任务之间相互紧密联系。正如霍妮的经验一样：全面的自我表白为种种洞察铺平道路，而各种洞察又引发转变或为转变作好准备，每一个步骤都影响其他步骤。①

三、自我心理调适是自传研究的重要内容

在应试压力下，教师这个职业较易产生心理健康问题。自传研究能够帮助个体理解这些问题的成因并发现扩展内在自我的方法。

（一）我国中小学教师心理问题普遍存在

最近几年，由一些意外事故和一些课题的研究结果的效应，我国教师，特别是中小学教师的心理健康问题逐渐浮出了水面。2004年的教师节前夕，林紫心理咨询中心对上海市200个教师为期一周的免费心理健康测试显示，有近40%以上的教师存在不同程度的心理问题，5%的人已出现了明显症状。让教师感到压力最大的是学生的学习成绩，其次是源于“表演”的需要所产生的焦虑，比如社会对教师职业的传统期望过高，使得教师疲于应对这些期望。②广州中医药大学九三支社2005年3月对天河区650名女教师进行了身心健康调研，发现一半以上女教师出现程度不同的各种心理问题，14%的女教师有严重焦虑症状，55%的有心理抑郁症状，50%的女教师渴望接受心理辅导。调查发现，在650名女教师中，有90%的人感到紧张，中度、重度紧张的占了近八成，她们感到压力的来源，56%来自工作，30%来自健康，经济、职称次之。至于工作时的心态，56%的人感到压抑。随着社会上职业竞争日趋激烈，教师们感到从未有过的危机。调查发现，14%的女教师对工作有危机感，

① [美]卡伦·霍妮著，许泽民译：《自我分析》，贵阳：贵州人民出版社 2004年版，第77页。

② 李征，陈烨. 40%教师存在心理问题 最大担忧来自学生成绩. http://www.ep-china.net/content/psy/c/20040903132500.htm。

有近七成的女教师正利用业余时间接受各种形式的继续教育。[①]北京师范大学心理学院2005年上半年对北京市554名小学教师的问卷调查结果显示，近六成的教师在工作中烦恼多于欢乐，30%的教师在工作中经常有苦恼，另外三成的教师在校内很少同别人交往。从2011年10月起，国家中小学心理健康教育课题组对北京100所城乡中小学的2000多名教师进行了心理健康调查。调查结果显示，有超过半数的中小学教师存在心理问题。其中32.18%属于“轻度心理障碍”，而2.49%的教师已经构成了“心理疾病”。在一份关于教师工作状态的问卷中，近半数教师认为“工作太累”，其中37%的教师每天工作时间超过8小时。86.7%的教师认为自己主要的工作是备课、上课、应付检查和考试。该课题组对北京100名教师的心理核测发现，焦虑、睡眠障碍已经成为教师心理突出问题。

在对教师的心理问题进行研究方面，就我阅读范围所及，尚没有发现我国有样本较大、地域覆盖面广、涵盖各个年龄段等指标的量化研究。但是从以上一些地区性的研究以及最近几年广泛报道的发生在教师中的一些极端个案中，我们可以推断由教师的职业压力所导致的种种心理问题的严重程度。

（二）教师心理问题普遍存在的原因

在追寻这些心理问题的成因的时候，我们可以从普遍和特殊的意义上来考察。在普遍的意义上，每一个个体都有其独特的成长环境。在童年早期都经历过各种创伤并内化成种种无意识驱力。心理问题的出现是因为本应和谐发展的人格图画出现了不平衡，其严重程度视人格不和谐的程度而定。对于精神障碍产生的原因，各个心理分析学派各有其解释。例如，弗洛伊德认为种种人格障碍产生于环境因素与受抑制的本能之间的冲突；阿德勒认为它们是由人们用来表明自己高人一等的方法和手段生成的；荣格的一个重要概念是集体无意识，由集体无意识培育的无意识努力是自觉心灵努力的绝对对立面，两者之间的距离越大，生成障碍的可能越大；卡伦·霍妮的解释是，种种无意识努力居于精神障碍的中心，它们是在面对恐惧、无助和孤立的时候，发展出来以应对生活

① 陈辉：《半数女教师存在心理问题》。http://learning.sohu.com/20050311/n224637020.shtml。

的。[1]在这些解释中，我认为卡伦·霍妮的更有助于解释神经症倾向的发展过程。

卡伦·霍妮认为，无论在何种条件下，儿童的成长都会受到环境的影响，因此重要的是这种影响是妨碍还是促进他的成长。不幸的是，在我们的文明中，有很多因素不利于儿童发展一种健康的心理。各种不健康的家庭氛围不能帮助儿童认识到自己是具有权利和责任的个体。多个不利因素的结合就使儿童发展出不恰当的自尊。开始的时候，他会变得缺乏安全感、忧心忡忡、孤独、满怀怨恨。他会对包围着他的这些力量感觉无助，然后他就会凭借本能和经验，逐渐发展出一套应对环境的手段。他在如何应对别人方面养成了一种敏感而小心翼翼的特征。[2]儿童应对生活所发展出来的种种特定方法为神经症倾向打下了基础，然后随着时间的改变，这些神经症倾向会继续下去，并最终会强烈地支配他的人格，除非在整个过程中出现强有力的抵制因素。卡伦·霍妮认为在困难条件下长大的儿童，会养成一套基本上成为神经症倾向的生活态度。他不能通过自由意志来改变那些病态地应对生活的态度，便不得不把它们坚持下去。[3]

作为普通人群体中的一员，有些教师的儿童期就是在不利的家庭中度过的，他们童年期发展出来应对生活的神经症倾向并未因为年龄的增长而消除，它们还是潜藏于他们的基本人格中，又由于教师职业的特点是与他人的互动频度多，因此这些神经症倾向受到触动而恶化的几率就比较高。这些是教师心理问题中较为严重的情形。

另外，有些教师的心理问题较为轻微，构不成精神分析意义上的神经症倾向，但是却也影响了教师的人际关系、工作态度以及身体健康。这些心理问题中有些是由教师职业的特点造成的，我在下文中会谈到，还有一些是由于个体教师特定的生活情境造成的，比如特定的家庭问题、恋爱挫折、更年期反应之类。

---

① [美]卡伦·霍妮著，许泽民译：《自我分析》，贵阳：贵州人民出版社2004年版，第38页。

② [美]卡伦·霍妮著，许泽民译：《自我分析》，贵阳：贵州人民出版社2004年版，第42页。

③ [美]卡伦·霍妮著，许泽民译：《自我分析》，贵阳：贵州人民出版社2004年版，第44页。

以上是从普遍的意义上来考察教师的心理问题，也就是说把教师作为一个普通人考察，没有考虑到教师职业的特殊性。我认为思考教师的心理问题不能漏掉这个环节，也就是说不能仅仅从导致教师心理问题的职业特殊性上来考虑，否则就容易忽视那些表现为心理问题的深层无意识因素。

除了普遍的原因之外，还有特殊的原因。所谓特殊的原因，我在这里指的是中国内地情境中的教师，特别是中小学教师的职业特点给教师们造成的心理压力，从而造成了一些非预期的心理问题。我国内地的教师工作在过热的应试教育情境中。对他们的考察是以学生的学习成绩和升学率为依据的，而实际上，教师们无法完全对学生的学习成绩负责，他们充其量只负有部分责任。学生们聚集到一起学习一门课程，表面上有共同的目标，但实际上他们的内在状态千差万别：学习基础、准备性、努力程度、人生目标、家庭环境、所属亚群体、社区环境以及广而言之的社会文化环境，等等，因此教师们无法用自己的教学热情全然地影响学生，或者说，他们的教学水平和教学投入无法必然转换成学生的学习成绩。教师们之间的状况也是千差万别的：讲课风格、人格魅力、家庭状况，等等。因此，用单一的学习成绩来衡量这些有巨大差异的群体是不公平的，必然产生程度不一的心理压力，进而也许潜在地导致紧张刺激、不安全感以及偏斜或扭曲。

在内地的多数地区，教师一般需要面对几十甚至上百名学生，这样庞大的班集体本身对教师而言就是很大的压力，再加上过多的考试压力与过多的课时量，而且有的教师同时还兼做班主任或者其他工作。在那些学生们中午在校就餐的学校，特别是小学，教师们还要承担照顾学生们吃饭、安全的任务。繁重的教学加上事务性工作带来的压力使得教师职业成为极易导致焦虑出现的职业，而焦虑则是一些睡眠障碍、抑郁、人际关系恶化等心理问题的策源地。

最近几年我国的新课程改革正逐步从试验区走向全面推广。在有的地区，改革初期采取的策略是“添加”的方式，即在原有基础上添上所谓的新理念、新方法。结果在应试教育大环境不改变、教师的思想没有转轨的情况下，教师的负担由于推行新课程而加重。他们除了应付常规工作备课、上课、辅导、批改作业等之外，还要学习并实施“符合”新课程要求的教学方法、师生互动方式以及与此相关的各种学习充电活动。新教材不但要求教师把握新的教学内容，而且要求教师以新的方式授课。在新教材实施之初，教师们往往难以把握考试的范围和难度，因此不确定的感觉十分强烈。随着研究性学习、研究性教学等理念的提出，很多中小学逐渐加强了对教师的科研要求。教师们不但要写作科研论文，还要配合学校改革参加实际的教学改革。例如有的地区在实施新课程改革的过程中引进了“发展性评价”的理念，要求教师对学生的整个学习过程进行动态评价，教师每周要为每个学生写评语。如果一位历史老师教8个班，就可能有400多个学生，那么他一周要写400多个评语，其中的额外压力可想而知。

新课程改革之所以给一些教师带来额外的心理负担是由在一个框架、公众期望和根深蒂固的习惯和理念基本不变的情境中实施改革所带来的必然紧张造成的。[①]首先，框架能严重地限制教师改变教室惯例的灵活性。一般来说，影响教学的框架主要有四个：一是所教的班级类型和所教的科目；二是时间分配；三是教师的特点；四是材料和设备，材料指的是教学材料的类型。我国的一般做法是在不改变班级学生数目和组成班级的方式的情况下实施新课程改革的。在班级学生人数多，空间拥挤、教师的事务性工作太多、支持新的教学方法改革的材料又不充分的情况下，稍微改变一下授课方式就可能使教室陷入混乱，因此实施新的课堂教学方法会给教师们带来很大的精神压力。其次，教师的教学行为必须符合公众的期望。通常的公众期望包括四个方面：一是范围，指的是教学所呈现的特定的主题、内容或材料；二是熟练，指的是所教的科目必须取得一定水平的成绩；三是感情，在教室里必须保持建设性的感情和态度；四是秩序，在教室里必须保持良好的举止、纪律和秩序。任何改革要想符合这四个期望都是非常困难的。那些实施新的教学改革的教师，特别是那些对自己的教学能力不是十分自信的教师会对任何非传统的课堂教学改革忧心忡忡，因为除了灌输和静听的模式，其他的尝试很难同时满足这些期望。最后，根深蒂固的习惯和理念也在教师的传统实践和改革所要求的新的课堂教学实践之间形成了一股张力。改变教师已经熟练运用的传统教学方式非常困难，往往给教师带来非常大的压力，因为这意味着教师需要改变他们关于教学的根本信仰而采纳新的专业认同。教师们往往过度学习了传统的教学模式。任何与传统的教学方

① Walker, Decker, F.. *Fundamentals of Curriculum*(second edition). New Jersey: Lawrence Erlbaum Associates, 2003, PP. 247-251.

法不一致的尝试都往往引起焦虑反应。并且公众也是在传统的教学模式下成长起来的，他们最熟悉的也是传统的教学模式，因此任何新的教学改革看起来都有些可疑。因此，尝试教学改革的教师既要应对自己内在的不确信，又要担心公众的怀疑，内外交困的压力很大。

另外，在我国当前的情境中，教师的付出与相应的收入还不成比例，在有些地区，甚至拖欠基本工资的事情都没有得到彻底解决。在很多中小学校，各种检查和评比充斥教师的日常生活，特别让教师们紧张的是诸如末位淘汰制之类的考评制度，因为它往往和最切身的利益挂起钩来：职称、工资、岗位，等等。同时，由于社会日趋功利性，师生关系日渐淡薄，教师必须在压力下加倍用心于教学，而他们本应从中获得的心理报偿却又相对减少，因此很容易导致心理枯竭感的产生。并且，我国独生子女的养育方式也给教师职业带来了困难。有些家长把所有的问题都推给教师，孩子学习不好是教师的问题，在学校发生的一些偶发事件也是教师的问题。所有这些都使得教师职业成为一个压力越来越大的职业。

（三）我国情境中心理问题排解困难

在我国，教师的心理一旦出现问题就很难得到排解，我认为在教育大环境不变的情况下，原因主要有三个。首先，缺乏支持和关注的渠道。由于我国缺乏一种或数种被普遍接受的宗教，因此教师们没有合适的场所来倾诉内心的焦虑和冲突。这并不是说，宗教能消除心理问题，而是说，如果有像宗教活动那样的场合，教师就能把内心的问题诉诸忏悔或者诉诸信徒之间的互相帮助和扶持式的倾诉，那么很多轻微的心理问题就能消失，重一些的问题也能得到缓解。因为焦虑和抑郁症的引发不是由于儿童期的被剥夺，而是由于某一重大的生活事件揭示了当前的个人关系没有受到支持和关注。[①]这也就是说，教师们的很多心理问题是由于他工作和生活中所出现的压力缺乏能够知觉到的支持和关注引起的。教师的职业是非常个人化的，同事之间的交往往往更具有竞争的色彩，因此同事不太可能成为内心真正问题的倾诉对象。那些家庭气氛和谐或者有知心朋友的教师往往有倾诉的对象。在有些情况下，仅仅知道

---

① [美]安东尼·史蒂文斯著，杨韶刚译：《二百万岁的自性》，北京：中国社会科学出版社2003年版，第95页。

自己随时能获得支持和帮助就能够起到减缓压力的效果。但是在当今时代（特别是城市中），由于生活和工作的压力，家庭往往成为了另一个拼搏的战场，无法提供关怀和抚慰。

也许在此，我的一个电大学生的人生状态很有代表性。她是我在兼职电大专升本的任课教师时的学生，小学教师，班主任，同时是一个三岁男孩的母亲。她的丈夫在一个跨国公司工作，经常出差在外地，不出差的时候也是早出晚归。她的儿子送日托幼儿园。她告诉我她每天的生活就像是战争。每天早晨很早就起床，把儿子送幼儿园之后匆匆赶到学校。在学校一直呆到下午五点多下班。在学校的一天里，除了上课，还要接待家长、批改作业、组织安排班级活动、课间监督学生的安全、午饭时监督帮助学生、定期的集体备课、定期的理论学习，等等。她的学校实施新课程改革后，不但定期学习和集体备课的频度增加，而且增加了很多额外的工作，比如对学生的一些评价改革就涉及到收集、保存学生的一些“作品”，写动态性评语，等等。有一个学期她的学校要求每个班级都要开设综合实践活动课程，要有研究报告。她的班级选择了水污染的课题，最终的结果是，学生们只是参与了一些调查，课题的写作成了她自己的作业。她的原始学历是中专，通过函授学习，她已经取得了大专文凭。由于她所属城市要求小学教师也要有本科学历，因此她考了电大，每个星期天到电大听课。如果一切顺利，三年后她就能拿到本科文凭。每个星期六，她还要送儿子去学英语和绘画。我给她上课的那个学期，她开始为自己晋升小教高级职称作准备。她所在的教育局规定必须发表两篇论文，或者有两篇文章获得局级交流的一等奖。

从这个案例中可以看出，这位小学教师每天都承受着巨大的工作和家庭压力。她几乎没有排解压力的渠道。生活对她来说就是一场战争。她曾经对我说，她不能生病，一生病整个班级和家庭就乱套了。可以推断的是，除非这位教师有坚强的意志和非常健康的精神状态，否则很容易出现焦虑、失眠、抑郁等心理问题。

其次，我国缺乏心理分析治疗的传统。在心理分析被普遍接受，并且心理诊所比较普及的环境中，教师一旦有了他自己感觉妨碍正常生活的心理问题时，他就可以去心理诊所找医生排忧解难。在精神分析被广泛接受的国家，人们一旦感觉有了心理问题能够想到如何重视并进行治疗。而在我国，由于传统、文化大革命以及意识形态等的原因，心理学作为一门学科长期没有受到足够的重视，反映在日常生活中，其后果就是人们对自己的心理问题也没有足够的重视。过多地内向注意自己的内心曾经被认为是自恋式的小资产情调。在这种环境下，教师们不注意自己的精神健康，有了心理问题之后不能想方设法及时排解也就容易理解了。

在我国，很多医院都设有精神科，精神科医生治疗的一般是出现了明显症状的如严重抑郁症患者、精神分裂患者，等等。基本的治疗方法是药物治疗，极少或者根本不涉及患者的无意识驱力问题。也就是说，他们采取的基本上是头痛医头、脚痛医脚的方法。一般说来，除非患者的个人生活已经受到了严重影响，否则不会去精神科之类的医疗机构解决问题，因为没有人愿意被贴上精神病的标签。

在有的大城市，一些心理咨询中心逐渐建立起来。但是这些心理咨询中心与国外的心理分析诊所不可同日而语。我国的一些心理咨询师是经过短期培训速成造就的，即使那些科班出身的心理学毕业生，与国外具有严格资格准入制度的精神分析师相比，也不是处在一个层次上。许多心理咨询仅仅处在咨询和安慰的低层次，无法起到治疗的效果。因此他们在教师心目中的专业地位并不高，教师们一旦有了心理问题就不会想到找他们去解决。一些稍微有点名气的咨询中心收费很高。昂贵的价格和心理咨询师的素质决定了无论是咨询师还是患者都把心理问题的解决看做是短期行为，而心理问题是不可能短期得到解决的。

最后，我国的教育研究中比较忽视自我研究。在教育研究领域，与我国心理学发展起步晚以及主流意识形态相对应的是对自我研究的忽视。在师范教育阶段，学生们学习教育目的、教育目标、教育过程、教育原则等教育基本理论，也学习教学方法、心理学之类的课程，但是这些课程却极少涉及到如何应对已经出现或者在未来的职业发展过程中可能出现的心理问题。这样做意味着未来的教师们很难对日后由于工作压力而出现的心理问题有思想准备。在日常学校组织的各种学习活动中，即使有以教师心理问题的排解为主题的，多数也是聚焦在一些主要症状和如何自我减压方面，也就是说很少触及到引发心理问题的真正原因。在一些本来应该很有机会学习自我研究方法的场合，如教育硕士的课程学习阶段或一些较长时间的教师集中培训，却成为主要学习一些新的教育理念、教学方法或者教育理论的地方。更加软性的自我研究之类的教育研究方法几乎没有或很少被提及。因此教师们就没有机会自觉地向内关注自我。

第八章

一种研究者研究教师“教育自传”的方法

对研究者而言，中小学教师的“教育自传”是接近日常教育实践的好材料。利用教师的自传材料来研究教师也可以看做是对教师的传记研究。厄本的传记研究阶段理论与自传理论已经相得益彰，互相启发。我认为它对于研究者研究教师的“教育自传”以及研究者把自己生活史中的某一段经历当做研究对象很有借鉴意义。

一、迈克·厄本的传记研究阶段论

迈克·厄本（Erben Michael）的传记研究阶段论包括四个阶段，如下图所示[①]：

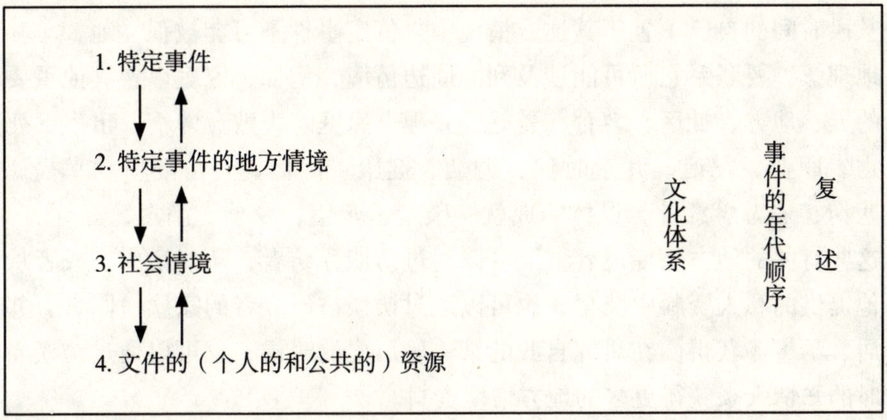

（一）收集资料的四个阶段

1. 特定事件

这里的特定事件指的是那些能为研究者提供符合研究目的的事件，例如受访者提到的某次教学事故、某个重要关系的开始、某个关键的人生决定、某个家庭事件、某个学校的新规定、某次任命，等等，或者它们也可以是个体研究自我回首往事，或者在阅读日记的时候发现的一些事件。这些特定事件不一定非得是重大的，事件之间也不一定非得是相互联系、相互作用的。它们是被研究者在思考研究者提出的问题时所提及的其生命中的特定事件。这一阶段收集的是发生在研究者身上或者对研究者有切身影响的事件。值得一提的是，这里的特定事件也包括被研究者的思想经历或者思想上发生的显著变化。用访谈法作为获得资料途

① Erben Michael(ed). *Biography and Education*: *A Reader*. London: Falmer Press, 1998 ,P. 11.

径的时候，应该注意文化传统的影响。在我们的传统中，经常隐晦曲折地表达自己的真实想法，因此一个成功的研究者会听出受访者隐藏在字里行间的意义。有时候一句听来非常平淡、好像毫无重要的意义的话可能正是发现受访者思想的关键。弗朗索瓦·于连说过，原原本本地讲述事情，这已经是突出它、评价它的意义……因为，如果我认为一件事值得说出来，那当然是我视之为非完全寻常之事，多少异乎寻常。①

2. 特定事件的地方情境

在这一阶段，研究者把被研究者（在自传研究的情境中，是把那个某段时间的自己）置于其地方情境中。特定事件不可能被孤立地、单独地理解，要联系它所可能涉及到的周边情境，例如，家庭以及其他重要的人、地方、社区、教育、爱好、兴趣、家庭、失败、爱情、出生、死亡、职业、友谊、儿童时代、婚姻、健康、回忆、经济环境、幸福、悲伤、焦虑、意外、退休、成就、破裂、希望、乡愁、满意，等等。②这些有关的地方情境内容，既可以通过访谈受访者，从谈话中，或者从他提供的私人资料中获得，也可以通过访谈被研究者的家属、同事、邻居、学生等获得。在研究自我的某一段历史的时候，也可以通过访谈当时的知情人来获得更多的地方情境资料。

3. 社会情境

这是把特定事件及其地方情境置于更广阔的社会背景中，例如在当时社会大背景下，社会的、地理的、政治的和经济的特征，社会分层、政治体系、经济体系、战争、饥馑，等等。这一研究阶段的资料，需要对被研究者某一阶段生活的社会大面貌有一定的把握。获得这方面资料的渠道非常多，有时候研究者也许会觉得资料太多了，以至于无从下手。迅速查找资料的办法是紧扣研究主题来搜寻。

4. 文件的（个人的和公共的）资源

这一部分指的是一些正式的资料，如誊写出的访谈、私人日记，等等，有些图书馆或博物馆收藏一些日记或者已经用过的访谈材料；一些公

① ［法］弗朗索瓦·于连著，杜小真译：《迂回与进入》，北京：生活·读书·新知三联书店1998年版，第92页。

② Erben Michael(ed). *Biography and Education: A Reader*. London: Falmer Press, 1998 ,P. 7.

共数据，如重要的统计资料、遗嘱信息等；传记百科全书和词典，等等。

（二）资料诠释的步骤

上述四个阶段的资料收集好了之后，就到了诠释阶段。诠释的方法见图表右边的竖写字体。诠释的基本方法是把资料置于变化的价值背景之中考察。这些价值本身不断地形成着自我。事件的年代顺序（chronology）表示重要的、有影响的公共事件的日期。这些公共事件对被研究者的生活具有形成性的影响，如全国性的课程改革、高考改革、独生子女政策、某项就业政策，等等。这一栏暗示我们文化发生在特定的、可辨认的历史时刻。文化体系（cultural system）和事件的年代顺序提醒我们："时间、生活历史、政治决定和人们的习惯产生了历史干涉和文化习俗的累积。"这就是说，个体的历史深受文化背景的制约和影响，要理解个体，就必须把个体置于他的社会文化背景中。杜威是这样强调生活环境的："个人生存的特定的生活条件，引导他看到和感觉到一件东西，而不是另一件东西；它引导他制订一定的计划以便和别人成功地共同行动；他强化某些信仰而弱化另一些信仰作为赢得他人赞同的一个条件。所以，生活环境在他身上逐渐产生某种行为的系统，某种行动的倾向。"①而海德格尔则认为人的本质不是自为的，而是与周围世界处在不可分割的状态中，"每个人都是他所操持和繁忙的东西。"②

陈家琪在研究《水浒》的时候，提到了类似的研究取向："我已不喜欢单凭他们个人的性格、经历或心理分析来重建他们的行为动机，而是更倾向于重建一种社会境况（social situation），看在此境况下风俗（自古道、岂不闻、古人云、常言道，等等）所能展示出的他为何如此行动的侧面，因为此种展示有利于我们在江湖好汉的个体化行动（如杨雄杀妻、武松杀嫂）后面看到某种在主体间（intersubjectivity）具有一致性的东西，亦即我们在前面所提到的知识体系、表达规则。"③

---

① ［美］约翰·杜威著，王承绪译：《民主主义与教育》，北京：人民教育出版社1990年版，第13页。

② 转引自倪梁康：《自识与反思——近现代西方哲学的基本问题》，北京：商务印书馆2002年版，第694页。

③ 陈家琪：《话语的真相》，上海：上海人民出版社1998年版，第280页。

复述（rehearsals）指的是研究者对先前的资料进行重新思考、重新定义。各阶段之间的箭头表明任何质的研究范式只能是一个敏感的设计，在现实中，不管哪一类具体的事件（从个人的到国际的），就个体而言，不可能被单独地或抽象地经历。在这个研究阶段图表中，根据研究目的的差异，各个部分不会平均用力，但所有的领域都应该被提及。

对于一个样本较小、研究目的较为简单的研究来说，以上研究范畴显得过于复杂，难以操作，因为这些因素影响个体的方式难以数计，而且个体的独特性和集体认同之间有千丝万缕的关系，因此要在这些影响方式和复杂关系中找出与研究问题最为相关的因素来非常困难。但是这些困难不能成为简化研究过程的借口。实际上，个体是在自我和各种环境力量相互作用的张力中发展的。一个研究的力度或者成功程度就取决于这些张力被揭示的程度。

另外需要说明的是，这个图表没有包括那些与已确立的社会学范畴有关的讨论。在最后讨论全部资料的时候，需要顾及到那些范畴，如社会阶级、异常（deviance）、性别，等等。厄本引用费兰拉第（Ferraroti）的观点说："努力从所有的独特性方面来理解个体也是努力诠释一个社会体系。"[①]正是全面理解个体的冲动激励着研究者在资料的丛林里前行。

（三）资料诠释的方法

厄本的传记研究阶段模型反映的是一个解释的循环。它表明即使在一个规模较小的研究中，也应该重视个体在社会情境中的复杂性。发生在个体身上的特定事件被放置到它的地方情境和更广阔的社会情境中考察。就研究者来说，他进入到被研究者的特殊故事中，然后由这些特殊的故事扩大到发生这些故事的乡土情境，然后再扩大到影响这些乡土情境和个体决策的社会大背景。研究者每一次把视野放宽一点点，就是用新的目光把最初的材料诠释一次，最终研究者在一个文化体系中用这些材料建构起他的理论。传记研究必须持续检视个体、家庭、社区和社会文化经济力量之间的相互作用。就研究的时间范围来说，自传研究方法

① Erben Michael(ed). *Biography and Education: A Reader*. London: Falmer Press, 1998, P. 7.

不可能像文学自传一样把自己一生的经历作为写作的对象，它往往只选择自己某一段时间。爱玛·卡法勒诺斯受海登·怀特的启发，把现实世界里的事件想象为一块布或一条缎带，历史学家只切割其中的片断，切割部位决定着他们的阐释。①

无论自传研究方法还是传记研究方法，其研究的对象都是个体，都是试图在某个层面或切面来理解也许连当事人都不理解的深层次动因。这必然涉及到我们如何看待自我的问题。在乔治·米德的社会心理学视野中，自我的一个特征是能够作为其自身的对象，而个体体验到其自我本身并非直接的经验，而是间接的经验，是从同一社会群体其他个体成员的特定观点，或从他所属的整个社会群体的一般观点来看待他的自我的。就是说，个体首先成为他自己的一个对象，就如其他作为他的对象的个体一样；而他只有通过在他及其他个体所参与的社会环境或经验行为背景中对他自己采取其他个体的态度时才能成为他自己的一个对象。因此，作为可以成为它自身对象的自我，本质上是一种社会结构，并且产生于社会经验。②这样一个自我并非就是他与他人交流的大量言行。自我的某些部分并不参与交流，而且根据交往对象的不同，自我会用自己的不同部分参与交流。就是说，自我可以有很多侧面，这给理解自我造成了很多困难。自传和传记研究的诠释之所以困难也在于这些，研究者不能就事论事，他必须在个体所参与的社会环境或经验行为背景中诠释个体，因此研究者必须具有广阔和敏感的洞察力，重建陈家琪所谓的“社会境况”。厄本的传记研究阶段理论其实也是在个体的“社会境况”中理解个体的努力。

厄本的传记研究阶段理论也非常类似于萨特的总体化（totalization）理论。萨特在自己的传记作品中很好地使用了总体化的方法。首先，他对一个行动、现象、事件或者生活进行当前理解，然后这个当前理解在接受进一步分析的时候就会失掉一些有效性，并被吸收进入第二次的总体化，依此类推。对萨特来说，理解生活的方法是通过这些总体化的连

① ［美］爱玛·卡法勒诺斯，马海良译：《似知未知：叙事里的信息延宕和压制的认识论效果》，见：戴卫·赫尔曼主编：《新叙事学》，北京：北京大学出版社2002年版，第10页。

② ［美］乔治·H.米德著，赵月瑟译：《心灵、自我与社会》，上海：上海译文出版社1992年版，第123–125页。

续行动进行的。①

诠释资料的方法主要是利用想象和理解来进行的。这里所谓的想象，是指推测、连接、聚集与研究文本有关的思想的心智能力。②理解在诠释中的用途则是可以察知并重塑别的个体的精神世界，并发现别人主观世界的概念以及其行动的原动力。③研究者在面对收集来的众多资料时，心智被这些资料所激发。他运用想象在资料堆中辨认出对研究主题至关重要的事件，然后把它们与彼此、与被研究者的总体生活相联系。这也就是说，即使面对同样的原始资料，不同的研究者也会建构起不同的理论框架，因为想象和理解也有其概念透镜，每个人的想象是受他的知识结构、价值取向、性别等因素影响的。

但是当我们说想象帮助建立概念体系的时候，决不意味着研究者有随意支配被研究者生活的权力。研究者凭想象建构的理论不是像小说诗歌一样是激情加想象的作品。研究者必须把自己的想象固定在原始资料上，在资料内部填补空白。这番填补的工作单凭推理是无法完成的。厄本引用休谟（David Hume）对于想象的论述说，在理解客观世界的特点的时候，使用想象的心智能力是必要的，想象能为观察和世界的特点（在本书的情境中指的是研究文本）之间提供联系，这种联系是不可能单由推理来证明的。他认为，休谟的辩论提出的不仅是一种理解别人感情的能力，而且它是在我们的主体和我们自己之间建立一个辩证法，我们越是在研究目的中有目的地使用，这个辩证法就越是深化，越是变得有益。这反过来又允许研究者的想象从资料中得出结论。这些结论既非资料能直接给出的，也非通过数字推理得来的——就是说，这样的结论是由想象提供的。④

在诠释的过程中，研究者必须面对的一个问题是如何诠释受访者的

① Erben Michael(ed). *Biography and Education: A Reader*. London: Falmer Press, 1988, P. 8

② Erben Michael(ed). *Biography and Education: A Reader*. London: Falmer Press, 1998, PP. 9–10.

③ 转引自王海龙：《对阐释人类学的阐释》，见[美]克利福德·吉尔兹著，王海龙，张家瑄译：《地方性知识》，北京：中央编译出版社2004年版，第5页。

④ Erben, Michael(ed). *Biography and Education: A Reader*. London: Falmer Press, 1998, P. 11.

沉默。有过访谈经验的研究者大概都遇到过受访者或长或短的沉默。在受访者沉默时，除了要注意不要随便打断他们的沉默之外，研究者还应注意观察他们的表情。受访者沉默有时候是因为他们需要时间来搜寻记忆或者组织适当的表达方式；有时候是因为回忆使他们回到了不堪回首的痛苦过去，所以他们宁愿长时间地沉默；有时候是受访者在作理智和情感的斗争，以决定是讲出来某件事还是避开；有时候甚至研究者以自己作为研究资料时也会遇到理智自我对情感自我的压制问题；还有的时候，沉默是因为无法找到合适的话语来表达自己独特的感受，尤其是当被研究者试图把对自己经历的表述纳入一个意义体系的时候。

因此我们作为研究者学会倾听和想象沉默便具有重要的意义。沉默不是一段没有意义的空白，它的作用可能与中国画中的留白一样。"叙事中的预期、节奏、停顿、重音就已是'事'，而且'其所表明的意义应比有意义的对话更为突出'。……哪怕是人们在日常生活中往往会忽略了的空白与绵延，此刻也具有了一种不同凡响的意义。"[①]沉默压抑了什么？隐瞒了什么？倾诉了什么？就像布塔利亚·乌瓦什[②]一直在询问的：在沉默的下面、沉默的另一面，是什么？[③]

如果我们能对沉默作出诠释，那么就意味着我们也许能面对或者能窥见过去的消极经验，就意味着通过对教育历程中消极经验的揭示，我们也许能打断在这种消极经验的惯性作用影响下所形成的现在的态度和实践，因此也就有可能给变革留出空间。但是诠释沉默并非要我们闯入被研究者的私密领地，去做一个粗暴的入侵者。相反，我们需要做一个好的倾听者，然后运用想象、同情和认同去诠释沉默。这意味着我们必须改变自己对周围世界的阅读习惯，不断地反思自己以往简单化的理解习惯。

① 陈家琪：《话语的真相》，上海：上海人民出版社 1998年版，第166页。

② 布塔利亚·乌瓦什是《沉默的另一面》（马爱农译. 人民文学出版社, 2001）的作者。此书用叙事的方法回望了印巴分治给普通百姓，特别是给女性，所造成的巨大创伤。

③ ［印度］布塔利亚·乌瓦什著，马爱农译：《沉默的另一面》，北京：人民文学出版社2001年版，第1页。

二、案例：《遭遇虚构》

《遭遇虚构：女教师的生活史叙事和抵制的文化政治》（Munro，1998）是佩特萝·芒罗（Petra Munro）对三个年龄跨度为五十年的女教师的生活史的研究。在这本书中，她主要关注了女教师的文化代表（cultural representations）以及更广阔意义上的主体性建构（construction of subjectivity）和抵制与能动性（agency）的可能意义问题。芒罗认为在研究中揭示研究者的立场非常重要，对同样的受访者提供的相同资料，不同取向的研究者会有不同的诠释。因此在这本书的第一部分《理论的历史》中，她把自己的理智发展历史交织进20世纪60年代以后发展起来的批判社会理论的各种立场之中。除了交代教育理论家从新马克思主义分析方法到受后结构主义和后殖民主义影响的分析方法的转换之外，她还陈述了这期间女性主义教育思想的转换，也就是从不挑战权力关系的本质的前提下在既存世界里寻求平等的自由女性主义立场，到强调制度和语言的压迫性力量来质询主体的结构主义立场，再到更关注意义和主体的建构过程的后结构主义女性主义立场。在以后对三位女教师的叙事进行诠释建构的各章中，她时刻质疑在分析这些故事时自我的参与。这本著作的一个很重要的特点是芒罗在尊重她的被研究者的同时，还意识到她们的叙事和她的诠释在某种意义上都是“虚构”的。

在此我想以她对阿格尼丝（Agnes）的生活史的研究的一个片断为例来说明厄本的传记研究阶段理论。阿格尼丝是在94岁时接受芒罗访谈的。“她的故事横过了20世纪的一系列教育话语：从‘女性的真正职业’，经过‘进步主义’和‘职业化’，到‘科学效率’。她的叙事揭示了这些教育话语的性别化本质。她如何在这些话语中建构她的主体性反映了她界定和再界定性别标准和期望的持续努力。阿格尼丝的故事提供了一种观点：变化着的性别意识形态被个体所经历，同时变化着的教育意识形态又在形成和界定性别方面起着中心作用。”①

在研究的第一部分，“‘我根本没有想到教学’：瓦解‘女性的真正职业’”中，在谈到阿格尼丝如何进入教师行业的时候，芒罗是这样

---

① Munro, Petra. *Subject to Fiction: Women Teachers' Life History Narratives and the Cultural Politics of Resistance*. Philadelphia: Open University Press, 1998, P. 45.

收集和诠释资料的：

第一，特定事件。

访谈中阿格尼丝提到了一开始她根本没有想到过要当教师，但她有两个姑姑是教师，一个叔叔是大学教授，因此她进入教师行列也就是顺理成章的了。她说在她的社区里，女孩除了教学之外几乎没有什么别的工作可做。因此除了教学，她想象不出还能做什么。1915年，对她影响很深的父亲去世。同年，她开始在一个乡村只有一间教室的学校当教师。

第二，特定事件的地方情境。

阿格尼丝的两个姑姑是教师，一个叔叔是大学教授，她母亲在1892年10月结婚之前也曾经教过一年书。在她父亲去世、她开始当教师的同年，她的外祖母去世，第二年，她的哥哥在服兵役的时候去世。因此，她完全担当起了帮助母亲抚养三个未成年的弟弟妹妹的责任。

第三，社会情境。

路易莎·梅·艾考特（Louisa May Alcott）写于1873年的书《工作：一个经验的故事》（Work: A Story of Experience）中提供了可供女性选择的职业种类。那时对当地出生的白人单身女性来说，可以做的工作有家庭仆人、演员、家庭女教师、女伴、裁缝、家庭纺织工人、女管家、护士、厨师，等等。到1915年女性工作的可能性又扩大到了包括书记、速记以及其他工作。实际上那时已经有几个先前由男性占领的工作领域让位给了女性。

芒罗在这一段研究中，没有提及文件的资料。在诠释资料的时候，芒罗把收集到的1—3的资料置于当时的社会文化背景中，把特定事件的资料与当时地方情境的和社会情境的资料互相映照来揭示阿格尼丝在建构自己主体性的时候的矛盾心理。这其中既有阿格尼丝力图冲破当时性别刻板印象的努力，又有不为自己意识所知的无奈顺应心理。

在分析资料的时候，首先，芒罗引用帕特里夏·卡特（Patricia Carter）1992年的著作，认为整个19世纪末期和20世纪，教学代表了一个对女性来说真正的和光荣的职业，它被看做是女性养育能力的延伸。尽管有这样的社会流行观念，阿格尼丝居然说“一开始我根本没有想到过要当教师”，她同时还说当教师对她来说是“自然的”以及“女孩除了教学之外几乎没有什么别的工作可做”。芒罗认为这反映了她对流行的社会规范和期望相矛盾的理解。宣称“我根本没有想过当教师”暗示了她不愿意受规定给女性的“自然”角色的影响。同时，在她的几个家庭成员都是教师的情况下，她居然宣称自己“根本没有想到过要当教师”，这说明她把自己置于流行的意识形态之外，也就是采取了一种在性别方面的反霸权立场。同时，她又把教学描述为自己的“自然”选择，这是通过借用主流的性别意识形态来解决自己决定当教师的矛盾心理。她的叙述反映了她把自己进入教师职业的行为不单单建构为对主流意识形态的遵从，而且建构为一个主体对自己故事的能动书写。她同时抵制和调和霸权的性别话语，于是，她对主流意识形态的妥协不是变成了默许，而是变成了一种抵制形式。芒罗把个体对特定事件的叙述和当时的地方情境以及更广阔的社会意识形态相交织，诠释了阿格尼丝的主体建构方式。①

对自传研究方法的指责之一是研究者无法保证被研究者说的是真话。这个问题我在“以回忆作为研究对象的悖论”一部分中已有论述。在芒罗的这个研究中，阿格尼丝宣称“教学是唯一对女性开放的职业”，这明显与历史事实不符，因为那时书记或者护士等职业也是对女性开放的，特别是《工作：一个经验的故事》一书所列举的女性职业更是证明了阿格尼丝此言的虚构性质。芒罗把阿格尼丝在这一点上的虚构诠释为阿格尼丝的矛盾心理：她接受了一个被深深地性别化为女性职业、由是被贬值的职业，因此她的虚构反映了自己的妥协，即开始把自己认同为一个教师，也就是一个缺乏权威和价值的主体位置，与她把自己理解为一个有力量、有价值的主体之间的矛盾之间的妥协。芒罗的诠释反映了被放置的个体和社会之间的张力以及个体如何抵制和顺应社会架构。

① Munro, Petra. *Subject to Fiction*: *Women Teachers' Life History Narratives and the Cultural Politics of Resistance*. Philadelphia: Open University Press, 1998, PP. 43–46.

第九章

自传研究方法对我国教师研究的启发

我国中小学教师进行各种类型的课题研究已经成为他们日常教育生活的一部分。基于理解和改善教育情境的强烈渴望以及他们作为教育实践者的事实，很多教师选择使用叙事探究的方法。本文论述的自传研究方法对教师们更有效地进行研究性教学、更好地理解他们自己的教育生活很有帮助，特别是在解决研究与自我的分离、性别刻板印象等难题方面。当然，致力于教师们自我转变的研究或者培训，需要开发合适的“研究支架”。本书所论述的“自传研究方法”，与我国通常而言的“教育自传”是有所区别的，主要表现在研究主体、理论层次、适用的范围等方面。

一、我国教师研究的现状分析

20世纪90年代，特别是进入21世纪以来，我国的教师研究领域开始进入繁荣时期，研究者从若干维度对教师研究不同层面的主题进行了研究。这些研究既丰富了我们关于教师工作和生活的情境的知识，也丰富了关于教师这个职业各个层面的知识。

（一）对教师的研究

对教师的研究中不管是从教师零参与研究，还是教师配合研究，研究的主题主要集中在对教师的行为、人格、角色、素质的研究。根据岳欣云的研究，对教师的行为研究可分为优秀教师教学行为研究、教师的问题行为研究和教师的教学基本技能行为研究。进行这些研究的主要方法是观察、调查、比较、经验总结、理论提炼以及案例研究，等等。对教师的人格研究主要集中在对骨干和优秀教师人格特征的研究和一般教师的人格特征研究。对教师的角色研究主要集中于在教育改革和社会转型的背景下，重新思考教师的角色定位问题。对教师的素质研究，主要研究了教师素质中所存在的一些问题以及从不同角度来看教师的素质构成。①

以上这些研究把焦点放在作为一种职业的教师的外显的、可观察的部分上，并未涉及他们的内部世界。我们研究教师的行为、人格、角色、素质，研究教师所使用的教材，研究他们的工作环境，等等，就是不研究教师这个人，这个有思想、能思考、必须以自己的个性魅力影响学生的人。这其中的部分原因是我们对于所谓的科学性的迷恋。要追求科学性就必须尽可能地抛弃主观形式，像人的内部世界这样无法量化、无法确切观察的东西就不会引起人们太多的研究兴趣。与此相对应，研究者发展出了适合这种研究传统的工具，如观察法、量表、思辨，等

① 岳欣云：《教师研究的反思与探究》，华东师范大学2005年博士学位论文。

等。对科学性的追求还表现在这类对教师的研究大多试图具有普遍意义，至少对某个群体而言具有普遍意义。这种研究倾向产生出来的是一些与被研究者的生活情境不甚相关的知识，这些知识可以很热闹地参与到知识的制造和生产中去，它们是重要的，但是仅仅强调它们显然是不够的，我们还需要那些对于理解教师们的内心世界有帮助的知识。

其实对教师研究的取向反映了研究者如何看待教师的“专业化”问题。钟启泉认为在看待教师的“专业化”问题上，存在两种模式。一种是技能熟练模式，主张教师职业同其他专业职务一样，把专业属性置于专业领域的科学知识与技术的成熟度上。这种模式使得多年来教师职前和职后的培养内容大多停留于教育学、心理学基本原理的灌输，脱离了教师自身的教学实践的问题。他认为现行的教师教育的制度、内容、方法，可以说就是以这种现代主义的“专业化”为思想背景形成的。另一种模式是反思性实践模式。这种模式中的教师的专业程度是凭借“实践性知识”来加以保障的。教师的“实践性知识”有如下五个特点：它依存于有限情境的经验性知识；它是作为一种“案例知识”而积累并传承的；它是以实践性问题的解决为中心的综合性、多学科的知识；它是作为一种隐性知识发挥作用的；它是一种“个体性知识”，这些知识是通过日常教育实践的创造与反思过程才得以形成的。钟启泉认为，我们在探讨教师“专业化”的时候，缺乏对反思性实践模式下的话语系统的支撑。①我们倡导教师进行研究的一个目的就是促进教师的专业化发展从技能熟练模式到反思性实践模式转型。

（二）教师进行的研究

教师进行的研究可以粗略地分为教师参与研究和教师独立进行研究。教师参与研究主要发生在大学或者科研院所的研究者到学校去作研究的过程中，教师以参与合作者的身份参加。这不同于教师协助研究者所进行的研究，教师在参与研究中比在协助研究中所起的作用大，并且是以研究主体的身份参加研究的。教师独立进行研究指的是由中小学教师主持的、没有大学或研究机构的研究者参与的研究，它包括两个方面的含义，一是教师个人自己承担一项研究课题，二是几位教师合作承担

① 钟启泉：《教师专业化的两个课题》，《内蒙古教育》，2005年第2期。

一项课题。在教师进行研究的层面，我国主要是通过提倡校本研究来实现的。在西方，校本研究在20世纪五六十年代逐渐为大家所接受，而在我国内地，则是在上个世纪末，随着“校本”一词的提出才逐渐出现的，学校成为教师进行研究的主要场域。

1. 教师进行研究成为普遍现象的原因

在我国，提倡教师成为研究者，是伴随着新课程改革进行的。一方面，新课程改革提出的诸多新的教育和教学理念如何落实为实实在在的具体教育行动，需要每一所学校的校长和老师们经历一个学习——实践——反思——再行动的持续循环过程。另一方面，新课程改革中，实施了课程的三级管理体制，即国家课程、地方课程和校本课程。在开始的几年中，校本课程是新事物，大家普遍经历了如何把国家课程校本化，如何把学校原本实施的活动课等学校特色课程提升、转化为校本课程的过程。这两个方面都需要研究的方法和态度，并且不可避免的都与校本研究有关。

在郑金洲看来，校本研究是“以学校所存在的关键性的问题作为研究的对象，以学校当中的管理者和教师作为研究主体，研究的目的在于改进学校实践的研究活动”。[①]这种校本研究是从实践中来、在实践中和最终服务于改善了的实践的研究。校本研究之所以重要，是因为从学校的发展方面看来，它可以解决理论与实践之间存在的鸿沟，帮助形成学校的办学特色。从学生和教师的自主发展来说，随着新课程的层层推进，教师发展在教育改革中所起的核心作用逐渐得到了认识。人们发现，教师发展是“自觉主动地改造、构建自我与世界、他人、自身内部的精神世界的过程”。[②]它是一种“内在发展”：“发展越来越被看成是一种唤醒的过程，一个激发社会大多数成员创造力量的过程，一个释放社会大多数成员个体作用的过程，而不是被看成是一个由计划者和学者从外部来解决问题的过程。”[③]因此，教师发展的本质是自主发展。一旦我们认可了教师的发展是一种自主发展，就会发现教师获得发展的

① 郑金洲：《校本研究》，《走向优质教育——教育部中学校长培训中心精品讲座》，上海：华东师范大学出版社2006年版，第86页。

② 姜勇：《论教师专业发展的后现代转向》，《比较教育研究》，2005年第5期。

③ 姜勇：《论教师专业发展的后现代转向》，《比较教育研究》，2005年第5期。

途径就只能是依赖自己与外部世界的互动，这互动的燃料来自于个体从自己的日常教育实践活动中获得的思考和洞察，而教师对日常教育实践活动的思考和洞察的情境肯定是自己所就职学校、自己所任教的学科和班级的情境。从这个意义上来说，教师进行的研究与校本研究有着内在的契合度。

在制度上，为了鼓励教师的校本研究，我国各省市已经普遍建立了各级课题申报和管理制度，在有些教育发达的地区，几乎每所学校都有若干课题，从国家课题到省级课题，再到区县级课题以及学校自己发布的课题，等等。根据郑金洲的研究，早在2006年的上海，大概就已经找不到一所没有课题的学校了，就连最偏远的长兴岛和横沙岛上的学校也有课题。①

2. 教师们主要进行个人教育实践方面的研究

教师们进行的研究与教育专业研究者的最大不同在于，教师们把研究作为他们探索教育改革、提炼教育经验、形成教学思想的途径。他们主要关注自己的教育实践，教育学、心理学、课程理论等学科知识是他们研究自己的教育实践的背景知识。就是说，教师们以研究来主动建构他们的专业知识。就所用的方法来说，也十分复杂，如调查法、访谈法、实验法，等等。教师综合运用多种方法进行行动研究的倾向比较明显。以教师们偏爱的叙事探究为例，关于我国近几年的叙事研究，可以用非常繁荣来形容。很多教育类的杂志都定期或者不定期地开辟教育叙事专栏。从进行叙事探究的主体来看，主要可以分为两类。一类是专业研究者进行的叙事探究的理论层面以及实践层面的研究。这类研究已经达到相当的深度。例如在《中国教育：研究与评论》缉刊上几乎每期都刊有用叙事方法做的有关研究者、教师或者学生的论文。研究者在进行这类研究时，经常把中小学教师所写的叙事探究类文章作为研究素材。另一类是教师进行研究时所用的叙事方法。

所谓叙事研究，就是由研究者本人叙述自己在研究过程中所发生的一系列教育事件。当教师叙述自己在研究过程中所发生的一系列教育事件的时候，他在叙述的过程中已经在思考或反思，这就使他的“经验性

① 郑金洲：《校本研究》，《走向优质教育——教育部中学校长培训中心精品讲座》，上海：华东师范大学出版社2006年版，第88页。

教学”转化为某种“反思性教学”。[①]用叙事的方法做研究是基于已往多数中小学教师在写作“论文”时所出现的症状而倡导的，他们或者过于遵循一些写作套路，把自己的思维用来模仿和填空，或者过于自说自话，没有反思探究。而当研究者引导他们叙述自己的教育故事的时候，往往感到有话可说，特别是当教师以“说课”的方式向研究小组或者备课小组陈述自己某堂课所采取的授课方式的前因后果的时候。至于教师进行叙事探究所采用的具体方法则比较多样。苏鸿提出可以采用的具体方法有深度观察、制作故事、集体研讨、提升理论。叙事写作的方法有自下而上地提炼主题，对教师解决教育问题的过程进行整体性的、情境化的、动态的“深描”，坦诚地自我反思。[②]

3. 教师进行的叙事探究既有适切的一面，也有明显的缺陷

中小学教师的工作环境不同于大学和科研院所的研究者们，他们的话语方式也不同于研究者，因此教师做研究应该寻找另外的方法。这种另外的方法不是静态旁观，而是主动建构；不是外求规律，而是内省自我；不是专门探究，而是日常生活的一部分。[③]从理论上来看，叙事研究正好具有这些特点，它是一种行动研究。从叙事探究的行动导向来说，可以把它看做是行动研究的方法之一。行动研究主要是由实践者来操作的；它具有明显的价值取向，而不是坚持传统意义上的“客观性”；它改善实践的同时也使实践—研究者得到了提高；它是由参与者自己承担的自省性探究过程。[④]

然而，对叙事探究的这些应然分析并不能保证它成为一种理想的研究方法。从已有的一些研究成果[⑤]来看，很多叙事探究没有从根本上摆脱过去的思维模式，探究的语言仍然是外在的，探究的方向没有向内深

① 刘良华：《校本教学研究的几个问题》，《教育发展研究》，2003年第10期。

② 苏鸿：《校本叙事——教师专业成长的新路径》，《教学与管理》，2005年第7期。

③ 柳夕浪：《教师研究的失范与规范》，《当代教育科学》，2004年第10期。

④ ［美］Joanne M. Arhar，Mary Louise Holly，Wendy C. Kasten，黄宇，陈晓霞，阎宝华等译：《教师行动研究——教师发现之旅》，北京：中国轻工业出版社2002年版。

⑤ 这里指的是我所阅读过的中小学教师发表的教育叙事文章，我访谈过的若干所中小学的科研情况以及我参加过的一些中小学教师的制度性教研活动。

入到能引起自我转变的层次，也就是说，很多进行研究的教师们并没有以一种新的眼光看待自己的日常生活。就叙事探究常用的讲故事来说，叙述故事的效果可以非常不同。通常我们可以发现几种“故事”。第一种是几乎能对所有人讲述的故事，对故事的诠释也是显而易见的，是所谓“正确的废话”。第二种是掩饰性的故事，用来对当前或者过去的行为或者想法进行辩解。如果教师进行研究时所讲述的故事属于这两类，那么尽管研究搞得轰轰烈烈，也不过是一些热闹的游戏。第三种是那种具有临界性质的故事，也就是那种能引起人的深刻转变的故事。这种故事可能是那种在普通的故事中猛然发现了囚禁自己的某种结构，也可能是那种深埋在内心，不会轻易向人暴露的故事。总之在这种故事中体现出来的不仅仅是某种具体的教学方法或教育方式的意义，而更多的是隐含着一些诸如我们与他人、制度、习惯等之间的关系，并且讲故事的人和听故事或者阅读故事的人都应该意识到一个故事中被删除的部分和讲述出来的部分同样重要。

叙事探究的意义就在于发现这种能引起自我转变的故事，并在故事的叙述和交流过程中引起参与者们的认同与思考。柳夕浪认为，教师讲教学故事不是旁观者的解说，而要把“自己摆进去”，描述自己教学生活中实际的遭遇、困惑，尝试解决的过程及自己的感悟，将焦点放在特定教学情境的经历、体验，不断叩问、探询其生存、发展的意义，避免抽象说明或用华丽的辞藻来美化，保持一个文化人应有的真诚与坦率，达到言行一致、表里无违的境地。要注意个人专业生活中“关键事件”的叙述与反思。这类关键事件涉及日常专业生活中所遇到的危机情境、围绕该情境所作出的重要决策、对自己的决策与行动产生重要影响的关键人物，以及自己由此而引发的自我澄清、自我更新的过程。[①]

但是，在我国，教师进行这类研究非常困难，原因之一是在与研究者和学校管理者之间的关系上，教师处于“优雅地服从”的位置上，长期以来，教师只是实施者，实施研究者的理论；实施国家的教育政策；实施教参教材的规定；等等。政治上的弱势地位使得教师们成为很多社

① 柳夕浪：《建构积极的“教学自我”——教师研究的价值取向》，《教育研究与实验》，2003年第3期。

会问题的“替罪羊”。从近几年对教师的期望来看，可以看出社会一生病，教师就服药。当我们发现当今的劳动者与知识经济社会中的劳动者素质有较大距离时，教师就被要求要进行“素质教育”，当我们发现在国际竞争中唯有创新才真正具有核心竞争力的时候，教师们就被要求要进行创新教学……“对于教师的批判与期待愈是泛滥，教师自身就愈是对于这些话语里所充斥的对于教职的困惑，感到愤懑与绝望，乃至丧失了见证自身存在的话语，迷失了教师的自豪感与使命感；而教师们丧失了见证自身存在的话语，愈是沉默，对于教师的过分严酷的期待与多余时空论，便愈演愈烈，形成了恶性循环。这样，‘教师’的问题领域处于外部的评头论足与内部沉默的夹缝之间，构成了两难问题。”①

原因之二是，在我国的教师日常生活中，几乎每个学日、学周、学期、学年，都在备课、上课、批改作业、考试中循环往复，遵循着大致相同的规格、套路。如此约定俗成的教学空间，自我的实存被遮蔽着，我们很难看到各不相同的“教学自我”，唯见被海德格尔称为日常生活中“最实在的主体”的“常人”。②于是教师往往对很多教育教学问题视而不见，见怪不怪，习以为常，因此，特别需要研究人员提供专业指导，帮助他们以批判性的眼光重新打量自己的日常教育生活。③这种批判性的眼光要求教师拥有批判探究所必要的与日常生活之间的距离，而没有距离，就无法看清使自己囿于其中的现实。

原因之三是很多教师缺乏进行研究的必要知识和内在动力。教师进行研究，最重要的不是具体方法或者制度上的支持，而是一种内在的理解自我情境的动力。当教师被看做、并且他也把自己认同为教书匠的时候，是不会产生持久的动力来进行研究的，而且，应试教育制度也使得教师既没有必要也没有精力对自己进行智力上的挑战。在制度上，教师经常重返大学校园学习进修的机会也不多。

4. 教师进行研究应该是某种形式的自传研究

从问题的产生方式、研究目的和研究者与实践之间的关系等来看，

① ［日］佐藤学著，钟启泉译：《课程与教师》，北京：教育科学出版社 2003年版，第206页。

② 柳夕浪：《教师研究的失范与规范》，《当代教育科学》，2004年第10期。

③ 王洁，顾泠沅：《学校教研现状与问题诊断——上海市“八区联动”校本教研专题调研之一》，《上海教育》，2005年第6期。

教师进行的研究主要是一种行动研究。行动研究的问题产生于研究者本人工作和生活中，其研究者和实践者是统一的，研究的目的是为了改善或者改变现实的实践。行动研究的秘密，就是让人们参与某个问题的讨论和研究，然后让他们自己决定，自己改变自己，而不只是简单地做一些专家讲座或广告宣传。当行动者亲自“参与”讨论和研究之后，他们可能就会发自内心地接受某种新观念，转向新的立场。[①]由此可以看出，教师所进行的研究必然是某种形式的自传研究，它涉及进行研究的教师对自己过去和现在的实践的回忆、反思、批判，以及对将来的谋划。

从教师进行研究的内部动力来看，不管教师从事何种形式的研究，都与自身的内心精神状况联系起来。他们潜意识里关心的是“我所做的能够为我的生活带来什么变化?”“我的努力能使我的生活变得更幸福吗?”[②]因此，任何研究都潜在的是对教师自传情境的研究。研究、工作与生活在教师研究中是不可分割的统一体。一旦教师通过某项研究获得了某种自我转变的契机，那么这种自我转变的意向就会弥漫到教师的整个思维结构中，成为这个教师生活习惯的一部分。提倡教师成为研究者的目的其实就是期望通过教师的研究来逐渐影响他们的习惯结构。如果教师进行的研究不与自己的生活情境发生联系，那么所谓的研究就很可能成为应付性的外在任务。

已往很多旨在培养教师科研能力的广告—宣传式的培训，并没有起到预期的作用，这是因为，“作为教育工作者，我们忘了把所掌握的教学理论用于成人教育实践，轻视了对教师的需要、意愿和已有知识的评估，疏忽了教师对舒适和安全的生理需要，没有注意学习的动机以及我们所掌握的有关知识：成人发展和成人学习、成人实践和指导、示范观摩和行政支持。无论如何，我们制定教师专业发展规划时，必须考虑成人学习者个人的与组织的需求。”[③]这从另一个侧面论证了教师研究的自传性质。

① 刘良华：《行动研究、叙事研究与校本教研》，《教师之友》，2005年第1期。

② 刘良华，叶少燕，林竹君：《反思教师的日常生活》，《天津师范大学学报（基础教育版）》，2003年第3期。

③ ［美］Ralph Fessler，Judith C. Christensen著，董丽敏，高耀明等译：《教师职业生涯周期——教师专业发展指导》，北京：中国轻工业出版社2005年版，第11页。

二、自传研究方法有助于教师研究的丰富与深化

（一）自传研究方法有助于解决研究与自我分离的难题

中小学教师进行的教育研究中有相当一部分是关于他们教学中所遇到的问题，如教学方法、“差生”转化、班主任工作、新课程适应，等等。这些主题几乎都是校本性的，是教师们身边的问题。中小学教师的任务主要是进行教育、教学，他们的工作繁重，进修机会少，没有时间阅读专业书籍，更难以经常参加学术研讨会，就如丁钢所说的，“大多数的实践运作还受到种种的制约。面对众多的教育知识或理论，广大教育实践者或使用者并不具有和理论研究者一样的批判或创造的自由空间。在相同的领域，他们获得的各种信息、条件和补偿就更少。”① 因此，能够像专业研究者那样进行教育研究的中小学教师非常少。他们进行教育研究的目的应该是为了更深刻地理解自己工作、生活的情境，为了更好地理解自己和学生，而主要不是为了给教育理论的大厦增砖添瓦。因此，我们不能误导教师们把注意力仅仅放在那些可观察、可测量的外部东西上。与蕴藏在教学中师生的热情激发相比，教学设计、教学技术之类的东西是第二位的。就如岳龙和夏惠贤所指出的：“教师的反思如果仅仅停留于自身教学行为或者教育教学知识和技术，就只能是一种浅层次的反思，并不能从根本上推动教师的专业发展。只有帮助教师不断对自己教学行为背后的信念和行为意义进行深刻的反思，才能使教师真正洞察教育行为在什么样的情况下才是有效的，什么样的行为表现能有助于扮演好教师的角色，进而帮助教师自己对教师角色产生新的界定方式，对自己的教育教学工作形成新的理解和信念，重构教师自己的新的专业实践知识。”②在另一个情境中，拉瑟认为，所有的研究都代表了研究者自身的定义、范畴化和分类（这些本身也是排斥性实践）；

① 丁钢：《教育与日常实践》，《教育研究》，2004年第2期。

② 岳龙，夏惠贤：《反思教育信念和行为的意义》，《计算机教与学》，2005年第Z1期。

她断言所有的研究形式，“都引出了福柯的问题：发现有关我们自己的那些实践是怎样影响我们的生活的？”①

长期以来，我们习惯于盲目追求所谓的理论性，或者完全抛开理论，只在经验的范畴里写工作总结式的文章，对于自己最熟悉的内部经验，反而感觉到陌生，不知道该怎样去描述、挖掘它们。这一方面反映了我们对于自己心灵生活的漠视，另一方面则反映了我们借之以表达内在自我的方法和话语是多么贫乏。其实注视自己的内在生活十分不容易。丁钢的建议是“向伟大的作家学习”。他认为邓金之所以能够游刃有余地从事质的研究，其作品之所以能够揭示普通人的心灵世界，原因之一是他十分熟悉卡夫卡、陀斯托耶夫斯基、福克纳等作家的作品。威廉·派纳的建议则是学习现象学、精神分析和意识流文学等学科表达人内部世界的方法。只有借助于一些特别的方法，我们才能够超越已经稔熟了的观察方法、诠释方法。在我国的文化传统中，有很多内省的方法，我们可以在挖掘传统的基础上，吸收其他学科的一些研究方法，再加上吸收本学科的来自其他国家的研究经验，形成我们独特的教育研究方法。在已往的实践中，人们已经开发出了诸如深度访谈、反思日记、反思性小品文、阅读随笔等技术性手段。②

把研究的目光聚焦在教师自己的内心世界的研究的深刻意义是它能够帮助个体“扩大、占据与建造中介空间”。派纳认为，通过拓展记忆的边缘，更多地挖掘那些被“忘记的”、受压抑的与被否定的成分，自传能够扩展中介空间。③一旦自我的内在空间扩大了，个体的内在自信就能够得以建立。这种内在自信得以确立的重要条件是个体在充分了解并理解自己的基础上，持续不断地进行各种努力。在当前的社会情境中，是否拥有这种内在自信是中小学教师能不能拥有专业自尊的前提条件。安徽的小学语文教师薛瑞萍在学校里爱提意见是出了名的，她说：

---

① Pinar, William F. . *Understanding Curriculum: An Introduction to the Study of Historical and Contemporary Curriculum Discourses*. New York: Peter Lang, 1995, P. 506.

② 岳龙，夏惠贤：《反思教育信念和行为的意义》，《计算机教与学》，2005年第Z1期。

③ Pinar, William F.. *Autobiography, politics and sexuality: Essays in curriculum theory 1972—1992*. New York: Peter Lang, 1994, P. 217.

自己之所以能够如此嚣张，除了领导的宽容之外，还有一个重要的原因，那就是我知道自己在学生及其父母心中的位置，是一种人们无法视而不见的巍峨——这使我挺起了腰杆……有学生、家长的众目睽睽和火眼金睛，教师的好坏，就绝对不是领导一张嘴可以说了算的。世界上什么人都可能为了某种目的而颠倒黑白，但是孩子和家长对教师胡说八道的现象，我还没有遇到——即便有，也是极个别，不至于恐怖。这便使得永远也学不会圆熟的我，可以由着自己的迂阔和耿直，摒除杂念，一意孤行——只要书教得好，班管得好，只要赢得了学生和家长，就能获得充分的安全感和成就感，就可以“不卑不亢，堂堂正正做人！”[1]

如果仅仅采用论文写作的形式来表达自己的教育研究，那么就会窒息很多教师的研究热情。有些教师喜欢论文写作的形式，但是还有相当多的教师不喜欢写论文，他们能躲就躲，实在躲不过了就糊弄一篇。所以不能千篇一律用公开发表论文或论文获奖的数量来衡量或评价教师的研究。其实可以称之为教师在进行教育研究的情境非常多，如教研论坛、听课评课、经验交流，等等。专职研究者或教研领导部门的任务不应该是充当教师论文鉴定的把关者，而是担任教师研究的促进者和组织者。只要为教师们创造出宽松的环境和上进的氛围，一般来说他们就能够以自己喜欢和感到舒适的方式来进行“研究”。一旦不再单一地、唯功利地看待教师的“研究”，他们迟早会迸发出研究的火花来。重要的是教师们体验进行教育研究的“高峰体验”，至于到底在哪种情境下产生这种“高峰体验”似乎并不重要。

教师在表达自己内在声音的时候，可以选择很多非常规的方法，如戏剧表演、口头报告、角色扮演、图解等。即使是以文本的形式呈现，也可以在文本中加入很多新元素，如加入声音、画面、超级链接，等等。选择表达形式的标准是要适合研究“发表”的情境。

我们之所以倡导用多种方式表达研究结果，是因为尽管研究是为了促进自我理解，然而这决不意味着研究就是一个自我享用的寂寞旅程。大卫·史密斯认为：“自我理解的真正提高是四重行为的不断递进：向

① 薛瑞萍：《给我一个班，我就心满意足了》，上海：华东师范大学出版社 2006年版，第192页。

他人开放；与他人交流；某种包含自我更新意味的自我反省；重新与他人交流。”[①]在大多数情况下，这四重行为并不是同时或者在同一个情境中发生的，不可能用统一的研究方式来进行。只有用多种方式进行多重研究，才可能产生像高夫描述的状态：“我想象着自己在教育研究领域中游牧和流浪，就像迷失了方向——并非只有一种特定的方法摆在我们面前。就像根状茎一样，游牧者从不只循着一条道路。”[②]

当教师把自己从遵循别人的“研究要求”或者努力去模仿别人的研究样式的做法中解脱出来，用适合自己、激动自己的方式来表达自己的思想时，他们才会真正产生自己的思想，才不会把自己的大脑仅仅当做别人思想的跑马场。

（二）自传研究方法与性别视角

在我国内地，庞大的女教师群体对课程理论和政策的理解和“消费”，受学校教育制度和符号与她们自身作为女性的成长史之间的张力所影响。女教师如何处理自身成长经历以及她们自己生养经验的“关爱”特征与“刚性的”教育制度之间的关系，构成了她们日常教育实践的基本矛盾。所以说，教师研究的重要议题应该包括女教师作为教育者的经历对她们自身意味着什么。可是在我国的教育史、教育哲学、教师教育或教育管理理论、课程理论中却很少能发现这方面的研究。[③]研究者视域中的教师往往是无性别的。女教师的家庭生活，她们怀孕、分娩、养育孩子的经历好像与教师研究和课程理论与实践没有关系。她们是在一个异化的世界中工作。因此，我认为，应该在教师自传研究中注入性别的视角。

女教师是在中国特定的文化传统中成长起来的，受社会对女性性别角色要求和女性道德要求的束缚，其职业角色与生活世界中的性别角色

① [加拿大] 大卫·杰弗里·史密斯著，郭洋生译：《全球化与后现代教育学》，北京：教育科学出版社2000年版，第204页。

② 李克建：《结构主义、后结构主义与教育研究：方法论的视角》，华东师范大学2007年博士学位论文。

③ 根据我的观察，自从上个世纪九十年代末期以来，有限的研究主要集中在可测量或可观察的性别不平等上，对于女性的养育经验或在家庭中担负的主要责任对教育实践的潜在影响却少有研究。

的双重定位会产生矛盾与冲突，从而困扰她们的人生态度和价值取向，并给自己的事业发展带来内在的冲突。这些人生价值、态度与冲突又会影响她们对教育理论和政策的选择和使用，以及她们对自身教育实践的反思和批判。

在当今教师的构成中，有相当多出身于中下阶层。例如，20世纪80年代美国的一项调查表明：典型的师范教育工作者来自于中产阶级以下的家庭；在对238名师范教育工作者的调查中发现，过半的教师的父亲是有一技之长或无一技之长的劳动者或者是农民，超过一半教师的父亲和43%的母亲没有高中毕业；这些具有中产阶级以下、没有接受过良好教育的家庭背景的教师主要来自于小城市或乡村地区。[1]社会学的研究表明，一个人或一个家庭的阶级地位会影响到那个人的思维及行为方式。社会阶层越低，对传统性别角色的尊崇就可能越大。虽然教育容易导致对传统价值和行为方式提出质疑，但女教师们在成长过程中所遭遇的性别差异待遇还是会对她们的日常教育实践带来重要影响，因此需要在教师研究中把性别作为一个重要的议题，以合适的方法引导她们研究和感受自己的日常生活世界和教育话语之间的差异和张力。

当今的学校管理，特别是中小学的管理，所采取的主要是科层制的管理体制，在行政上的主要特点是控制。与其他一些白领的职业相比，教师们是通过专业职称的晋升来实现自己的事业抱负的，教师职业本身行政职位升迁的可能性很小，所以这个职业被称为平面的职业。而且仅有的管理职位多数为男性所掌握。例如，加拿大教师联合会在20世纪90年代初公布的一项报告显示：从幼儿园到小学三年级，女教师占94%，四到六年级占72%，七到九年级占53%，十到十二年级占46%。尽管小学和中学女教师在数量上占优势，但在小学中只有22%的校长和36%的副校长是女性。[2]可以推论，校长、副校长职位上的女性就更少了。就是说男性的校长们掌管学校运转的权力，女教师们只是从属，只能在教室里通过影响学生来行使权力。

在传统意义上，教师们关上教室的门之后，可以有一个相对属于自

① 傅道春主编：《教师的成长与发展》，教育科学出版社2001年版，第98页。

② Wotherspoon, T. *The Sociology of Education in Canada*. Toronto, New York, Oxford: Oxford University Press, 1998, P. 111－112.

己的空间，但是现在随着技术的进步，有些学校的教室里安装了监控系统，教师的一举一动都可以被看到。这种情况下，教师们就沦为了教学机器，只是被用来把所谓的要学生掌握的知识中转给学生。即使没有安装监控系统，现在很多地区或学校制定的教师评价体系遵循的是一种商业思维，强调用学生的考试，特别是最后一次考试的成绩来评价教师。这种做法很大程度上使教师们为了考试而教，选择平庸的职业生活方式的教师增多。特别是，在女教师的成长过程中，她们往往是性别角色刻板印象的受害者，难以摆脱“男尊女卑”“男强女弱”的传统文化对她们个性和行为的压抑。对浙江师大、杭州师院两所大学女生的调查显示很多女大学生缺乏改革创新、竞争冒险精神，不愿成为女强人。[①]

在我看来，要使课程改革产生预期的效果，就必须关注女教师们的成长历史以及她们采取某种教学方式的深层原因。否则如果仅对课程进行文件层面上的革新，然后对教师进行表层的培训，那么就不大可能产生真正意义上的变革。我们现行的培训多数是关于技术层面的，还不足以支持教学实践产生根本的变革。

在当今的教育实践中，教师仍然扮演着运输者的角色。他们把儿童从具有关怀特征的私人领域运输到所谓的客观的公共领域。传统观念中，这个私人领域是女性发挥作用的领域，而公共领域是男性发挥作用的领域。所以在教育实践中男女教师所体验到的内心冲突以及工作带来的成就感是不同的。一方面人们期待女教师们在工作中发展、表现她们的关怀特征，另一方面这些关怀特征又被认为是她们的天性，就是说是天生就已经具备了的性格。这种观点无形中把女教师的关怀特征贬值了。

女教师的职业角色与私人领域中的关怀角色经常是矛盾的。她们与自己的孩子的互动方式和与他人的孩子的互动方式是不同的。用格鲁米特的话说，她们是在注视（gaze）学生，在看(look)自己的孩子。“注视”表现了客体化和不带感情色彩的特点，而“看”则表现了主体性和

① “高师女生补充教育”课题组：《高师女生补充教育论纲》，《高等师范教育研究》，1999年第1期。

特定的关系特征。[1]女教师在“注视”和“看”之间来回游走的时候，她们经历了怎样的内心体验，私人领域的关怀特征如何才能够弥漫到教室中，这些都是自传的研究方法所关注的问题。另外，女教师成长历史中的重大事件也在很大程度上影响了她们的日常教育实践。而这些重大事件只有被重新回顾，也就是说只有当主体再回到从前重新看待这些事件的时候，主体才有可能充分理解自我，才能理解自己现在所采取的教育实践方式的个人历史根源。这也就是我们所说的对个人的自传研究。这样一些对女教师个案研究以及女教师本人的自传研究的累积，会使我们更加接近女教师日常教育实践的真相。

（三）自传研究要寻找合适的研究支架

长期以来，教师们进行的研究常常与自己的教育实践脱节，各种形式的教师培训存在的理论与实践脱节之类的问题得不到解决，培训者关于教育新理念的讲述在教师的心中找不到附着的地方，这其中的一个重要原因是培训者没有为教师们提供一个能引起他们反思自己日常教学工作和生活的“支架”。张铁道博士曾经发起“儿童心目中的好老师”征文征画活动，然后用孩子们的画作为教师培训活动的“支架”，收到了良好的效果。我把这个案例放在这里来论述，旨在强调“支架”的重要性。我们首先来看一个培训场景：

> 教室的四周挂满了儿童画，天真的孩子们指着自己的一幅幅图画，讲述着一个又一个感人至深的故事。在场的教师们满含热泪，一边听，一边记，一边反思自己的教育教学行为。这种崭新的培训方式，这种跟孩子间心与心的交流，对教师来说还是头一次。[2]

这是北京教科院用儿童画作为材料在全国各地进行教师培训的许多场景中的一个。2002年一开始，张铁道就在北京教科院主办的《班主

---

① 关于“看”和“注视”，请参看Grumet，Madeleine R.. *Bitter Milk*: *Women and Teaching*. The University of Massachusetts Press,中第五章“My face in thine eye, thine in mine appears: the look in parenting and pedagogy”. 1988.95-106.

② 李建平.《孩子心目中的好老师》，《中国教育报》，2004年第11-3期。

任》杂志上发起了“孩子们说的好老师”征文征画活动，结果收到全国20多个省市4000名学生的投稿。这些图画把儿童心中的好老师刻画得淋漓尽致。在联合国儿童基金会和教育部师范司的支持下，北京教科院精选了40幅图画制作成了一本精美的画册，作为教师培训的教材，引起了全国各地参加培训的老师的热烈反响。后来在2005年9月29日在华师大召开的中美基础教育研讨会上，张铁道在大会报告中提到了用儿童画进行教师培训的事情，引起了美方代表的强烈兴趣，提问了他若干问题。会后，张铁道就被邀请前往美国加州洛杉矶市，参加了美国国家教育与经济研究中心于2006年1月17日至21日期间召开的2006年年会。同时被邀请的还有北京市第125中学教学副校长郭鸿。他们向会议代表作了“关于中国基础教育的报告”和“以学生学习体验为标准评估和改进学校”两个专题报告。在报告中，他们向美方展示了“孩子们说的好老师”画册，再次引起了美方代表的强烈兴趣。

江苏省启东实验小学某学生这样说了他喜欢老师的8个理由：

第一，我们班设立了图书角，每个同学带2本课外书，沈老师却带来了6本，大家都爱看。

第二，春游时，我把食品弄丢了，沈老师送给我一袋面包、两瓶酸奶，其实她自己带得也不多。

第三，上次语文考试，我只得了85分，很伤心，沈老师借给我5分，让我下次考试还给她。

第四，沈老师买了一个漂亮的转笔机摆在教室的书橱里，我们再也不用担心忘记削铅笔了。

第五，上星期，我不小心打碎了沈老师的红墨水瓶，同学们都怪我。我哭了，沈老师知道后，没有批评我，反而安慰我。

第六，沈老师每天和我们一起背古诗。古诗文擂台赛时，她得了第一名。

第七，生水痘了，我一个人在家，很孤单。沈老师带了水果来看我，还给我补课。

第八，大扫除时，沈老师不让我们擦天窗，她怕我们摔着，自己擦了所有的天窗，累得满头大汗。[1]

与大量感人至深的征文相比，儿童用自己心灵画出的情感线条更促使人反省。山东省博兴第一小学的贾乐成同学的画简直就是一篇活脱脱的儿童课程观——画中的教师左手托着知识，右手托着天平，一男一女两个同学端坐天平的两端，老师的身旁还分别放置着课外书、竖笛、地球仪、篮球等儿童心仪的物品。不仅如此，老师的胸前画着一片湛蓝的海，象征着博大宽广的胸怀；绽开的笑脸上被独出心裁地画上了一只天眼，仿佛是灿烂的太阳。[2]

在这些培训活动中，孩子们的文章和画起到了“支架”的作用，教师们有了反思的内容和方向。教师们开始从孩子的眼中看自己，有一位老师这样说：

孩子们的话使教师们震惊了，他们说，过去我们总说是“为了学生好”，因此有时不注意方法，甚至简单粗暴，而学生特别在意教师的方式方法。教师与学生的接触，应当是心与心的接触，心与心的沟通，是心灵与心灵的对话。教师要了解学生的内心需求，特别要关注细节，因为细节带给孩子的影响是久远的、深刻的，学校每天的生活就是由无数个细节组成。因此，我们应当关注细节，研究细节，让学生在细节中感受教育的魅力。学生在这无数个细节中成长，有时也是在一个个细节中受到压抑、打击。[3]

来自安徽的一位校长这样说：

我们感谢孩子，他们让我们重新认识自己。虽然我们每天接触孩子、面对孩子，但并不真正了解孩子，这些画帮助我们真正走近孩子，了解孩子，重新审视教育的问题。这些画面令人深思，我们花了那么多的时间和精力，毋庸置疑是想给孩子营造发展的空间，但需要我们反思的是，当我们做这一切的时候，是不是以儿童的视角、从儿童的需要出

① 李建平.《孩子心目中的好老师》，《中国教育报》，2004年第11-3期。

② 张铁道：《回应儿童的情感需求——“儿童心目中的好老师征文征画”成功感言》，《班主任》，2004年第1期。

③ 李建平.《孩子心目中的好老师》，《中国教育报》，2004年第11-3期。

发？反思我们今天的教育，我们应该怎样尊重学生？①

从上面的例子我们可以看出，如果有适当的“反思支架”，教师们就会乐于反思，并且反思得很深刻。“反思支架”不能仅仅局限在某一个方面，特别应该避免仅仅局限在有效教学上，它可以包含的内容很多。例如，一些政治性的问题也可以当做“反思支架”，使教师反思、理解自己工作于其中的政治情境，就像弗莱雷在巴西的扫盲实践中所用的图画那样。

如果我们把新课程改革的前十年看做是理念的启蒙和改革的初步实践，那么在未来深化改革的阶段，就需要设计与实践更能促进教师作为有经验的成年学习者的研究与培训方式。合适的“反思支架”就会更加重要。

在网络化、国际化的时代，即使在偏远的农村学校，学习资料、在线交流等都不再是问题。设计教师学习的最大挑战在于如何最大限度地兼顾教师已有的实践经验、他们未来的职业发展目标和他们现在的日常教育实践三者之间的关系。北京广播电视大学的张铁道教授带领团队设计与开发的“吴正宪儿童数学”教师研修工作坊是一个较好的案例。它具有成功案例的诸多特点：拥有富有激励性和行业最优的主讲教师；设计了多重方式的参与式和建构式学习；注重学员理解和实践能力的培养。2012年4月26日至28日，工作坊进行了第一次活动，来自福州、深圳、成都等地的74位小学数学教师重点对《义务教育数学课程标准（2011版）》的新要求进行解读。②

三、“自传研究方法”与“教育自传”的比较研究

（一）我国“教育自传”评析

在我国，“教育自传”作为一种中小学教师的研究方法是2003年由

① 李建平.《孩子心目中的好老师》，《中国教育报》，2004年第11-3期。

② 北京电大与吴正宪小学数学教师工作站合作举办“吴正宪儿童数学”教师研修工作坊（北京广播电视大学2012年5月4日）. http://ddsx.crtvu.cn/JLDispForm.aspx?ID=4289。

刘良华教授提出的。这种“教育自传”其实就是教师们自己的教育故事，是发生在教师们个人生活史中的故事。岳龙和夏惠贤在2004年提出，“‘自传的撰写与研究’指的是由教师自己讲述作为一个‘受教育者’的成长经历以及作为‘教育者’的生活经历，并对自己的成长经历中所发生的教育事件进行必要的分析和反思，以使自己对过去获得一种更为清晰的认识和理解，形成新的‘自我意识’并重新审视和塑造自己的教育信念和教育行为。”①这种叙事性写作与与北美在存在体验课程影响下的自传实践有诸多不同。

1.对“教育自传”的述评

很多人认为，中小学教师并非要像大学的专业研究人员那样谈论教育，他们可以换一种说话的方式。②“换一种说话的方式”指的是叙事性的“教育自传”和“泛教育自传”。这种“泛教育自传”包括所有讲述自己真实的教育经历、教育做法和教育想法的谈论方式，如“教学设计案例”“教学反思案例”“教育生活故事”，等等。之所以把这些称为“泛教育自传”，是因为只要它们真实地记录了自己的教育生活，那么它们本身就已经是教师教育自传的一个部分。③

在用途和意义方面，“教育自传”经历了一个发展的过程。最初，“教育自传”被用于对教师进行社会学研究时收集资料。研究者们从教师的教育自传中了解他们现在的教育观念、教育行为和过去的教育经历以及过去的受教育经历之间的关系。④这其实也是一种生活史研究。这个方面的研究实践并不是首创，在过去的很多教育研究中都用过这种方法。除了为研究者提供资料之外，教师们的自传还帮助研究者更好地理解他们。这对于研究者能否真正走进中小学教育实践具有非常重要的意义。后来，研究者们发现，教育自传除了便于研究教师、理解教师之外，还有更重要的价值，那就是它促进了教师的“自我反思”。用刘良华的话说，教师们以这种说话方式学会了“自我反思”，并经由“自我反思”和“自我评价”而获得了某种“自我意识”。⑤

① 岳龙，夏惠贤：《反思教育信念和行为的意义》，《计算机教与学》，2005年Z1期。
② 刘良华：《换一种说话的方式》，《人民教育》，2003年第15—16期。
③ 刘良华：《换一种说话的方式》，《人民教育》，2003年第15—16期。
④ 刘良华：《换一种说话的方式》，《人民教育》，2003年第15—16期。
⑤ 刘良华：《换一种说话的方式》，《人民教育》，2003年第15—16期。

教育自传之所以能引起教师的自我反思，是因为当撰写教育自传时，他们只需要回忆、记录自己的教育生活中发生的教育事件，而不必再勉强自己谈论教育道理、教育理论。[①]这其实是对自上而下要求教师成为研究者、进行校本研究之类的做法所产生的弊端的修正。当把科学研究作为任务摊派到教师头上，而不是作为教师内心生发的冲动时，所谓的研究往往成为压迫性的、不得不应付的任务。另一方面，就我国的现实来看，无论是从知识储备、学术训练还是日常工作模式来说，相当一部分中小学教师还不具备进行“正式”研究的能力。因此，教师的应对策略往往或者是从“穿靴戴帽”，从概念到概念进行研究。[②]

随着“校本教研”活动的制度化，在很多中小学校，教师的教科研意识已经基本建立起来，研究活动也热热闹闹。但是，如果对这些教研活动作深入剖析就可以发现，热闹的背后存在着很多问题。最明显的表现首先是教师们在严格的学术研究规范面前无所适从，难以发现有研究价值的问题。即使发现了有价值的问题，由于时间和学术训练问题，他们也很难深入研究下去。[③]现在，尽管时间已经过去了十年，中小学教师从事研究的人数和数量有了很大的提高，但是他们进行研究的方式和研究结果的质量，很多仍然存在着柳夕浪于2001年所观察到的问题。在有些学校，研究存在着“公开作秀”的情况，学校教科研活动成为“情面应酬”和“面子工程”，因此，他们一方面要取悦他人，另一方面碍于情面，不再直言自己的真实意见与感受，这种表面热闹的做法所导致的直接后果是主体的缺失、自我的遮蔽。[④]因此，这样的研究不可能导致教师自我反思意识的提高。

与这些弊端相比，“教育自传”强调了教师进行研究的情境性特点，尊重了教师的“实践性知识”，是对教师自身所面临的或所经历过的问题的体验、解读、处置与反思改进。这种写作就是叙述自我，反思自己“成其所是”的过程，落脚点就在于“成事”，在于行动。就如柳

① 刘良华：《换一种说话的方式》，《人民教育》，2003年第15—16期。

② 肖凤翔：《科研兴校理念与实践的思考》，《天津市教科院学报》，2005第4期。

③ 柳夕浪：《教师需要什么样的教育研究》，《教育研究与实验》，2001年第3期。

④ 柳夕浪：《教师研究的失范与规范》，《当代教育科学》，2004年第10期。

夕浪所说，“教师研究本来就是教师内在的觉解、自我的敞亮与澄明，必须专注于高度的内在自觉与深层体验，保持一种‘教学自我’建构上的高度深入、领悟，而不至于为过多的外在功利目的与偶像权威所困扰，这样才能逐步感悟并自觉内化比种种外在的热热闹闹的教科研活动形式背后要严肃得多的精神生活准则。”[①]岳龙和夏惠贤的研究认为，“自传”研究不仅使教师重新认识了自我，而且对自己起到了自我激励的作用。同时，它也会在同事中引起共鸣，激励其他教师回顾自己的教育经历，并反思自己的教育信念。[②]

简而言之，“教育自传”使教师把关于自身教育教学生活意义的体验、感悟与建构，“通过自我的直觉、体验、反思与叙述，学会面对本真的自我，进入永恒和无限的意义体味之中，不断获得内在的启蒙与解放的力量；又在通过不同行动方式、专业生活方式的彼此交流中敞开自我，学会与‘异己’对话，成为以有限生活寻求无限境界的行吟者。”[③]为了更进一步论述我国的“教育自传”实践情况，在这一部分我就两例比较典型的教育自传案例进行论述。[④]

2. 广州仓头小学的“教育自传”研究

广州仓头小学的黎淑燕和卢芝兰发表在《人民教育》2003年15—16期上的《教育自传：保存自己教育信念的教育经历》被很多教育网站当做教育自传或教育叙事研究的典型文本来转载。在这篇文章中，她们写了自己的学校申报一个研究课题的缘起以及研讨会上老师们一起交流自己的研究文本的过程。受专家的启发，她们决定用“叙事研究”来思索她们学校生活中发生的“教育事件”、思索这些“教育事件”的教育意义。教师们撰写的研究文本主要是教育自传，其基本内容包括自己作为一个“受教育者”的成长经历以及作为一个“教育者”的生活经历，通过讲述在自己的成长经历和生活经历中发生的教育事件，教师们获得了

① 柳夕浪：《教师研究的失范与规范》，《当代教育科学》，2004年第10期。

② 岳龙，夏惠贤：《反思教育信念和行为的意义》，《计算机教与学》，2005年Z1期。

③ 柳夕浪：《教师研究的失范与规范》，《当代教育科学》，2004年第10期。

④ 这两个案例皆为写作博士论文时采集。现在时间虽然过去了五六年，但是回过头来再看这两个案例，我认为还是有其典型意义，无论是它们的设计理念还是操作方法至今在很多学校都广泛被使用。

某种“自我意识”，他们开始认识自己，开始形成自己的教育信念。在就这些自传文本进行交流的过程中，读者教师们与文本产生了共鸣，使他们回想起自己的教育经历并反思自己的教育信念。[①]

黎淑燕、卢芝兰在文中引用了靳娜和简敏静两位老师的教育自传文本来说明教师的教育信念如何显现在教师的教育经历里。简敏静选取了三个故事来表现她的教育信念。一个故事是她为什么选择教师这个职业。与很多人不同，她选择教师职业是因为她讨厌自己的小学教师。那时她由于内向而一直受尽老师的讽刺和打击，因此她暗下决心：“我日后一定要做一名教师，而且要做一名关爱每一个学生的教师。”[②]第二个故事是她与第一批学生中的一个调皮男生之间的“战争”，那个男生软硬不吃，极尽捣蛋之能事，直到她不经意地遇到了教育他的“契机”。第三个故事是在一次数学课上她如何纠正孩子们关于聪明的看法，提出了“每一个同学都有不同的聪明”。应该说，这三个都是那种能引起人思考、蕴涵着深刻教育理念的关键故事。尽管故事的意义挖掘得不是很充分，但是这样的教育自传已经能够起到使讲述故事的人深刻反思自我以及在讨论交流的场合引起其他教师共鸣，使他们“回想起自己的教育经历并反思自己的教育信念的作用”。[③]

仓头小学做这个关于教育自传研究的步骤是学习、鼓励、发动—撰写教育自传—交流研讨。在公开研讨之前，学校把较有代表性的上面提到的两位教师的教育自传发到所有教师手中，加上进行研究之前教师们都听了专家报告，这就保证了研讨会上大家有共同的话题。在这种意义上，教育自传成为教师们就一些深层次的教育问题进行研讨的“支架”。一个好的文本能引起文本的读者思考文本以外的意义。

至于“教育自传”的研究形式，它最直接的作用是“让我们老师不再‘闻论文而色变’，让我们愿意拿起笔去写自己的经历。同时我们可以在别人或自己的教育故事中找到它背后的教育意义，从而去启发我

① 黎淑燕，卢芝兰：《教育自传：保存自己教育信念的教育经历》，《人民教育》，2003年第15—16期。

② 黎淑燕，卢芝兰：《教育自传：保存自己教育信念的教育经历》，《人民教育》，2003年第15—16期。

③ 黎淑燕，卢芝兰：《教育自传：保存自己教育信念的教育经历》，《人民教育》，2003年第15—16期。

们如何去‘爱学生、教学生’，实现自己的教育理念，促进自己的成长”。“我们原来总以为‘教育理论’只是保存在专家的教育论著里，现在我们发现还有另一种‘教育理论’，它保存在每一个教师自己的教育生活的经历中。”[①]

3.某小学的“教师个人档案”研究

在2005年上学期，为了进行校本教育自传研究的案例研究，我到北方某小学扎根了一个月。这所小学在当地是非常有声望的一所实验学校，以英语教学为特色。学校建立时间不长，教师中有许多是从外校调入的骨干教师，也有一些刚从师范院校毕业的年轻教师。学校的教师专业发展非常有特色，他们实行“师徒制”发展模式。学校为每位刚毕业的师范生都配备一位比较优秀的老教师当“师傅”，师傅要从备课到上课手把手地教“徒弟”。以一位毕业一年多，教学成绩非常突出的教师为例，她的师傅从第一次见面时就开始教她备课。在刚开始参加工作时，这位老师的教案都是写四遍。第一遍是听师傅分析将要教的课程内容，自己笔录后回去串连起来形成第一稿，然后交给师傅看，师傅提出修改意见，师徒讨论后写出来一个更好的上课方案，这是第二稿。等到上课前一天，师徒会就第二天要教的内容再讨论，师傅往往又会产生新的思路，徒弟记录后回去再写出教案第三稿。等到上完课后（特别是师傅听过的课）师徒再就教课过程中的成功和失败之处进行讨论，徒弟就再把之前几次备课的优点加以集中，加上上课过程中的体会写出教案第四稿。为了加深印象，每次的教案她都是手写。这位新教师开始教师生涯的前三个月都是这样度过的，等她对于教学比较熟悉了之后，师傅就开始鼓励她说出自己的想法，提出疑惑，然后师徒一起讨论。到了第二个学期，师傅就改变了带徒弟的方法，经常只给她框架结构，让她自己去填充内容。整整一年，师徒两个都保持每天上课之前说课的习惯，这样不但能及时调整教学思路，而且能使几个平行班的教学进度一致。一年之后，师徒虽然不是每天都说课，但是在重要的教材内容上依然会一起说课，她写教案改为两遍左右。由于师徒之间密切配合，师傅尽心尽力，徒弟虚心好学，因此，徒弟的进步很快。师傅也因此获得了学校的

① 黎淑燕，卢芝兰：《教育自传：保存自己教育信念的教育经历》，《人民教育》，2003年第15－16期。

奖励。这种师徒制的教师发展模式使新教师能迅速适应教育教学，避免一切靠自己摸索所可能走的弯路。

在科研方面，学校成立了专门的教科研办公室，负责全校的科研工作，定期为老师们提供科研信息，请专家讲课，等等。这个学校的科研课题很多，教师们从事科研的热情很高。就在我进入这所学校之前不久，他们为每位教师建立了"个人档案"。每个教师的个人档案由两部分组成，一部分是教师的个人基本信息，如籍贯、工作年限、担任职务、担任班主任工作年限、进入该校之前的基本信息、参与的课题、开公开课的次数，等等。另一部分是一篇自传叙事，很多教师把它称为"成长轨迹"。老师们在文中或者回顾自己的从教经历，或者写一两个对自己影响巨大的故事。从这些文章中可以看出，老师们开始有明确的反思意识，开始思考什么才是教学和学生成长中的大事，开始回顾自己成长过程中的"关节点"。这些以"成长轨迹"命名的教育自传虽然没有达到像存在体验课程那样的研究深度，但是却起到了引导教师关注自己的成长历程的作用。在此我仅仅以一位教师为例来说明该校的教育自传实践。

有一位教龄15年的教师回忆了十几年前发生的一件事情。那时她四年级的一个品学兼优的男生偷了同学的一个非常好玩的玩具。事情的起因是这个男生去同学家玩的时候迷恋上了他的昂贵玩具，于是就故意设了个小圈套拿走了它。被偷玩具的学生家长把对该男生的怀疑告诉了当班主任的她。在与偷玩具的男生谈话之后他承认了玩具是他偷的。在文章中，这位老师描写了自己那时的想法："我完全可以说是他偷了别人的东西，但是，我并没有这么轻易地下定论：他平时是个品学兼优的男孩，非常聪明，是否是因为那个玩具太吸引他了……"在该男生的父母知道情况后对他打骂不已的时候，"我反过来及时对他们进行了疏导，认为孩子并不是想象中那样的坏孩子。可能只是因为好奇，一念之差"。"我并没有让班上其他同学知道这件事，就是归还玩具时，我都没有说明是怎么得到的，只是含糊其词。"这位老师也没有对偷东西的男生进行严厉的批评，只是点到为止地告诉他不该做那样的事情。这件事情的处理结果是该男生此后再无偷东西的行为，一直努力学习，后来考上了重点初中和高中，然后考上了一所很好的大学。这个男生和他的父母一直感激这位班主任老师，感激她当时对偷东西事件的处理方式。从对这件事情的回顾中，这位老师得出了一个结论："老师的一言一行对于孩子都非常重要，甚至能影响孩子的一生。”

这个事件对于这位老师来说是一个“关键事件”，深刻地影响了她此后的教学生涯。她从玩具事件中得出的结论已经不是 “以学生为中心”或者是“要发展教学机智”之类的教育理论了，而是该教师的教育信念。在我访谈这位老师的时候，她说：“那件事情以后使我对待学生的态度与以前相比发生了很大的变化。但以前从来没有想过把这件事情写出来，或者与其他教师交流。这次学校要求每个老师都要写成长轨迹，我就想到了写这件事情。结果在写的过程中，我不但重温了当年的感受，而且回忆了自己十多年来的主要心路历程，对如何做个好老师又多了一些体会。与同事交流的时候，我也读到了他们写的故事。当了这么多年老师，除了教学方法和管理学生的方法，以前从来没有好好想过为什么当老师，也没有很认真地想过我对孩子们的未来有什么影响。这次作业让我开始想这些问题了。”

（二）日本的“生活经验记录”

在日本广为实践一种叫做“seikatsu tsuzurikata”的自传写作，意思是“记录生活经验”。生活经验教师鼓励学生们自由、坦白地书写自己的生活经验。它是为接近生活现实而设计的多学科计划，学生们被鼓励直观地描述他们的生活，因此这项写作实践其实是为学生们提供一个允许自己的意向性流露出来的情境。对于儒家精神占主导地位的日本来说，这是一项很激进的运动，因为儒家传统的习惯是以特定的传统框架来阅读和写作，它不鼓励自由地和有创造性地表达自己的经历。

“生活经验记录”的产生有其时代的和地域的背景。就时代来说，它源于日本在二战前所受的政治压迫，那时军国主义的压迫气氛阻碍了个体自我意识的发展。负责“生活经验记录”的老师们认为可以通过鼓励学生发现他们日常生活中的政治压迫来发展他们的批判思维。老师们引导学生把注意力放到自己周围的社会现实上，并逐渐发现自己的经历是社会现实的一部分，从而为他们的政治假设提供基础。这种写作实践的基础是个体的经历。

就地域来说，二战前，“生活经验记录”在城市的产生和发展起因与农村是不同的。在城市中，城市化的发展造就了一个在审美上比较文雅高尚的城市中产阶级，他们崇尚人文主义的价值观，反对独裁严格的教学方式。而那时在日本流行的赫尔巴特的教学方法与儒家文化相结合，产生的是非常僵化的教学方法，学生们被强迫掌握基本技能、知识和习惯。这种程序性地传播知识的方式与中产阶级的美学趣味相冲突，因此在城市中，“生活经验记录”的最初形式就是为了满足中产阶级的文化需要而开创的，为的是保存艺术的表达方式。

但是后来，随着日本国内政治斗争和阶级斗争的激化，劳动阶级的文学被视为先锋。马克思主义的观点被广泛传播和接受，特别是无产阶级文学更被看做是先锋。无产阶级文学认为促进社会发展，起到革命性作用的是那些认识到社会冲突的劳动人民和知识分子。这些人采取的立场是现实主义的，他们的革命冲动来源于周围的生活情境，而不是来源于中产阶级的浪漫情怀。创造新社会的新文化只能“建立在人类需要和兴趣的基础上。异化的现代人的解放只能通过发动与他/她的情境相关的文化革命才能达到。”[①]在这些文学和社会思潮的影响下，教师们开始自发地修改诸如“生活经验记录”之类的教育计划，因为它初创之时为了中产阶级文化精制化需要的倾向被批判为中产阶级的暴露癖。经过修改后的“生活经验记录”成为培养学生政治觉悟的手段。

在农村，“生活经验记录”的产生和发展不同于城市。二战前，日本超过半数的人口居住在农村。与社会进步不相适应的是，农村地区还保留着相当浓厚的封建文化遗产。农民遭受着地区的残酷剥削，生活悲惨痛苦。后来的大萧条使农民们生活更加困苦。“生活经验记录”在农村从一开始就有着明显的政治倾向，教师们试图通过让学生描写自己的生活来唤醒他们的社会意识，并且发展一些能挑战封建的风俗习惯的社会科学概念。

由于“生活经验记录”是一个多学科、开放的教育实践，因此很难给它下一个确切的定义。浅沼茂概括了“生活经验记录”的特征：

一是强调照原样观察和描述事件和经验。学生写作的时候，根据的是自己在日常生活中所观察到和所经历的个人经验，而不是既定的模式

① Asanuma, Shigeru . The Autobiographical Method in Japanese Education: The Writing Project and Its Application to Social Studies. In William F. Pinar (ed) *Contemporary Curriculum Discourses*: *Twenty Years of JCT*.. New York: Peter Lang, 1999, P. 154.

或框架。就是说，学生们被要求用自己的语言，写自己最熟悉、最有感情的东西。浅沼茂引用了一篇在1951年被“生活经验记录”圈评为最佳的学生作文，该文是一个八年级学生写的关于他父母去世以后发生的事情。[①]作者直观地描述了自己家的穷困生活和亲人离散的痛苦。

二是追求社会科学的认知发展目标。虽然一开始“生活经验记录”不是为了让学生获得科学知识而设计的，但是后来学者们研究发现，学生们通过描写自己的生活开始了初步的社会知识概念化。

三是有助于学生的个性化。在“生活经验记录”开创之初，日本盛行的是班级授课制，一个班级通常至少有40名学生，因此传统的教学方法很难帮助学生个性化。“生活经验记录”的出现弥补了这一不足。学生们自由地描写自己的生活，教师则根据学生的写作进行个别指导。这就在总体上寻求标准化和科层化的学校和班级文化中创造出一块尊重学生个性、为个体的学校生活创造丰富意义的田地来。

在传统上，强调灌输和背诵的教学方法无法发展学生的理性和批判思维，远离学生生活的知识有时候会成为压迫的工具。“生活经验记录”使学生们写作建立在经验基础上的故事，在师生就所写的文本进行互动的过程中，学生有机会澄清对科学知识的理解，并发展自己的批判和理性思维以及反思能力。在学生们间或就文本进行小组讨论的时候，他们能够意识到自己的叙述和自己的社会存在之间的对应关系。

四是“生活经验记录”有政治取向。在农村以及后来二战前的城市中，这种写作实践都具有明显的政治倾向。“生活经验记录”的实践试图让学生在注意自己周围的社会现实的过程中，发展出对社会变革至关重要的反思能力和批判能力。在学生们的作文中，经常出现新的意识、内部和外部的矛盾等。[②]

① Asanuma, Shigeru . The Autobiographical Method in Japanese Education: The Writing Project and Its Application to Social Studies. In William F. Pinar (ed) *Contemporary Curriculum Discourses*: *Twenty Years of JCT.*. New York: Peter Lang, 1999, PP. 156—157.

② Asanuma, Shigeru . The Autobiographical Method in Japanese Education: The Writing Project and Its Application to Social Studies. In William F. Pinar (ed) *Contemporary Curriculum Discourses*: *Twenty Years of JCT.*. New York: Peter Lang, 1999, PP. 155—159.

随着日本战后经济和社会的发展，无论在城市还是农村，“生活经验记录”的实践都呈现出了不同的特征，它的政治倾向弱化了，因为农村的绝对贫困状况得到了改善，城市中无产阶级的生活状况也得到了很大程度的改善，他们面对的已经是相对贫困的问题，而不仅仅像过去那样是能不能生存的问题。实际上，过去意义上的无产阶级已经消失，因此过去无产阶级文学所倡导的一些口号和政治理想也失去了根基。从这个意义上说，“生活经验记录”不再有过去那种激进的文化建构理想和实践，取而代之的是强调培养学生的社会协商能力。“生活经验记录”要成为一种成功的教学实践，需要很多条件协同作用才能实现。一是因为它很容易成为一种仅仅强调技术的写作训练；二是因为这项写作实践很难用传统的评价标准来测试其效果。教师的作用更多地体现在诸如人格魅力、随机引导学生的能力上。在度过了它强烈的现实主义倾向之后，“生活经验记录”开始了两个方向的转变，一是通过写作练习来获得社会科学能力方面的发展，就是说，把它当做培养学生科学探究精神的起点。二是发展写作中的美学元素。[①]随着一个后工业社会的来临，之前在马克思主义的现实主义影响下所鄙弃的美学因素和个体潜能中的积极情感得到了强调，因为这是发展批判思维的坚实基础。

从以上对“生活经验记录”的特征、产生背景以及发展走向等方面的论述中可以看出，它是一种强调反思的教育实践。在写作和就写作文本交流的过程中，情境变成了每个学生自己的情境，“在这个情境中，允许个体的意向性流露出来。它涉及的是一个超越认知知识维度的真实世界。个体的意向构成了真实的世界。学生们不是用知识的片断来分析世界，而是用爱、恨、生气、好奇构成的整体来理解现实”。学生的批判能力在对自我情境的描述和评论中得到了提高。“描写一个人自己的日常生活经验就是通过反思书写一个人的自我。反思并且外在化那个自我使得个体把他过去的经历客观化为活生生的经验。个体最终通过反思

① Asanuma, Shigeru . The Autobiographical Method in Japanese Education: The Writing Project and Its Application to Social Studies. In William F. Pinar (ed) *Contemporary Curriculum Discourses: Twenty Years of JCT.*. New York: Peter Lang, 1999, PP. 162—163.

行动达到自我意识。”[①]

“生活经验记录”还通过师生之间和生生之间就所写文本进行互动的过程而为学生提供向世界表达自我的机会。并且通过关注其他人对自己文本的反应和对他人的文本作出回应，学生们获得了建构自我和建构世界的机会。

（三）“自传研究方法”与“教育自传”的区别

我国中小学教师使用的“教育自传”与存在体验课程有一些相似之处，例如都试图把研究的目光集中在个体经验上，以揭示个体如何理解并应对各自的处境。它们都是在教育研究过于注重外部规律、过于忽视个体内部经验的情况下被发展出来寻求教育研究突围的。但是，两者之间有很多不同，很难在某些共同的维度上进行比较，因此本部分更多的是从存在体验课程对“教育自传”可能存在的启示方面来进行论述。

1.研究主体不同

存在体验课程是派纳等课程研究者为了寻找一种注视内部世界的方法而构建出来的。那时在泰勒原理统治了课程与教学思想若干年的过程中，课程研究形成了只注视外部世界的传统。“我们用了很多年来规划和设置条件，把注意力从内部现实引开，把它固定在外部世界。这两个方面都通过压制来自内部的成问题的信息和通过把那些浮现出来的信息引导到社会上赞许的行为上来实现……我们需要的是不断地求助于话语背后的事实，求助于把注意力永久地置于人的身体内部，以试图揭示人真正的情感、认知——简单地说，精神的——的状况。”派纳认为那时的教育研究不能完成这个任务，因为主流教育研究者所用的方法和所研究的目标都是针对公共世界的。这种研究方式在过去起到了重要作用，但是对于教育研究的未来来说已经远远不够，“在通过集中注意于外部来理解教育本质的过程中，我们已经走得足够远了。并不是公共世界——课程材料、教学技巧、政策指示——变得不再重要；而是说为

① Asanuma, Shigeru . The Autobiographical Method in Japanese Education: The Writing Project and Its Application to Social Studies. In William F. Pinar (ed) *Contemporary Curriculum Discourses*: *Twenty Years of JCT.*. New York: Peter Lang, 1999, PP. 152–153.

了进一步理解它们在教育过程中的作用，我们必须把目光从它们身上转移开一段时间，开始漫长的、系统的对内部经验的搜寻。”①存在体验课程在一开始就是由研究者为解决传统教育研究方法所漠视的问题而发展构建的，其研究主体是大学的研究者。在派纳提出存在体验课程的四个研究步骤之后，他和格鲁米特等学者曾把它用于教师研讨会和研究生教学。

我国的“教育自传”的研究主体是中小学教师。“发明”这种方法的动因是教育研究者和教育行政管理者在提倡中小学教师成为研究型教师的过程中出现了问题，很多教师要么患上科研焦虑症，要么“仿照”大学研究者的论文撰写所谓的科研文章。研究成了一些教师的额外压力，而没有产生研究者和行政人员所预期的促进教师反思水平的效果。因此，“教育自传”主要是研究者在反思中小学教师应该如何做研究的过程中所倡导提出，然后获得教师们的赞同，属于叙事研究中的一种方法。

2.理论层次不同

从研究主体的不同中我们就能看出，存在体验课程和我国的“教育自传”虽然都试图关注人的内部经验，但是它们的探究所能达到的深度是不同的。存在体验课程有深厚的理论根基，它的提出、构建、发展都受到多个学科的影响。它有明确的研究步骤，有回溯和前进的技术，有一些学者若干年的理论支持，而且在开始阶段，它主要被用于研究者对自己的前概念经验的研究，因此挖掘内部世界到了很深的层次，通过这种挖掘，研究者能逐渐揭示学校知识、生活史和主观意义之间的关系。“自传地研究过去能使人‘接生’未来，并且在这样做的过程中，重建身份在其中得以重复的公共空间。”②

我国的“教育自传”没有明确的理论基础，也没有易于操作的研究

① Asanuma, Shigeru . The Autobiographical Method in Japanese Education: The Writing Project and Its Application to Social Studies. In William F. Pinar (ed) *Contemporary Curriculum Discourses*: *Twenty Years of JCT*.. New York: Peter Lang, 1999, PP. 16—17.

② Pinar, William F. . Preface: What Should Be and What Might Be. In Janet Miller. *Sounds of Silence Breaking*: *Women, Autobiography, Curriculum*. New York: Peter Lang, 2005. XII.

步骤或者研究技术，因此还不能称之为一种特定的研究方法，也许，称其为一种研究取向更为合适。这种研究取向的目的是使教师通过讲故事来引起自我反思，从而“对自身专业生活现状、教学惯例保持一种批判反省的态度，不断澄清、质疑自身教学惯例行为背后的预设、信念、思维模式，开启新的视野，倾听内在的心声，引发对教学生活意义的追寻与感悟，努力摆脱‘已成的我’，获得内在的启蒙和解决的力量，即哈贝马斯所说的‘批判反思性的知识’‘解放的知识’”。①“教育自传”的这个目的通过讲述自己的故事来达到。但实际上，讲述自己的传记故事却未必能够达成这种期望，因为正如派纳所说，“如果‘讲述我的故事’仅仅是重新刻画那个已经被别人欢呼存在过(hail into existence)的自我，重建就不可能发生。”②在这里，他指的是，有时候叙事可能会仅仅停留在表面的层次，没有进入到能够引起反思、反省以至到达被忽视、被压制的经验层次上。我们在很多教师的“教育自传”中发现，讲述自己的故事同样可以像无奈地进行概念式或者经验总结式研究一样，只是为了完成“任务”，而没有触动自己的内心世界。

在肯定“教育自传”作为中小学教师的一种研究取向的同时，研究者应该在与教师们进行合作研究或者接受咨询的时候，引导教师的自传研究向深层次发展。说到底，如果自传研究不能触动教师质疑、反思自己在长期经验基础上形成的结构，其意义就大打折扣。教师的自传叙事不应该是去叙述那些无论对自己还是对别人都司空见惯的故事，而是“要在看似无问题的地方中发现问题，揭示惯常行为背后潜藏着的认知图式、预定的假设、心照不宣的东西、‘集体无意识’‘缄默的知识’，等等，进而摆脱传统的禁锢，获得一种内在的启蒙和解放的力量，打开新的思考维度和新的探询方向，增强实践能力和自我超越的能力”。③这样的研究过程是“过去的我”“现在的我”以及“想象中的我”之间的对话交流，“让今天用回忆紧拥过去，用盼望拥抱未

① 柳夕浪：《建构积极的“教学自我”——教师研究的价值取向》，《教育研究与实验》，2003年第3期。

② Pinar, William F. . Preface: What Should Be and What Might Be. In Janet Miller. *Sounds of Silence Breaking: Women, Autobiography, Curriculum*. New York: Peter Lang, 2005. XIII.

③ 柳夕浪：《教师需要什么样的教育研究》，《教育研究与实验》，2001年第3期。

来。”[①]然后，在“回忆”和“盼望”的过程中，逐渐摧毁坚壳一样的习惯，获得新生。

早在20世纪初，杜威曾批评过这样一种现象：人们往往毫无思考地抛弃一种技术，轻易地接受另一种技术。要改变这种现象，杜威认为，唯一的办法就是教师要学会用自己的思想和理智去行动。他强调教师反思自己的实践并将自己的观察溶入新的教育理论的重要性。[②]但是我们教师已经很久不习惯独立思考了，因此当突然被要求成为研究者，成为反思性实践者，教师们会不适应，不知道该从哪里开始反思，该用什么语言反思。在这种背景下，教师进行研究必然有一个缓慢的适应过程。因此，在用“教育自传”这种“新”方法进行研究的时候，教师很可能不但没有打破传统的东西，没有获得自我的提高，而且还很有可能重复自己熟知的认知结构。

3.适用的范围不同

在美国，存在体验课程用于研究者个人对自己的研究，用于学习教育的研究生的课堂教学，用于教育研究者与实践者的合作研究，也有研究者把它作为一种课堂教学方法。至于在存在体验课程影响下发展起来的一些其他自传实践，无论在研究的深度还是广度都到了一个相当的层次。但是，派纳本人却反对把存在体验课程用于课堂教学，因为他担心教师会不适当地引导学生们过于暴露自己的隐私。就玛丽莲·多尔的环境自传课堂实践来看，她对于把自传用于课堂教学是十分小心谨慎的。这种方法无论对于教师还是对于教学环境的要求都比较高。

我国的“教育自传”是随着本世纪初新课程改革的推行，教师被提倡成为研究者之后才开始提出并进行应用的，因此它的应用范围还比较狭窄，主要局限在作为中小学教师用于反思的一种研究取向，或者研究者作为对校长、教师或学生进行研究的方法。[③]至于研究者用教育

① ［黎巴嫩］纪伯伦著，刘佩芳编译《先知》，北京：中国工人出版社2003年版，第169页。

② 陈振华：《关于教师研究及其方法论问题》，《河北师范大学学报》，2004年第1期。

③ 最近几年来，在全国各地，有相当多教师和校长出版了论述自己教学思想或者管理思想的专著。其中在有的专著中，作者对自己教学思想或管理思想的形成历史进行了深入的探索。

自传的方法研究自己的例子则并不多见。刘良华写的《教育自传》[①]是不多见的一本回忆自己教育经历的著作。但在我看来，他的这本著作更多的应该算是文学自传意义上的“教育自传”。就如他在前言中所说：“教育自传是回忆自己做孩子、做学生的故事以及自己做家长或做老师的故事。这些故事可以归为三类：第一，我做孩子的时候我的祖父祖母、我的父亲母亲或者我的兄弟姐妹是怎样教育我的；第二，我做学生时我的老师是怎样教育我的；第三，我做家长时是怎样教育我的孩子的；或者，我做老师时是怎样教育我的学生的以及我是怎样度过学校生活的。”[②]他在著作中无论是就自己的教育经历还是引用别人的教育经历，大致都是讲了这三个方面的故事。这部著作并没有着力于挖掘内心缄默的声音或者被社会过滤掉了的声音。对社会学、人类学等致力于研究现实背后深层原因的学科视角应用也不多。

在我国，很多中小学校的语文老师或者班主任都有让学生写日记或周记的习惯。有时候学生们苦于应付这些任务，找不到可写的东西。如果教师引导学生用自传的方法观察自己的生活，注意自己的情感变化，学生们就能够逐渐养成把自己与周围环境相联系的习惯，就能够逐渐学会用笔表达生活、干预生活。日本部分教师实践的“生活经验记录”方法，就是教师引导学生使用自传作为写作方法的好例子。

① 刘良华的《教育自传》2006年由四川教育出版社出版，2010年高等教育出版社出版了该书的第2版。我阅读的是他贴在“教育叙事研究”网站上的电子文本，网址见：http://blog.cersp.com/18893/491756.aspx。

② 见http://blog.cersp.com/18893/491756.aspx，前言部分。

第十章

课堂教学改革需要自传研究方法

新课程改革以来，在诸多力量的推动下，学校逐渐由国家教育政策和教育行政主管部门的追随者转变为创造者，表现在校本改革不再是落实专家的某种理论，也不是全凭个体教师自己摸索，而是学校根据自己学校发展的实际，主动集结全校力量，把改革作为学校日常教育实践的主要工作。他们或者从重建学校愿景出发着手进行学校文化的系统建设，或者从重建课堂师生教和学的关系出发着手进行关心型学校建设，或者从重建学校德育形式入手进行以体验和活动为主的学生校园生活改革，由此带来了学校文化的创新。从一些先锋学校已经走过的路程来看，无论学校首先从哪个领域入手，改革最终都会进入最艰难的路段，那就是课堂教学改革。课堂教学改革之所以是改革的瓶颈，是因为在学校情境中，它是受既往思维模式影响最大的一个领域。如果不对观念进行反思与改变，仅仅在操作层面下工夫，那么就不可能有真正的教育变革。赵汀阳说过："什么观念成为主导比什么人成为领导更重要，因为观念是行为、生活和制度的最终支配者。"[①]个体主动的自传探究有助于课堂教学文化的重建。

---

① 赵汀阳：《坏世界研究——作为第一哲学的政治哲学》，北京：中国人民大学出版社2009年版，第39页。

一、我国课堂教学过程的主要特征

我国的课堂教学过于强调接受学习、死记硬背、机械训练，教师过多地占用学生主动学习的时间和空间，使学生逐渐丧失独立思考的能力。[①]产生这种现象的主要原因是新课程改革所意图建构的“对话性”“合作性”和“探究性”课堂教学文化与我国传统的课堂教学文化发生了严重的冲突。学校和教师们在职业压力和教学习俗的影响下，形成了“一切为考试而教”的教学哲学。教师的感觉、行动和思考都围绕着“应试”的主题。在社会和教师的影响下，学生们也形成了相应的应试学习哲学。当这种教学和学习哲学成为人们的潜意识的时候，便形成了“记忆型”的教学文化，其课堂教学过程主要有以下几个特征：

（一）中立化的知识观

受历史上应试传统的影响，我国教科书知识在很长时间里都呈现出中立化、抽象化、普遍性和客观性的特征，知识被等同于显性知识。师生当下的生活不被重视，“教”和“学”生活的价值需要用考试成绩来衡量，所有不能用分数衡量的学习过程和体验则没有意义，充其量只是为了提高终端考试成绩而需要顾及到的环境因素。

在这种知识观的支配下，在相当长的时间里，教科书的知识被设计为切断语脉、意义中立化、文体非人称化。这种知识，与其称为“知识”，不如称为“信息”来得妥当。[②]这样，知识就被窄化为显性知识；全面学习、应用、创造知识的能力被简化为复现、验证性应用的应试能力；对智慧的热爱被庸俗化为追求知识带来的功利性结果……这在事实上给了学生一种“内隐的承诺”：课程就是书本上所呈现出来的系

---

① 刘坚，余文森，徐有礼：《课程教学改革还需进一步深化》，《中国教育报》，2009年4月3日。

② [日]佐藤学著，钟启泉译：《学习的快乐——走向对话》，北京：教育科学出版社2004年版，第41页。

统的知识体系，这些可见的知识是可以计算的，可以占有的，只要你掌握得越多、占有得越多，你就越成功。为了占有更多知识，人与人之间只能是更多的竞争，人必须把自己封闭在自己圈定的、孤立的圈子里从事自己神圣的学业。①

新课程改革以来，尽管《纲要》要求“改变课程内容‘难、繁、偏、旧’和过于注重书本知识的现状，加强课程内容与学生生活以及现代社会和科技发展的联系，关注学生的学习兴趣和经验，精选终身学习必备的基础知识和技能”，但实际上，仅仅教材编写方式的变化并不意味着知识观的真正转变。相当多的教师使用“教教材”的授课方式，学校知识仍然是中立化的。

在佐藤学看来，这种中立化的学校知识就好像是“存在的世界在洞穴深处照出的影子。倘若回转身来看看外面的世界，尽管展现出无垠的、多彩的、活生生的真实的风景，然而，长年在暗洞里凝视‘影子’的目光，即便转向外界，也会有由于一旦暴露在耀眼的光芒面前，而招致失明的危险。”②

（二）独白式的教学方法

与中立化的知识观相对应的必然是独白式的教学方法。在师生互动上主要表现为教师灌输学生静听；在生生互动上表现为学生之间缺乏合作，是竞争性的沙砾式存在。

独白式的教学方法使得教师和学生都成为知识的旁观者，因为知识被看做是中立、封闭、静态、可测量的，因此不需要过多地与个人发生关系，只要记住、弄懂、熟练应用教科书上有可能被终端考试考到的知识和技能就可以了。这样，课堂教学就被转换为师生努力为了获得高分而攻克教科书上知识点的游戏。游戏过程不重要，游戏规则也不重要，游戏的结果最重要：师生的最终名次根据学生到达那个为了选拔而设定的终点线的先后而确定。

---

① 李秀萍：《教学文化:师生生活方式的构建及呈现》，《天津市教科院学报》,2006年第8期。

② [日]佐藤学著，钟启泉译：《学习的快乐——走向对话》，北京：教育科学出版社2004年版，第41页。

在独白式的教学方法中，教师最重要的工作是设计台词。台词的原料就是教科书上那些终端考试可能会考到的知识和技能；设计的原则是有利于学生在考试中获得高分。相当一些所教学生成绩出色的教师实际上是“设计大师”，他们设计出了到达目的地的所谓“高效”路线。因此，尽管新课程改革倡导学生主动参与、乐于探究，但是由于教师们对以往“行之有效的线路”过于熟悉，加上终端考试的测量方式没有得到根本改变，因此课堂教学方法和教学模式依然如故。

（三）等级制的学科结构

在学科结构方面，“记忆型文化”的突出特点是各门学科在课程实施过程中被等级化。那些能进行终端考试并且分值大的所谓“主科”，受到师生的强烈重视；那些分值较少或者只是“考查科”的科目就成为“副科”；那些重视体验但却无法用分数衡量的科目就成了“虚科”。

例如，已经进入高中新课程改革实验的一些学校，几年来一直采用“糊弄”的方式来对待研究性学习这门必修课程，让学生按照某种格式写几篇小论文应付了事。甚至有些地区采用教师在黑板上讲解或者用课件演示的方式来应对有可能在高考中出现的研究性学习类型的题目。这门课程实施过程中的尴尬变形的表面原因是师资、设备、安全等因素，深层原因则是应试传统下的学科等级制划分。

学科等级制使得经过精心设计与论证的学科体系无法发挥其预设的作用。不仅仅是历史、地理、音乐、美术、体育等“副科”不受重视甚至经常遭受停上或被“主科”占用的命运，而且一些“主科”学科内的探究活动、实验活动也被改造了，实验室操作改为课堂演示或黑板讲述，探究活动改为纸上谈兵。

等级制的学科结构除了带来学生无法全面发展的恶果，还强化了课堂教学的单一“智育”作用，并且还只是“智育”中狭窄的可测量的那一小部分。只要这种现象存在，学生的多元智能发展就只能是一句空话，因为留给“多元”智能的时间和空间实在太少了。

（四）忙于应试的师生

在当前的课堂教学文化状态下，师生闲暇时间甚少，几乎主要精力都要用来从事与“应试”有关的活动，正所谓“两耳不闻窗外事，一心只读圣贤书”。功利性的应试必然导致师生窄化生活经验，漠视兴趣和精神品质的发展，使教学和学习生活只是为遥远的未来作准备，当下的生活痛苦、单调、没有意义。它最可怕的后果首先不是难以培养学生的创造力，而是无法形成他们丰富完满的个性，从而使创造力的根基不复存在。

（五）终结性的评价方式

与应试教育紧密相连的是设计不当的终结性评价方式。首先，这种评价方式忽视过程性的表现指标，只注重那些能“精确”衡量知识掌握程度的分数。其次，它只考那些有标准答案，通过反复练习、反复强化就能得高分的知识和技能。它是功利化时代简化教育功能的推手，是教师推卸在职理论学习的借口，是学校简化课程设置的“依据”。考试“范围”恶化了学科之间的等级制，削减了同一门课程中那些实践类、体验类、过程类的内容。

终结性评价的异化使得它本身失掉了通过反馈而促进学生成长的功能，“考试已从学习的评价工具演变为学习的最终目的，从辅助学习的手段演变为制约学习的主宰者……考试的异化也必然带来学习的异化，即学生学习的动力不是来自内在的求知需要和学习兴趣，而是来自对分数和其他外在利益的追求。”①

总之，我国课堂教学过程中存在的诸多问题共同产生了累积效应，深刻地影响着创造人才的早期成长。正如上官子木所观察到的，“过度依赖灌输式教学法，不利于学生形成独立性和自主精神；过度采用高重复率的机械化训练，不利于学生保持好奇心和探索精神；教学过程缺乏对存疑的宽容和对质疑的强调，不利于学生培养质疑意识和批判精神；教学要求缺乏弹性，没有给想象和冒险留下空间，不利于学生发挥想象力和开拓精神；追求统一答案而缺乏对异议或差异的欣赏与容纳，不利于学生拥有求异思维以及科学的宽容精神。”②

---

① 上官子木：《创造力危机——中国教育现状反思》，上海：华东师范大学出版社2004年版，第74页。

② 上官子木：《创造力危机——中国教育现状反思》，上海：华东师范大学出版社2004年版，第82页。

二、自传研究方法帮助我们突围

在当前的教育改革中，我们经常发现这样一种有趣的现象：很多人都说自己之所以采取当前的实践方式，是因为受制于环境，是因为环境中的其他人没有改变，所以个人不可能有所作为。还有人说，尽管自己做了很多努力，可就是无法超越自己，努力一段时间之后，回头一看，几乎还是在原地踏步。其实，自我转变是个体内在自我与外在环境有效互动的结果，其中内在自我的状态最为重要。如果个体的内在自我是流动、开放的，那么他就容易保持内在与外在的及时互动，就会在纷繁复杂的日常教育实践中，不断接近教育的真谛，进行他力所能及的坚持与改变。自传研究能够促进内在自我的流动与开放。

（一）从自我入手谋求转变

个体教师选择的教育立场和方法，都是他自己经历的结果：在漫长的受教育过程中，一直耳濡目染的他自己教师们的教育形象已经深深地印在脑海里，小的时候父母与他的互动方式也已经刻画在骨髓里。这是最为彻底的染缸浸泡式教育与成长方式，个体与他的环境密不可分，是环境的有机组成部分。尽管个体偶尔也会感到窒息，但是他却很难进行真正的转变，因为就像咸菜一样，在咸菜缸里浸泡越久，就越没有了它本真的味道，也就越难改变成其他味道。

非洲有个谚语说："除非你知道从哪里来，否则你不可能知道到哪里去。"[①]我从哪里来？这个问题的答案可以很容易，也可以很难。说出一个地理名称是容易的，但是理解这个地理名称所蕴含着的深刻内涵却极度困难：我的性格与这个地方有什么关联？这个地方给了我什么样的童年生活？我成长中的"关键他人"给了我怎样的影响？我是顺从于还是逆反于环境强加在我身上的种种定义？……这样的追问就是自传研究的开始。

自传研究是一个包容性很强的概念，既可以指面向人内在世界的反思意识，也可以指研究人的内部世界的方法和策略。我国自新课程改革以来兴起的教师叙事研究以及教学反思撰写与分享，都可以看做是教师

① You can't know where you're going until you know where you've been.

们开始有了进行自传研究的意识。但是，能够真正引起自我转变的自传研究却并非十分简单。

在课堂教学改革中，一直以来我们都有一个难题，那就是尽管老师们进行了很多教学反思研究，但是转变课堂教学的面貌却仍然十分艰难。甚至有的学校发明了一些简单易操作的教学模式，也仍然不能从根本上改变课堂教学文化。这是因为仅仅聚焦于方法设计得失的反思不能从根本上改变什么。

香港学者郑燕祥曾经提出了学校行动学习循环，如下图：

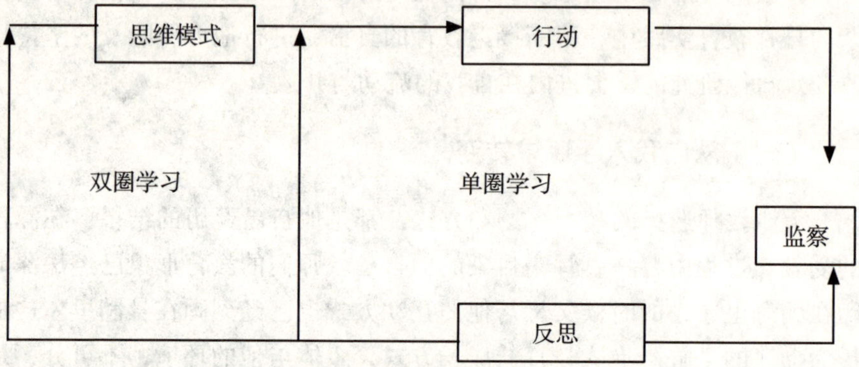

行动学习循环图[①]

本图中的思维模式是指以前的经验知识累积而成的认知模式。行动指教师在与环境交往中有意图的行为。监察是指分析自身的行动意图是否与后果错配的过程，通过监察可得出错配或吻合的主观判断。反思是指通过探讨自身思维模式来解释错配的过程，反思能导致行动设计或思维模式的改变，当遇到类似的或新的情境时，便能做出更"明知"或"有效"的行动。思维模式或行动设计的改变也代表着学习已经发生。[②]

教师们尽管经常参加教研活动，也经常参加听课评课活动，但是为什么课堂教学改革依然十分艰难？从上述行动学习循环图中，我们可以

① 郑燕祥著：《教育领导与改革新范式》，上海：上海教育出版社2005年版，第233页。

② 郑燕祥著：《教育领导与改革新范式》，上海：上海教育出版社2005年版，第233页。

找到答案。我们的多数听课、评课、集体备课活动，或者教师的教后反思活动，都属于单圈学习。就是说，反思活动只是聚焦在行动的方案设计上，然后根据修改了的行动方案，再付诸行动。我们都知道，行动方案的设计是受特定思维模式影响的结果，反思的时候，如果不触及思维模式，仅仅就事论事，聚焦方案设计的优劣得失，那么再次设计的方案也仍然只是这种特定思维模式的结果，和先前不甚理想的设计属于同一类型。由此我们可以看到，不触及思维模式的反思，只适合处理具体的方案设计问题，而不适合处理转型问题。

双圈学习中的“思维模式”，是个体的成长经历和受教育经历综合作用的结果，是潜移默化形成的，因此个体很难清醒地意识到它的存在，更不用说对之进行改造了。自传研究的意义就在这里——旨在自我转变并借用或创造一些特定的研究方法，逐步逼近或“透视”自己在黑箱中的思维模式。由此我们可以看出，自传研究有助于提升教师们进行思维模式反思的质量。

自我反思与自我理解从来没有变得像今天这样重要。在新课程改革以来的十多年里，从课程、教材设计到教师校本专业发展，我们进行了很多尝试。目前我们遇到的问题已经主要不是外部设计的问题，而是每一个教育相关者自己的“思维模式”如何转变的问题。

（二）冲破防御性教学之网

与很多职业相比，教师职业比较平面化，没有那种能给人强烈动力的职位晋升，所以身为教师很容易产生职业倦怠感。随着近年来教育问责制的广泛实施，教师们的自由越来越少。他们没有权力决定课程改革的进程和方向，只能“实施”改革。不仅如此，教师们还要承担很多关于课改变形的批评，这些批评在多大程度上考虑到了教师的实际状况则很少有人追究。在美国，派纳认为这种现象的存在是因为中小学教师们多数是女性。看看我国其他行业的状况，我们发现这种观察不是没有道理，凡是女性在从业人员中占有数量较多的职业就更容易受到不公正的指责，然后在该行业中的男性声望也同样不高。这种状况加上教师职业本身常常具有的保守特征以及近年来社会各界对教师职业的监控越来越多，就使得教师们非常容易选择“防御性教学”，也就是说很容易选择那种最安全、最省力、仅能保证达到最低标准的教学方式。

一旦教师选择了防御性教学方式，那么他们就会尽可能地回避教学改革。他们在日常教学中考虑最多的就是如何以不变应万变，以习惯了的比较顺手的方式教那些能测量的教学内容。一旦一所学校中有相当一部分教师进行防御性教学，那么就会形成保守的学校文化，任何改革只要一进入这种保守的文化中都会像光线进入黑洞之中一样变得无影无踪。当有很多学校都如此的时候，就形成了一张保守的教育实践之网，任何局部的或某一节点的改革仅仅会触动一下这个网而已，不会发生根本的改变。

防御性教学不仅仅使教育革新困难重重，而且使得教师们很难从教学实践中获得由深情投入而带来的幸福感。在防御性教学的文化中，试图通过各类培训来转变教师的观念是无法产生预期效果的，因为技术层面的培训无法真正触动支持防御性教学的内心深层原因。人只有在深刻反思自己并受到新思想或新榜样的强烈触动时才会产生变革自己的强烈动力，而且这些动力还必须在有持续的内心激励和外部情感的和技术的支持的情境中才可能进行下去，因为任何改革都是对过去技术和心理习惯的反动，是最为困难的。

冲破“防御性教学”的有效方式是进行校本行动学习，把校本培训与学校文化重建结合起来，与教师的行动学习结合起来。所谓行动学习，就是指从日常行动中学习，它具有高度的情境性，也是一种经验学习的过程。[①]在日常教育实践中，教师个体不自觉的行动学习每天都在发生，教师一般都会根据学生或同行反馈反思自己的教学行为，但是这些零散的反思不具有系统性，无法成为持续促进个体专业发展的力量。要建设进取型的组织，学校就必须首先消除阻碍行动学习的心理因素，把全校建设成为一个所有教职工都能分享共同愿景的学习型组织，为教师提供各种支持条件，营造管理者、专家和教师随时看见彼此在场的多维度学习型共同体。郑燕祥认为，学校对行动学习的领导主要体现在以下三个方面：一是提升教师的行动意图，并激励他们采取最佳行动，配合学校的发展方向；二是塑造同辈支持文化，协助教师察觉、承认及解释行动意图和结果的错误；三是提升教师应变能力，协助他们在需要时调整、改变思维模式或行动设计。[②]

---

① 郑燕祥：《教育领导与改革新范式》，上海：上海教育出版社2005年版，第232页。

② 郑燕祥：《教育领导与改革新范式》，上海：上海教育出版社2005年版，第238页。

大规模实施整体学校改革有其难以克服的弊端，校本行动学习的过程就是努力创造一种“情境化的学校改革（situated school reform）”，也就是说，要把注意力放在特定的教育目标如何在特定的学校文化中以及被特定的学校和特定的个人所改写的过程上。派纳认为学校改革不是提高考试分数以增加政客们夸耀的资本；它是主观的自我理解活动，是自我重建的活动，然后公共领域借之以获得重建。就如珍妮特·米勒所认为的：“学校改革是地方的、单数的、情境的，对学校改革的关注，应该聚焦到特定的课堂和学校情境中教学和学习不断变化的本质上。”[①]

（三）以多元对话促进有效反思

在“盲人摸象”的故事中，盲人们每人摸到了大象庞大身躯的一个部位，然后在分享对大象的感觉时争吵不休，因为每个人都认为大象是他所摸到的样子。这则寓言故事启发人们看问题时不能以偏概全。但在现实生活中，又有谁能够真正建立起整体观念，不会犯以偏概全的错误呢？譬如对一座山的评价，我们似乎无论如何也不可能做到全面、“正确”的评价。巍峨的山，我们无法一瞥而见其全貌；美丽的山，我们无法像诗人一样描绘它；富饶的山，我们无法像科学家一样研究它的物产和宝藏；难以攀登的山，我们无法像当地居民一样熟知它……那么如何丰富我对这座山的理解呢？唯一的捷径是参加到关于这座山的多元对话之中：我发表自己对它的看法，同时倾听其他人对它的看法。多元对话能够起到多棱镜的作用，多方位地折射出人们关于一个问题的观点，从而获得相对整体、全面的认识。

由于进行教育改革的校长和教师都十分忙碌，工作和生活往往局限于校本的小圈子，因此他们所进行的改革往往带有强烈的校本色彩或者个性色彩，如果不参加到多元的对话之中，没有机会充分倾听他人对同类改革的看法和做法，他们就无法在改革的进程中进行有效的反思，从而难以深化改革。

赵汀阳认为，“对话包括发言又包括倾听，发言和倾听应该构成不

① Pinar, William F. . Preface. In Janet I. Miller. *Sounds of silence breaking: Women, autobiography, curriculum.* New York: Peter Lang, 2005.Pxviii.

断循环和创新的思想过程，否则是无效益的对话。其中关键是倾听。我们倾听那些我们没看见而他人可能碰巧看见了的东西。”[①]重视倾听的对话帮助校长和教师在多元对话的情境中更深入地反思自己的“传记情境”，更好地确认自己的位置，避免使自己沉浸在某个角色中不能自拔。

多元对话氛围的创设需要构建有效的制度，以确保教师同伴研修能够发生。最近几年，在很多学校，同伴研修的形式已经丰富多样，如教研组活动、备课组活动、班级组教师活动、班主任小组活动、青年教师活动小组、骨干教师工程、各种形式的主题研修，等等。但是，一方面，教师们由于需要参加各种研修活动以及完成研修作业而花费了大量时间，导致更加忙碌；另一方面，由于研修活动内容单调、各种研修活动之间没有内在的逻辑关系、缺乏有效的反馈等原因，而导致研修活动浮在浅表层次。这两方面的原因使得研修活动很难引起教师内在观念上的转变，对深化学校教育改革贡献甚微。

将同伴研修制度化是解决这个问题的主要出路。但这里所说的制度化并不是像很多学校已经在做的那样，仅仅把研修的时间、形式、人员固定化，然后定期检查活动记录。简单化的制度设计往往导致被动应付的工作风气。能够起作用的研修制度建设意味着在学期初就进行顶层设计。就是说，从推进学校主打教育改革的角度整体设计各层面的研修形式、内容和递进式的活动安排。例如，某校本学期的主题教育改革是“提升学生的课堂参与水平”，开学前，校长就应该领导学校主要研修团队的负责人，如副校长、中层干部、学科组长、备课组长等，在专家的观察与参与下，在学习外部理论和实践经验以及挖掘本校经验和不足的基础上，制订出自己所负责的团队的研修计划。这些计划从不同的人员、不同的工作重点等层面研究和探讨学校的教育改革主题。教务处的突破口可能是通过精心设计青年教师讲课大赛和骨干教师示范课风采展示，把本校教师在“学生的课堂参与度”方面的经验和问题活生生地显示出来；科研处可能会设计如何提升学生课堂参与水平的小课题研究方案；教研组会结合本学科的教学内容，研究既适合本学科又能提升学

---

① 赵汀阳：《坏世界研究——作为第一哲学的政治哲学》，北京：中国人民大学出版社2009年版，第355页。

生课堂参与水平的教学策略；备课组可能会聚焦于特定教学内容的有效反馈问题；班主任可能会设计系列主动学习策略的主题班会……这些研修计划必定也同时预先规划验收方式。如此设计与实施的全校多层面研修，既能起到全员、全程通过评议而深化改革的效果，又能逐渐提升中层干部的专业水平。

“反思能力”是个体在反思时主动使用理性思维的能力，就是说，反思不是从主观愿望出发，不仅仅拘泥于现象和意见，而是在理性地解释与评判过去的教育行为的基础上，及时调整现在的教育实践，以便为学生创造更好的成长环境。学校反思能力建设的目标是形成将反思贯穿于改革的谋划、实施、改进不断螺旋上升的全过程，从而使学校改革成为全员主动参与的理性发展过程。

心灵是一个开放的空间，
向内走得越远，
你自己在外面就会发现得越多。①

结语

我曾经无数次追问自己为什么会选择自传研究方法作为自己几年里的主要研究题目。原因有很多，但是最为重要的是这个选题给了我写作和研究的激情，给了我探究自我的方法以及把自己的个人成长与对教育问题的关注密切结合的机会。可以说，本书植根在我的生活情境中，它是我向内的求索。为了知道我从哪里来，在写作过程中，我总是不断地回忆自己那些年的教师经历。我试图用所学的理论重新解释自己过去的教育实践。渐渐地，我理解了自己为什么要选择教师这个职业；我所受的师范教育对我日后的八年教育实践产生了如何的影响；我又是怎样从一个新手教师成长为一个所谓熟练的中学一级教师；我那时候对教育理论的拒斥出于什么原因；我为什么会走上教育研究的道路以及为什么会对女性主义研究和自传研究方法感兴趣，等等。我对自传研究方法的兴趣使我首先把自己变成了一个研究对象。我把过去的那个自己悬置起来，然后从各个角度来研究她。在这样做的过程中，我不断地回到过去，然后又不断地回来。我还发现自己对于未来的设想也投射到对过去的自己的解释中。这种对自我的研究，使我理解了自己之所以拥有现在的想法的个人历史原因，从而对干预现在和规划未来产生了积极的影响。然后，我把这种对自己内部经验的关注转化成为对研究广大教师内

① ［美］默里·斯坦因著，喻阳译：《变形：自性的显现》，北京：社会科学出版社2003年版，第88页。

部经验的兴趣。自传研究方法为我提供了这样一种方式，即把研究焦点对准教师的个体经验和体验。我相信对内部经验的追寻不但为研究者提供了反思自我的方法，而且也会给教师研究带来清新的空气，它会与其他研究方法一起丰富教育研究理论。

对个体内部经验进行探究的兴趣决不是源于自恋。对教师群体特征的研究并不能代替对个体教师活生生的经验的探究。我们教育者眼中的自我、自己研究视野中的教师和学生以及教师眼中的学生都与我们的认知透镜有关。我们所见世界的色彩取决于我们自己所佩戴的“眼镜”的色彩。

这恰如马克斯·韦伯所说：“每个人所看到的都是他自己的心中之物。”[①]或者如爱因斯坦所说：“你能不能观察到眼前的现象取决于你运用什么样的理论，理论决定着你到底能够观察到什么。”[②]对这些“眼镜”的研究是个体自我探究的重要部分，但这并不是说这种研究没有集体的意义。每一个个体都是一个自足的整体，生活在一个群体中的个体由于生活环境、文化遗传等原因而使得他们共同分享一些荣格所谓的“集体无意识”。

就如当我们在阅读文学自传时所发现的，同一代人的内心生活趋于类似：从一部文本到另一部文本，我们感到好像在说同一种东西。同时出生并且经常生活于类似环境中的人面对的是相同的问题：很多自传作者，如卢梭，意识到他们不是“个别情况”，而是具有代表性的个体，他们通过自己的故事，讲述的是同代人和他们所属的社会团体的故事。通过对自传作品加以比较，可以透过各自的差别发现一种重要的共同本质，尤其在童年和少年叙事之中：看似只与作者相关的一系列事件可以组成一种典型叙事。[③]因此，由自传研究方法获得的知识一旦超越了个体化的细节，就能为我们提供超越传记的审视集体状况的经验，就如派纳在对非裔美国人的传记研究中所揭示的那样。因为虽然个体的自传知识表面上看起来非常不同，但是至少在一个群体中其根源是相同的，也

① ［英］迈克·费瑟斯通著，刘精明译：《消费文化与后现代主义》，南京：译林出版社2000年版，第3页。

② 孟庆茂：《教育科学研究方法》，北京：中央广播电视大学出版社2001年版，第162页。

③ ［法］菲利浦·勒热讷著，杨国政译：《自传契约》，北京：生活·读书·新知三联书店2001年版，第40—41页。

就是说“可能存在着基本的结构和过程。这些可能会是人文学科的教育过程的基本结构和过程”。[①]

自传研究方法所倡导的对个体的研究方法和研究态度可以帮助我们培养这样一种能力：“在一个有缺陷的社会里，在我们居住的街道上，在我们的学校里，来创造什么应该是、什么可能是的视野。”米勒认为质疑一个“真实的”、稳定的和连贯的自我以及这个自我的文化印迹（cultural scripts），可能是把自传作为教育探究的一种形式的唯一原因。[②]如果不关注我们自己的意识，不质疑我们自己的文化印迹，我们“就会湮没在社会表层，我们所看到的就是我们能得到的。当我们倾听过去的时候我们就开始与未来协调。然后我们就能理解现在，这个现在我们可以重建”。[③]在质疑、重建的过程中，我们会参与到与其他学者的“复杂的对话”中，从这个对话中获得启发和营养。

但是自传研究方法不可避免地会受到一些主张“实证”研究的学者的批评，其中最严厉的恐怕是从派纳建构存在体验课程之初就受到的关于这种方法缺乏规范性的批评。其实，自传研究方法只是课程研究领域的“复杂的对话”中的一种话语，它与其他话语一起构成了课程研究领域的合唱。派纳曾经指出，“我们课程学者为自由创造所付出的代价是高水平的过度思索。也许，这是一种必要付出。与教育心理学的规范以及它的科学地位和享有的相当威望相比，我们更喜欢探究那些不仅没有解决而且也没有描述清楚的智慧表现领域，包括思维领域。”[④]从这个意义上来说，自传研究方法为教育研究提供了一种描绘无法量化的复杂经验并进而寻找经验之意义的方法。教育面对的是活生生的个体，教育研究是由活生生的个体所实施的对活生生的个体的研究。我们不能为了

---

① Pinar, William F. . Currere: Toward Reconceptualization. In William Pinar(ed). *Curriculum Studies*: *The Reconceptualization*. New York: Educator's International Press, 2000.411.

② Pinar, William F. . Preface: What Should Be and What Might Be. In Janet Miller. *Sounds of Silence Breaking*: *Women, Autobiography, Curriculum*. New York: Peter Lang, 2005. XI.

③ Pinar, William F. . *What is Curriculum Theory*. Mahwah: Lawrence Erlbaum Associates, 2004 ,P. 257—258.

④ ［美］威廉·F.派纳等：《理解课程》，北京：教育科学出版社2003年版，第881页。

便于操作、便于量化而简化或忽视那些复杂的不能被合并的心理过程。

在本书的写作过程中，我尝试在就美国的自传研究方法，特别是派纳的存在体验课程方法进行梳理的基础上，对自传研究方法的多学科基础、研究步骤、多种研究向度以及一些典型的案例研究进行深入的探讨。期间我力求在美国的情境中探讨这些问题。每一种研究方法都是在特殊的情境中发展起来的，有它独特的术语和发展历程。派纳在《理解课程》的《中文版序》中指出，没有一个国家的课程理解或课程“模式”是“可出口的”，至少在“出口”的时候不会不冒损害“进口”国的独特性的风险。①

好的研究，不管是理论研究还是实践研究，一定是在试图回答问题的同时尽可能多地激发出了新的问题。同时，一种好的研究经历在具体的研究结束之后，其整体结构还会继续在研究者的心理结构中存在。因此，不管是研究者、教师还是学生在使用过自传方法之后，他可能还是会时常通过回忆、自由联想等方式使自己得到新生。

就在毕业论文②的初稿要收尾的一个晚上，已经是深夜了，我穿上大衣，在江南阴冷的初春夜里散步。依然是沿着那条已经走了无数次的河，依然是路灯下的波光鳞鳞。我走到了一片从未驻足过的银杏树林里，发现了四棵古老的银杏树。标牌上说它们已经100年了。我站在它们近旁，凝视着它们。100年了，它们一直站在这里，从来不曾离开脚下的那一方土地。它们见证了多少风雨？它们是如何寻找并感受自我的？通过清风吗？来唱歌的鸟儿吗？四季寒暑的变化吗？亦或是通过地下的根？根要扎得多深才能支撑这参天大树？忽然想起了默里·斯坦因所说的：“心灵是一个开放的空间，向内走得越远，你自己在外面就会发现得越多。”③那一刻我豁然开朗。我何必通过不断地变化地方来寻找、感受自我？自我就在我自己的心中，我只需要耐心地向内求索就可以找到它。

---

① ［美］威廉·F. 派纳等：《理解课程》，北京：教育科学出版社2003年版，第1页。

② 这一段作为结尾的小文，是我在2006年初写作博士论文期间写的一段日记，到博士论文定稿的时候就把它作为结尾了。六年之后的今天，我在修改本书的时候，决定还是把它保留下来，作为那段探索的见证。

③ ［美］默里·斯坦因著，喻阳译：《变形：自性的显现》，北京：社会科学出版社2003年版，第88页。

后　记

本书是在我博士论文基础上稍加修改而成的。两个月前着手修改这篇于2006年6月参加答辩的论文，九年的时光如双手捧起的清泉，珍珠一样的水珠从指缝间落下来，阳光在朵朵水珠上折射出彩虹的色彩。它沉淀了六年，我让它潜伏在地表下面整整六年。

九年，在自传研究之路上探求自信人生

第一次见到威廉·派纳是在2003年10月底，那时候我刚刚考入华东师范大学一个半月时间。在美丽的丽娃河畔读博的三年里，我的宿舍就在丽娃河边，每天沿着河边的小路，穿过一座小桥，到文科大楼或者到图书馆。那是一条经常有鲜花的小路，早春里迎春花一直垂到水面上，然后是樱花、各种草花，甚至在冬天里，鲜艳的茶花都优雅地开放。初识派纳，被他的自传研究和性别研究所吸引，翻译他1994年的著作《自传、政治和性别》，把自传研究作为我的博士论文题目……这一切，那条小路都有见证。

然而，作为著名的课程专家，派纳是美国20世纪70年代概念重建运动的重要力量，他的自传理论博大精深，受到存在主义、精神分析、现象学、文学等的深刻影响。我作为一个初学课程、专业基础十分浅显的博士生，会不会误读他？会不会生吞活剥他的抽象概念？他的自传思想会不会更适用于北美的情境而对中国的教育研究者与实践者并无太多启发？……

太多的疑问回响在我的脑海里，我决定把它放置一段时间，等我自己用实践中的探索说服自己了，再把它拿出来。这一放就是六年。六年时间提供了一段从容的距离，我运用自传理论进行案例研究，主持教师研修，观察中国越来越深化的课程改革。我发现，随着我研究的深入，自传研究方法越来越显示出它的价值。这几年里，一些阅读我博士论文的校长和老师朋友，几乎无一例外地都表示出派纳思想对他们的深刻启发，都督促我尽快出版本书。于是，我决定把它呈献出来。

2012年5月15日，我赴香港拜访当时正在香港教育学院讲学的派纳。会面的三个小时里，我把自己将自传研究方法运用到案例研究和教师研修中的故事讲给他听，他十分感兴趣地问了一些细节问题。我在他的著作、我的博士论文和我这几年的研究工作之中来回穿梭，他听了十分高兴。显然，我们都想起了2003年我们刚刚认识的时候，我陪他去曲阜参观孔府。他说了几次："雨亭，我在努力帮助你建立自信。"他做到了，通过他的自传研究方法，通过他持续如一对我的关注和鼓励。我请他为我的书写一篇序言，他欣然同意了。

遇到派纳，是我个人成长中的一次关键事件，他是我生命中的"重要他人"。经由他的自传研究方法，我找到了自己研究工作的基本路径，找到了拓展自我内在空间的方法。对他的感谢，无论用什么词儿都不会显得过分。

九年，是很长的一段时间。本书从选题、写作、答辩、沉淀、应用到修改和出版，见证并记录了这九年。

人生，在自传研究之路上拓展自我空间

自己的来处，我们从一开始就没有权力选择；父母也是一样，他们也没有办法逃离他们自己那个时代的局限。有时候看历史，特别是上一代人刚刚过去的历史，会觉得恍如隔世：他们的人生观、价值观；他们的日常生活图景……再回头想想自己的成长史，想想那些与父辈们重叠的岁月以及这些重叠岁月间的或融洽或冲突的印记。记得上世纪90年代末，有一次我和单位的同事们去爬崂山。上山时经过一段长长的、两边全是竹林的小路。当时浓雾弥漫，只看得见自己周围一点点空间。我用手不时地抚摸或者碰触一下那些竹叶。路上其他人的说笑声如天外传来，只闻其声不见其人。等中午下山时，雾已全部散去，往远处看是茫茫大海，往近处看是碧绿的竹林，竟如从未走过一般。回忆，其实就如同重新踏上那条过去浓雾弥漫而今雾已悉数散去的小路，我们会或好奇或懊恼地看着那条路上浓雾中的自己。

"挡"一般用作动词，比如"挡路""挡道"之类，但是小时候，有很长一段时间，我却纠结在名词的"挡"之中。小时候在农村，睡的是大炕，大炕其实不仅是睡觉用的“床”，而且还是一家人的客厅，正式的吃饭、客人来访、邻居串门，等等，都要坐在炕上进行。那时候最温馨幸福的时候便是偶尔来个会讲故事的客人，讲一些稀奇古怪的故事，听得我们这些孩子经常瞪大了眼睛。其中直到现在我还经常回味的是关于“挡”的故事。

其实我听来的几个版本的“挡”故事，基本都是纪实性的。讲故事的人会指名道姓地说村子里的某某人晚上串门，等半夜回家时走了一会儿便迷路了，眼前是不熟悉的景物，于是行路人便继续往前走，企图找到回家的路，然而无论如何也找不到。等天亮的时候（讲故事的人往往喜欢再加一句“鸡叫了”），行路者豁然发现他其实一直在原地打转，方圆不足几十平方的地方全是他的脚印。“他被‘挡’挡住了”，讲故事的人这样总结说。

那个时候每听到这里，浑身便起一层鸡皮疙瘩，若是大姨来访睡觉之前讲这样的故事，我便吓得把头埋在被子里，似乎头一露出来，那个可怕的“挡”便会缠住我。偶尔自己在家，天黑的时候，如果我在院子里，便不敢进屋子；如果本来在屋子里，便不敢到院子里。

几年前在《读者》上读过一篇小文，也是一个关于“挡”的纪实故事。那个故事说的是非洲撒哈拉大沙漠中有一个叫做比赛尔的地方，从前封闭而落后，直到一位西方的记者发现了它。如今，每年都有成千上万的人到那里旅游。据说过去这里的人从来没有离开过这块贫瘠的土地，不是他们不愿意离开，而是尝试过很多次都没有走出去。人们说，在这里无论从哪个方向走，最后都还是转回到出发的地方。这位记者非常纳闷，弄不明白比赛尔人为什么走不出去。最后好奇心促使他雇了一个比赛尔人，让他带路，看看到底是什么原因。他们带了半个月的干粮和水，牵了两峰骆驼，记者收起指南针，只拄一根木棍跟在后面。十天过去了，他们大约走了八百英里的路程，第十一天早晨，他们果然又回到了比赛尔。这一次，这位记者终于明白了，比赛尔人之所以走不出大漠，是因为他们根本就不认识北斗星。在一望无际的沙漠里一个人只凭感觉往前走，他会走出许多大小不一的圆圈，最后的足迹是一把卷尺的形状。比赛尔地处在浩瀚的沙漠中间，方圆上千公里没有一点参照物，若不认识北斗星又没有指南针，想走出沙漠，确实是不可能的。记者在离开比赛尔时，带上了那位上次与他合作的叫做阿古特尔的青年，告诉他白天休息，晚上朝着北面的那颗星星走。阿古特尔照着去做，三天之后果然来到了大漠的边缘。阿古特尔因此成为比赛尔的开拓者，他的铜像被竖在小城的中央。铜像的底座上刻着一行字：新生活是从选定方向开始的。（故事见《读者》2001第18期）

两个“挡”故事之间虽然毫不相关，但是其实它们都是关于失去方向的故事，最终的解脱都是在外在力量的帮助下，找到了方向。二者所依靠的解脱力量也十分类似，一个依靠黎明，一个依靠北斗星。

生活中时时可以看到类似的“挡”故事。看看那些互相抱怨，一辈子都互相怨恨的夫妻；那些紧张的亲子关系；那些异化的师生关系……更为多见的是个人内心中的冲突。当你突然有一天发现黎明的时候，才明白自己若干年痛苦地挣扎竟然只是原地踏步，逃离或者解脱的道路原来近在咫尺。

最近几年，心身灵修十分流行。有些人辞去工作，专心参加各类心灵成长课程，试图达到心身灵合一的境界，从而能够真正感受生命的意义或者人生的幸福。但是，在我看来，这些流行的心身灵修，很容易成为无根的浮萍，最终蜕变为封闭的自怜、自恋行为。而以反思工作主线为主要的自传研究更容易真正触动个体内在的心灵。

有人说，世界上最快的步伐，不是跨越，而是持续；世界上最慢的步伐，不是小步，而是徘徊。记得小时候最痛苦的工作，就是和妈妈一起推磨，把要做成煎饼的地瓜干或者玉米磨成湿粉。一根木棍绑在圆形的磨盘上，推着木棍一圈一圈地走，待粉碎的地瓜碎粒或者豆子就会沿着磨圈流出来。转了一圈又一圈，有时候腿都走得软了，可还是在那个圈圈里。有一次，在一所学校听课时，看到一张墨绿色课桌的一角，用白色记号笔写了：面朝大海，春暖花开。自传研究，帮助我们开启面朝大海的心情，走出禁锢自己的小圈圈，与世界交换能量。

作为女生，我从小就渴望逃离，逃离那块充满着性别歧视的土地。然而，在走过万水千山之后，再回到那片土地，我发现几乎所有的问题都得到了解决。心灵之旅充满着艰辛，她出走、痛苦、彷徨、犹疑，但当心灵变得足够强大的时候，一切曾经的困苦都会成为过眼云烟。

成长是人一生的事业。当身体的成长达到顶峰以后，精神的成长必须加倍努力，我们才能避免人生的虚无感。精神的成长意味着反思、畅想、悦纳、折衷，意味着一个流动的，而不是僵化的自我。这个自我既在生活世界之中，有时又在世界之外。即使我们八十岁了，精神依然能够成长。

记得有人说过："为了让更多的阳光进来，我愿意一生擦拭同一块玻璃。"但问题也许不是是否愿意用一生擦拭同一块玻璃，而是这块玻璃要擦得多亮才足够？为了让自己免于孤独，我们精心经营朋友圈子；为了让自己傍晚时有温暖的家可以回，我们精心经营家庭；为了让自己更自信，我们精心装扮自己的外表；为了让心灵有所依托，我们努力读书写作……从成年时开始，人生似乎总有玻璃如影随形，而且这块玻璃总是不能够擦得很亮，总会铺陈着各种各样的灰尘。透过灰尘而透进来的阳光，总是不够多。特别是，每当雨后彩虹出现的时候，美丽的色彩似乎总是在沾满灰尘的玻璃外面，无法浸润心灵。汪峰在一首歌名为《恒星》的歌里唱到："我的心在沉沦破碎以后不记得跳动，像一颗布满苔藓的恒星，在每个寂静无声不眠的夜晚独自闪耀。"布满苔藓的恒星大概就像是沾满灰尘的玻璃吧。

人的生命只有一次。要在这只有一次的生命中完成那么多的梦想似乎是不可能的事情。也许突然之间，我们发现了镜子里的白发，发现了眼角的皱纹，而这时，也许梦想还根本没有启程呢。

人生只有一次，需要多少努力才能把玻璃擦亮呢？从出生到长大，心灵的玻璃上一层层刻满了印记，要擦亮恐怕不那么容易吧？年轻时候，身强力壮，眼神也好，灰尘似乎可以忽略不计。但是当老了的时候，回首走过的道路，我们会不会十分后悔当年没有持续努力地坚持把人生之窗擦亮？

人生只有一次，也许唯一正确的态度就是勇往直前。汪峰唱到："当灰烬查封了凝霜的屋檐，当车菊草化作深秋的露水，我用固执的枯藤做成行囊，走向了那布满荆棘的他乡……"枯藤也可以做成旅程的行囊，我们唯一需要的是坚定的信念。"也许迷途的惆怅会扯碎我的脚步，可我相信未来会给我一双梦想的翅膀，虽然失败的苦痛已让我遍体鳞伤，可我坚信光明就在远方……"

当梦想之翼萌生，当光明之心点燃，年龄的、性别的、阶层的、相貌的差异还会阻碍我们追求幸福的步伐吗？玻璃上的灰尘只能用奔跑着的坚定步伐来擦拭，而自传研究，扩展我们的内在空间，帮助我们擦亮人生之窗。

教改，在自传研究之路上实现自在发展

最近五年来，我花了大量的时间和精力进行案例研究。对于研究校长和教师，我一直有持久的兴趣。倾听、观察、揣摩他们是如何理解国家教育文本，如何分析自我工作的情境，如何进行判断和决策，如何把上级主管部门的政策校本化，如何进行研究性的过程管理，如何设计与改革理念相对应的评价标准，等等。我观察到，新课程改革以来，学校逐渐由国家教育政策和教育行政主管部门的追随者转变为创造者，表现在校本改革不再仅仅是照搬教育主管部门的要求，或者落实专家的某种理论，也不是全凭个体教师自己的热情摸索，而是学校根据自己学校发展的实际，主动集结全校力量，把改革作为学校日常教育实践的主要工作。他们或者从重建学校愿景出发着手进行学校文化的系统建设，或者从重建课堂师生教和学的关系出发着手进行课堂教学改革，或者从重建学校德育形式入手进行以体验和活动为主的学生校园生活改革。从一些先锋学校已经走过的路程来看，无论学校首先从哪个领域入手，改革最终都会进入最艰难的路段，那就是课堂教学改革。在观察和研究这些改革案例的时候，自传研究方法是我使用的一个基本方法。我认为，一个校长或者一个老师，就是一个重要的教育改革问题，把他们研究透彻了，就意味着学校层面的教育改革研究研究透彻了。

然而，把校长和教师研究透彻却并不容易。首先，是因为校长和老师们的经验中有相当多属于实践性知识，是关于“如何做”的知识。这类知识十分复杂，是校长或者教师在多学科知识的背景下，主动建构而成的，因此很难说得清楚。它们变幻莫测，具有很强的情境性。杜威曾经说过：“有人知道很多事物，却不能表达它们，但是，这种知识仍然是实际的、直接的和个人的。个人能自己利用这种知识；他能有效地按照这种知识行动。艺术家和执行者的知识往往属于这种情况。但是，这种知识仅属于个人，不能转移给别人，也可以说是出于本能的。一个人如果要表述经验的意义，必须有意识地考虑别人的经验。他必须设法找到一个立场，既包含他自己的经验，也包含别人的经验。否则，他传达

的经验就不能被人理解。他讲的话别人不懂。”①

作为研究者，我们要运用多种思考的技术和方法，锻炼自己的“火眼金睛”，发现他们没有说出，或者无法说出的内在假设、感受和信念；帮助他们在比较自己的经验和别人的经验的基础上，找到表达自己的经验的角度；激发他们站在更高的层面上观察自己的实践，从而能够找到不断超越自我的路径。莱布尼茨曾经指出，心灵并不是始终被意识到、被察觉到。他甚至批评说，如果将心灵本身等同于那些被察觉到的心灵，那么我们实际上就把“那些能被觉察的东西与那些为感觉不到的知觉所保存的真理割裂开来了”。②研究者的一个任务，就是通过对话，帮助校长和教师关注那些经常被忽略的潜在理念和假设。

我一直认为，在新课程改革已经进行了十年之后，抽象的教育理念已经获得广泛的普及。现在的问题在于如何在学校层面把那些抽象的理念变为现实。是每一间教室里的教育实践最终决定着孩子们到底受到了什么样的教育。自传研究方法，帮助我们更好地观察具体的教育现实。

人生的最美之处在于我们永远也不会知道会在什么样的时刻遇到什么让我们怦然心动、让我们豁然开朗的人或者景色。遇见自传研究方法，就是一个让我豁然开朗的事件。这些年里，因着对它的研究、思考、应用，我结识了一些好朋友。工作的过程，就是让心灵怦然心动的过程。这种方式的工作和生活，不正是教育的理想状态吗？无论我们研究者、校长还是教师，都首先是一个活生生的追寻生命意义的个体。

有时候，我会发呆。我曾经在一朵美丽的月季花前、在高空的云层上面、在波澜壮阔的大海上、在沉静的湖边甚至在睡梦中深深的发呆。我尝试着用“诗”来表达自己发呆时的感觉。其实，教育，是一项最美的事业。它在对话中、在交往中，丰富着我们的内在生命。除此之外，人生还有什么其他更重要的意义吗？

---

① 杜威著，王承绪译：《民主主义与教育》，北京：人民教育出版社2001年版，第244页。

② 倪梁康：《自识与反思——近代西方哲学的基本问题》，北京：商务印书馆2002年版，第117页。

最美的月季花

人生
总该有这样的时刻
娇艳
灿烂
华美
富足

每一片花瓣
都洋溢着青春的光芒
绽放
但没有衰落的印迹
身边蓓蕾摇曳
绿叶轻扶
甚至每一声叹息
都是希望的回响
2011-05-16

那片海

要有怎样博大的胸怀，
才能装得下那片海？
海鸥自在飞翔，
船儿扬帆远航。
波光粼粼的远方，
天与海交汇。

我的心很小，
海，

很大。
梦想大海，
心靠近、贴近。
融化为一滴浪花，
心便成了海。
2011-06-22

梦境

那一座雪峰
延展，寻觅
你终究不来
风干了的岂止是秋叶

蔚蓝的星空
每一颗都不是
月下有雪
晶莹着的还有泪

野鸭巡游的湖畔
黑暗静谧中的呼吸
每一丝温暖
都值得珍藏千年
2011-12-31

大海

那一次
我赤着脚

踩在柔软细滑的沙滩上
海水一次次漫过脚丫
又慢慢退去
就像春风拂过空谷的野花儿

一只海燕
自在地飞翔
翅膀坚毅优雅
大海是它的舞台
海浪为它伴奏
海风为它伴舞
它循着自己内在的方向

我伸出双手
希望它飞来
在我掌心停留
渴望看到它清澈的眼睛
渴望抚摸它柔亮的羽毛
渴望揣摩它翱翔的秘诀
它的飞翔就是世界

我站立成了化石
在春暖花开的日子
在暴风骤雨的深夜
在每一个清晨和黄昏
以不变的坚持
守候飞翔着的海燕
面向大海是我永恒的姿态
2012-01-06

致　谢

首先，我要感谢导师黄志成教授。他对我的指导，不仅仅体现在对我博士论文从选题、研究框架到初稿之后的多次修改上，而且更体现在他宽容、独立的学术品格和人生态度上。多少次，我想模仿导师的态度，但是总也不像。那种骨子里的清高与悠远我只能仰望。我还要特别感谢威廉·F. 派纳教授，我对自传研究方法的兴趣是在阅读他的著作以及与他的交往过程中产生的。本书所使用的绝大多数英文原版文献都来自他的惠赠。能成为他的学生和朋友，是我的幸运。感谢张华教授，就是在他的课堂上，我知道了派纳教授，并且得到他的鼓励翻译派纳教授的《自传、政治与性别》一书。听他讲课，是精神的愉悦，思想的升华。在写作过程中，他多次给我鼓励和指导。

本书是在我的博士论文基础上修改而成的。2003—2006年，我在华东师范大学课程与教学研究所攻读博士学位，钟启泉教授、陆有铨教授、丁钢教授、李其龙教授、崔允漷教授、裴新宁教授、赵中建教授、周勇教授等都给了我很多专业上的帮助。那三年在我的专业成长过程中起着极其重要的作用。直到现在，我都经常回想起那些在丽娃河边健步如飞去听各种讲座的日子。那是一段与柴米油盐无关、只为寻求内在充盈的岁月。

感谢上海师范大学夏惠贤教授对我研究选题以及写作方式的认可和鼓励，在我个人成长的关键时刻，他的支持是雪中送炭。

感谢原北京教科院副院长，现北京电视大学副校长张铁道教授。我认识他是在2005年底的“中美基础教育研讨会”上，他在大会上介绍了他们把儿童画作为教师培训教材的做法，引起了我很大的兴趣。这以后我们进行了很多交流。他在教师研修方面所做的许多开创性尝试为我深化自传研究方法提供了学习的模版。

感谢我的朋友曹红旗校长，偶然认识他是在2007年。那时候我刚开始尝试进行案例研究不久，几乎没有人认识我，所以要找到一所学校投入地进行案例研究很不容易。当时曹校长在潍坊一中当校长，他多次邀请我去学校给他做咨询工作。后来，在一年多深入研究的基础上，我写了两篇对他的管理和领导思想进行系统研究的论文，分别发表在中国教育报和《当代教育科学》上。那两篇论文为我使用自传研究方法继续进行案例研究奠定了基础。

感谢最近四五年来邀请我做案例研究的校长们。他们的坚持、勇气和智慧给了我持续的研究动力，他们的友谊使我收获了工作的幸福。

2006年7月3日，我来到天津市教育科学研究院工作。六年过去了，我十分庆幸自己当初的选择。我喜欢这里自由、宽容的学术研究氛围。感谢领导们对我的支持和鼓励，感谢同事们对我的帮助和友爱。在这样的工作环境中，我心无旁骛，奋力前行。

感谢中国教育报刊社副社长张新洲老师。如果没有他的督促，本书还会继续沉睡一段时间。感谢他对我的欣赏和鼓励。

在本书漫长的修改过程中，我的很多老师和朋友都提出过重要的修改意见，特别是李克建、张以瑾、柳夕浪、杜惠洁和刘金水，感谢他们对我专业上的帮助。

感谢我的朋友们，感谢他们对我持续地关注和欣赏。感谢我的父母、爱人和儿子，多年来，他们一直无怨无悔、细致入微地支持我，是我努力工作的坚强后盾。

本论文的写作是建立在众多学者的研究基础之上的，我怀着敬意使用他们的研究成果，但愿我合理地使用了这些资料。

陈雨亭
于天津
2012年6月